KB019268

노老 검사劍士가 말하는
검도와 인간의 道

노老 검사劍士가 말하는

검도와 인간의 道

이노우에 마사타카 지음 | 신승모 엮음

다문

머리말

검도는 옛날부터 사람들의 정신적 지주로 존중돼 왔다

　　나 또한 검도만큼 정신수양에 좋은 것은 없다고 생각한다.

　　어린이 교육이나 성인들의 품성을 닦고 기르는데 검도만큼 도움이 되는 것은 없다고 믿어 의심치 않는다. 그런데 유감스럽게도 현대검도는 그 나아갈 길을 잃고 여러 가지 어려움 속에서 헤어나지 못하고 있어 많은 사람들로부터 호된 비판을 받고 있는 형편이다. 그러나 비판하는 사람들 또한 "이래서는 안 된다"고 말할 뿐 무엇을 어떻게 해야 할지에 대해서는 아무도 확실한 언급을 하지 못하고 있다. 현대검도가 안고 있는 어려움과 방황은 바로 거기에서 비롯되고 있는 것이다. 나는 현대검도가 안고 있는 그러한 어려움을 준엄하게 살펴, 그 실태를 파악하고 원인을 규명하여 정도(正道)로 복귀하도록 우리 모두가 건곤일척의 큰 노력을 하지 않는다면 현대검도는 도저히 쇠퇴의 위험 속에서 벗어날 수 없다고 생각한다.

현대검도의 오류는 그 목적과 수단을 혼동하는 데 있다. 검도 왕을 뽑는다거나 각종 선수권대회 등은 모두 목적달성을 위해 장려해야 할 수단일 뿐이지, 그것이 마치 최종 목적인 것으로 착각해서는 안 되는 것인데, 오직 승리지상주의에만 마음을 기울이는 탓에 현대검도가 혼란을 겪고 쇠퇴의 위험 속에 빠져들어 가고 있는 것이다.

다쿠앙 소호는 '검의 道는 인간의 도'라고 가르친 바 있다. 그 '검도는 즉, 인생'이라고 하는 철학상의 이치야말로 가장 평범하면서도 가장 비범한 검도 궁극의 목적인 것이다. 우리들이 절대로 그르쳐서는 안 될 가장 중요한 목표인 것이다. 단지 '검도는 좋은 것'이라는 개념론에 도취하지 말고 '무엇이 어째서 좋은 것인가' '어떻게 해야만 훌륭한 인간을 만들 수 있는가' 하는 것을 구체적으로 파악해 올바르게 가르치지 않으면 안 되는 것이다.

나는 그러한 관점에서 '어떻게 해야만 현대검도가 그러한 사명을 짊어지고 나갈 수 있을까' 하는 것을 목표로 지향해 왔다. 그러한 신념의 응집이 바로 이 책이며, 그러한 관점에서 이 보잘것없는 책을 썼다.

종래의 검도 책과는 약간 '모습이 다른' 점이 있고, 검도 본연의 길에서 벗어난 사족이랄까, 또는 일탈과도 같은 점이 있겠으나 그러한 일탈 속에도 검도를 통한 교육은 있다는 것이 내 생각이다.

머리치기나 손목치기를 가르치기에 앞서 똑바로 앉는 법이나 똑똑

하고 야무지게 대답하는 법을 가르치는 것이 다른 스포츠보다 뛰어난 검도의 장점이며 '이기고 지는' 단순한 겨루기보다는 '이기는 법, 지는 법'을 통해서 자기 자신을 탐구한다는 점에 현대검도의 참 의의가 있다고 생각한다.

아무쪼록 검도를 사랑하는 사람들께 부탁하고 싶은 것은 맑고 깨끗한 눈으로 검도의 앞날을 지켜봐 달라는 것이다. 그리고 아름다운 마음으로 검도를 평가해 주기를 바란다. 더 욕심을 부린다면 맑은 눈과 아름다운 마음으로 어린이들을 밝고 올바르게 가르쳐 주기를 충심으로 바라는 바이다.

그것이 오랫동안 원해 왔던 내 마음이며, 삶이 얼마 남지 않은 늙은이의 간절한 기원이다.

쇼난(湘南)의 우거(寓居)에서

이노우에 마사타카

역자서문

그 엄숙함과 냉철함 속에서 유형의 기로서
무형의 마음을 바로잡는 것이다

지난해 11월 캐나다에 갔다가 귀국 길에 일본에서 우연히 만난 40대 후반의 일본인을 생각한다. 게이오 대학에서 공부중인 친구와 함께 우에노의 한식집에서 나훈아 일본 팬클럽 회장이라는 사람과 자연스럽게 합석을 하게 됐다. 그날 그는 상당히 비싼 저녁식사 값을 지불하는 호기를 보였다. 신문사 제작부서의 현역 간부라는 그는 나훈아 노래 250곡을 부를 수 있다고 했다. 왠지 술이 확 깨는 것 같았다. 중년의 일본인이 우리 나라 가수의 노래를 250곡이나 부를 수 있다는 자랑(?)이 마치 맨손인 내 앞에서 진검으로 중단 겨누기를 하고 있는 듯 섬뜩했다.

일본을 안다고 하는 분들은 많다. 일본을 아는 체하는 사람은 더욱 많다.

그러나 실제로 그들이 우리 나라에 대해 알고 있다는 것만큼 우리가 일본에 대해 아는 것은 얼마나 될까. 검도를 통해 일본인이 무엇을 찾고 있는가를 다소나마 아는 계기가 됐으면 한다.

이 책은 검도의 이론서가 아니다. 아흔 살이 넘은 노검사(老劍士)가 70년 이상을 수련해 온 검도를 통해 느껴온 것들을 담담하게 쓴 것이 지만 실제로 그 밑바닥에는 나라 사랑하는 마음이 가득 고여 있는 책이 다. 따뜻하면서도 엄격한 눈으로 세상을 살아온 노인이 젊은이들에게 권하는 수신서(修身書)이며 교양서이다.

자극적이고 선정적인 것들에 대해서는 빨리도 흡수하는 요즘 젊은 이들에게 따분한 얘기, 고루한 '공자 말씀' 같은 것일지 모르지만, 이 책을 통해 한 가지라도 제대로 새겨들을 수 있는 것이 있다면 참으로 다행스럽겠다.

우리 나라에도 검도 도장은 많다. 특히 최근 몇 해 사이에 전통검도 를 표방한 유파를 포함해 여기저기 많은 도장이 생겨났다. 그러나 진실 로 우리 나라에 도장으로서의 도장이 얼마나 있을까. 사람다운 사람을 만드는 곳, 인간을 가르치는 도장이 몇 군데나 될까.

검도는 칼날이 시퍼런 진검승부에서 비롯된 것이다. 그 엄숙함과 냉 철함 속에서 유형(有形)의 기(技)로서 무형의 마음을 바로잡는 것이다.

검법이 아닌 심법(心法)을 가르치는 지도자와 도장이 여기저기 생겨 난다면 얼마나 좋을까.

울퉁불퉁한 곳도 있을 것이다. 다소 껄끄러운 이야기도 있을 것이다. 하지만 이웃 나라 할아버지의 검도 이야기가 순수하게 전달됐으면 하는 마음이다.

고령임에도 불구하고 직접 편지를 써서 출간을 격려해 주신 이노우에 마사타카(井上正孝) 대선배님께 노스승께 드리는 것과 같은 큰절을 올린다.

그리고 오래전에 출간 되었던 것을 새롭게 현실에 맞게 재편집 증보 출간하여야 한다고 제의 한것을 어려운 출판환경 중에도 흔쾌히 승락하신 다문출판사 윤여득사장님께 진심으로 감사의 마음을 드리는 바이다.

2005년 12월
명산 기슭에서 신승모

목차

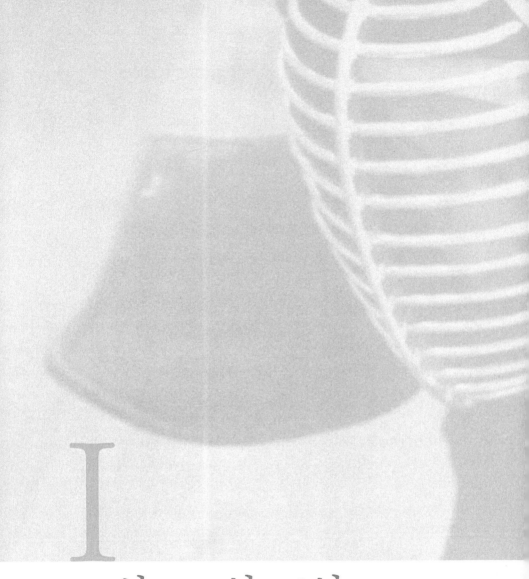

I

교의(教義)와 교양 (教養)

검도는 자기 자신을 지키고, 상대방을 제압하려는 격투기에서 발달해 왔다. 검의 理法은 천지자연의 이치이자 인륜도덕의 근본이며, 그것이 바로 '검의 길'이라고 말한다.

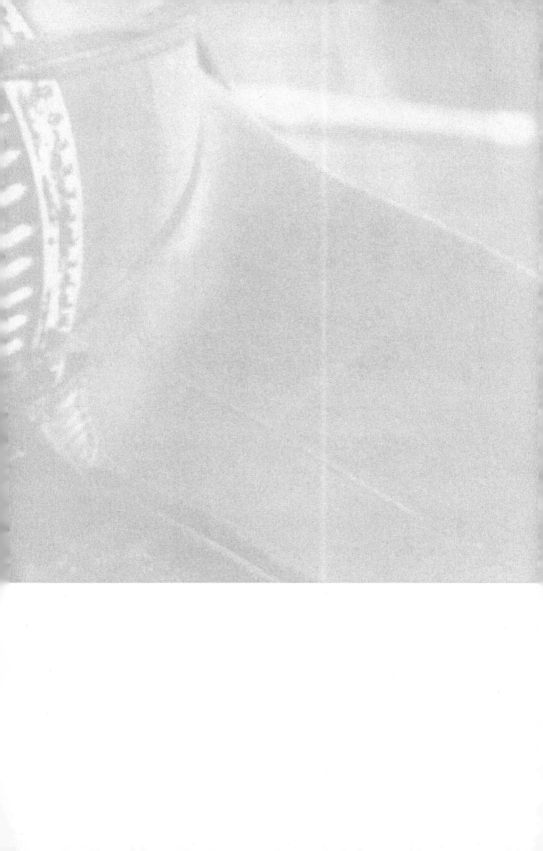

현대검도의 의의

검도는 자기 자신을 지키고, 상대방을 제압하려는 격투기에서 발달해 왔다. 그러나 검도가 단순한 격투기였다면 메이지 유신 때의 폐도령(廢刀令)과 동시에 소멸되어 지금은 이미 그림자도 형체도 없어졌을지 모른다.

그러면 검으로 찌를 수도 없고 겨룰 수도 없는 오늘날 어째서 검도가 이처럼 전국적으로 널리 보급되어 있는 것일까? 그 원인은 어디에 있는 것일까? 그것은 오늘날의 검도가 단순한 격투기나 겨루기를 넘어서 새로운 시대의 심원한 의의로서 사회가 요구하는 시대적 존재가치를 갖고 있기 때문일 것이다.

야규 주베에는 "검의 理는 天理이며 인륜의 大本"이라고 가르치고 있다.

검의 理法은 천지자연의 이치이자 인륜도덕의 근본이며, 그것이 바로 '검의 길'이라고 잘라 말한다.

결국 '검도는 즉, 인생'이라는 큰 깨우침은 검도를 오늘날까지 엄연히 살아남아 있게 한 존재 의의인 것이다.

현대검도의 목적

옛날부터 검도의 목적은 여러 가지로 표현돼 왔고 시대에 따라, 사람에 따라, 연령이나 직업에 따라 그 중요시하는 바도 달랐으며, 그 도달 목표에도 약간의 차이가 있었다. 그러나 일관되게 밑바닥에 흐르고 있는 것은 전검련(全劍連)의 이념에 있는 것처럼 "검의 理法의 수련에 따라 인간형성의 道가 있다"는 점이다. 학교검도연맹은 검도의 목적을 "검의 理法을 수련해 맑고 올바르고 늠름한 사회적 인간을 육성하는 것을 목적으로 한다"고 밝히고 있다.

취지나 내용은 참으로 똑같지만 전검련은 다만 '인간형성'이라고 궁극의 목적을 막연하게 설명했고, 학교검도연맹은 '맑고, 올바르고, 늠름한'이라고 구체적으로 표현하고 있다.

검도가 단지 머리치기나 손목치기를 하는 것이라면 그것만으로는 인간형성을 할 수 없는 것이고, 그 이념만을 염불 외듯이 한다고 해서 인간교육을 달성할 수 있는 것은 아니다.

검의 理를 행동으로 나타내고 사회에 전개하는 것이야말로 검도가 추구하는 道이며, 그것을 실천하는 것이야말로 검도가 인간교육을 통해 현대사회에서 살아남을 수 있는 존재가치인 것이다.

앞으로의 검도는 여기에 초점을 두고 '검도는 즉, 인생'이라고 하는 철리를 스스로 실천하고 실행해야 한다. 그것이 현대검도가 추구해야 할 궁극의 목적인 것이다.

검도의 특성

검도는 진검의 시퍼런 칼날 아래서 태어난 것이기 때문에 다른 스포츠에서는 찾아볼 수 없는 뛰어난 특성을 갖고 있다.

그 특성을 알고 그 장점을 주의 깊게 수행하는 일이 가장 중요하며, 그것이 검도를 올바로 보급하고 검도를 영원하게 하는 최대의 관건이다.

그러한 검도의 특성을 더욱더 명확하게 하기 위해 '정신적 측면' '신체적 측면' '두뇌적 측면' '교양적 측면'이라고 하는 4개의 기둥을 세워 연구해 보자.

1. 정신적 측면

검도는 옛날부터 정신교육을 추구하는 것이라고 일컬어져 왔다.

그렇다면 정신교육이란 무엇인가? 어떻게 해야만 정신교육에 도움이 될까? 먼저 그 점부터 생각해 보자.

검도의 덕목은 예로부터 여러 가지로 표현되었고, 그 덕성 또한 여러 가지로 분류되어 왔다. 옛날에는 '武의 七德'이 있었고, 야마가 소고는 '武의 八德'을 말하기도 했고, 그 유파에 속하는 요시다 쇼잉은 '士規七則'을 만들었다. 또 '劍의 五德'도 있고, 전전 무덕회에서는 '무의 三則'을 제정하기도 했다. 어쨌든 같은 내용을 분류해 놓은 것이기 때문에 '무덕을 가득 채운 검공(劍功)'을 설명한 것이라는 점에서는 다를 바 없다.

　모두가 각각의 의의도 있고 특징도 있지만 나는 옛 무덕회가 제정한 '무의 삼칙'이 모두 집약돼 있어 가장 알기 쉽고 현대교육에도 가장 적합하다고 생각한다. '무의 삼칙'은 '정의를 숭상하고, 염치를 중하게 여기며, 마땅히 예절을 지키는 것'이라고 가르치고 있는데, 그것은 무사도와 양명학, 나아가서 유교의 정수를 모아서 만든 것이라고 전해지고 있다.

　정의는 양명학의 생명이다. 양명학은 정의를 위해서는 나라를 뒤엎어도 괜찮다고까지 하는 강렬한 정의의 실천을 가르치고 있다.

　염치는 무사도의 진수이자 전통의 정신이다.

　또한 예절을 존중하는 것은 유교의 교의(教義)이자 모든 가르침의 근본이다.

　따라서 정의, 염치, 예절이라는 세 가지 덕은 검도인이 꿈속에서도 결코 잊어서는 안 될 실천윤리이자 으뜸가는 도달목표인 것이다.

◆武의 七德
1. 폭력을 금한다.
2. 무기를 거두어들인다.
3. 큰 나라를 보유한다.
4. 공을 세운다.
5. 백성을 편안하게 한다.
6. 여러 사람을 화락하게 한다.
7. 물자를 풍부하게 한다. － 《左傳》

◆武의 八德
충(忠) 효(孝) 인(仁) 의(義) 용(勇) 예(禮) 지(智) 신(信) － 야마가 소고

◆劍의 五德
정의(正義) 염치(廉恥) 용무(勇武) 예절(禮節) 겸양(謙讓) － 무덕회

● 정의(正義)

검도의 목적이 무엇인가에 대한 표현은 실로 다양하지만 궁극적으로는 문자 그대로 '정의(正義)' 바로 그것이며 '正' 이라는 한 글자에 모든 것이 다 들어 있다고 생각한다.

"마음을 바로 하고 몸을 바로 하며 행동을 바로 하고, 세상을 바르게 한다" 그것이 나의 검도관이며 인생의 기조이다.

검도에서는 검리를 바로 닦고 인생에 있어서는 정의를 실천한다.

일련의 수행체계 속에서 검도의 진짜 존귀함을 찾아볼 수 있는 것이다.

예로부터 "바른 길을 걸으면 두려울 게 없다"는 말이 있는데, 돌이켜 양심의 가책을 받을 일을 하지 않았다면 그 누구와도 함께 할 수 있을 것이다. 이는 곧 정의감이며, 정의감은 진실로 귀중한 것이다. 그러한

정신의 실천이야말로 바로 검도라고 할 수 있는 것이 아닐까.

　"악을 증오하고 부끄러움을 안다" 그것이 정의의 출발점이라고 말할 수 있다. 그런데 최근에는 점점 악에 대한 감각이 엷어져 가고 부끄러운 일을 하고도 부끄럽게 생각하지 않는 행동이 질서를 어지럽히고 사회를 흔들어 놓고 있다.

　검도가 축적해 온 정의라는 정신이 엷어져 가고 있는 것은 일본정신의 쇠퇴와 함께 두려워하지 않으면 안 될 전통문화의 붕괴현상이다.

　나일강이 이집트 문화를 길러냈듯 검도는 일본 정신문화를 길러왔고, 교육의 본류를 이뤄왔다고 생각한다. 다이카 개혁이나 메이지 유신의 홍업(鴻業)도 모두 일본인의 피에 흐르고 있는 정의감의 응집이며, 현대검도에서 가장 강력히 요망되고 있는 일본인의 혼이다.

　'올바르다(正)'는 것은 성실(誠)과 통하고, 나아가 성스러움(聖)으로 승화하는 것이라고 말하는데 나는 세상에서 '正'이라는 단어만큼 존귀하고 또한 성스러운 것은 없다고 생각한다.

　다행스럽게도 검도는 그 일거일동 모두가 '正'에서 시작하여 '正'으로 끝난다. 절대로 그 선 밖으로 벗어나서는 안 되며 또한 그 정신을 모독해서도 안 되는 것이다.

　소고쿠 시게루는 "흑백의 분별이 어려운 것은 나라가 망할 징조"라고 했다.

　현대사회는 흑백을 가리기가 더욱 어렵고, 옳고 그름을 구별하기 또한 쉽지 않다. 세상은 한낮의 암흑과도 같은 모습이다.

　옛날에는 오늘날과는 전혀 다른 정의감을 갖고 있었다. 옛날 사람들은 어떠한 곤란한 경우에도 정의를 지키고 생사의 갈림길에서조차 진

실로 깨끗하고 늠름한 행동을 취했다. 지금 여기서 말하는 정의라고 하는 것은 어떠한 것인가.

옛 사람들은 막다른 경우에는 과연 어떤 행동을 취했을까? 몇 가지 귀중한 예를 들어 생각해 보자.

히라야마 고조의 어머니

히라야마 고조는 에도에서 태어났다. 검호(劍豪)라기보다는 군사학자로서 더 유명했다. 아버지 가쓰요시로부터 엄격하게 검도를 배우고 아버지가 죽은 후에는 어머니 밑에서 자랐다. 어머니는 맹렬 여성이어서 가혹한 수련을 시켰다. 정말로 찢어지게 가난한 가운데서도 아침에는 해가 뜨기도 전에 냉수마찰을 시키고 마룻방에 꿇어앉혀 놓고 소리내어 논어를 읽히고 붓글씨를 가르쳤다. 공부가 끝나면 온갖 청소를 다 시키는 등 하루하루가 정말 어린 머슴살이와도 같은 인종의 나날이었다.

젊은 시절의 고조에게는 다음과 같은 일화가 남아 있다. 고조는 교토에서 처음으로 기생을 보고 "어느 귀한 댁의 따님이십니까?"하고 정중하게 큰길에서 무릎을 꿇고 인사를 했다는 것이다. 그 정도로 세상 물정을 모르고 사는 철부지였으나 온몸을 다 바쳐 어머니를 봉양하는 효자였다.

어느 날 친한 친구가 작별 인사를 하려고 찾아왔다.

그 친구는 하찮은 일 때문에 또래 네 명과 막 결투를 하러 가려는 참이었다.

상대가 강적이라고 생각되지는 않지만 만일 이기더라도 할복을 면할 수는 없을 터이므로 마지막으로 친구를 보러 온 것이었다.

친구의 절박한 이야기를 듣자 고조는 친구를 위해 같이 가서 싸워주려고 생각했다.

하지만 그에게는 홀어머니가 있었다.

어머니는 찢어지게 가난한 가운데서 모든 것을 다 바쳐 자식의 성공에 희망을 걸고 지금까지 살아왔다. 아무리 친구에 대해서는 신의가 있어야 한다지만 둘도 없는 어머니를 배신할 수는 없었다. 친구를 위해 같이 싸워 이긴다 해도 할복을 피할 수 없게 돼 가문이 끊어질 것은 정한 이치였다. 그렇게 되면 홀로 남게 된 어머니는 길거리를 떠돌고, 살아가는 것조차 힘들지 않겠는가?

아무리 궁리를 해도 결단이 서지 않았다. 그 모습을 보고 친구는 "신경쓸 것 없네. 어머니께 안부나 전해 주게나"하며 일어섰다. 고조는 대답할 말을 잃은 채 말없이 그를 보내야 했다.

어머니는 고조를 방으로 불러 "지금 온 게 누구냐? 무슨 일로 왔더냐?"하고 여러 가지로 물었다. 고조도 더 이상 감출 수가 없어 모든 것을 털어놓았다.

"그래서 너는 가지 않을 작정이란 말이냐?" 어머니의 말씀은 지엄했다. 고조는 아무런 대답을 할 수 없었다. 친구를 위해 가고 싶은 마음은 태산 같았다. 그러나 늙은 어머니의 여생을 생각하니 아무래도 결단을 내릴 수 없었다.

어머니는 힐끗 고조를 흘겨보았다.

"친구가 죽는 걸 보고 있을 작정이란 말이냐? 못난 녀석, 돌아가신 네 아버지나 나나 너를 그 따위 비겁자로 가르쳤다고 생각지는 않는다. 무사로서 의리를 내팽개치다니. 내 걱정은 하지 마라. 에미에게 끌리는 것은 미련이 있어서가 아니겠느냐? 이것저것 생각하는 것도 주저하고 있다는 증거가 아니겠느냐?"

"그러면 허락해 주시겠습니까?"

"허락하고 자시고 할 것도 없느니라. 무사로서 가지 않을 수가 있겠느냐? 안 가면 평생을 두고 후회하게 될 것이니라. 뒷일은 생각하지 않아도 된다. 무사로서 정의의 길을 걸어가면 되는 것이야."

"고맙습니다. 그러면 가서 싸우겠습니다."

고조는 힘차게 일어섰다. 마음속의 갈등을 어머니가 엄격하게 지적해 주셨기 때문이다. 갈등은 필요없었다. 마땅히 해야 할 일이라면 한눈 팔지 말고 곧바로 시행하는 것이 정의라고 했다. 그것이 바로 평소 죽음을 눈앞에 둔 무사가 살아가야 할 삶의 방식이 아닌가.

고조가 결투장소에 달려갔을 때 친구는 용케도 상대의 숨통을 끊어놓고 막 할복하려던 참이었다.

"잘 싸웠구나"하고 소리를 지르자 친구는 싱긋 웃었다.

"잘 와주었네. 고맙네. 그러면 내 목을 쳐주게."

고조가 친구의 목을 쳐주는 모습은 정말로 장엄하고 처연한 것이었다.

－ ≪일본무사도史≫에서

이 이야기는 고조의 삶의 모습을 보여줌과 동시에 무사의 어머니가 어떠한 교육 태도를 가져야 하는가를 가르쳐 주는 것이다.

사사로운 정을 끊고 의리를 중시하는 시대였다고는 하지만 자기 자식을 죽음의 길로 쫓아내는 맹렬한 여인의 혼이 가슴을 조여온다. 어릴 때부터 검도를 가르치고 논어를 읽히고 새벽에 일어나면 냉수마찰로 시작하여 온갖 청소를 다 시키는 등 그야말로 무서울 정도의 수련을 쌓게 했다. 그런데 그렇게 가르쳐온 외아들을 한 조각 의리를 위해 죽음의 길로 몰아낸다는 것은 상상을 초월하는 맹렬 여인의 정신, 바로 그것이다. 오늘날 우리들로서는 생각조차 할 수 없는 숭고한 정신인 것이다.

요즘 세상은 완전히 딴판이다. 당연히 해야 할 일도 하지 않는가 하면, 보고도 보지 않은 체하고 눈감아 버리곤 한다. 정의로부터의 도피가 사회를 혼란스럽게 하고 학교를 무법지대로 만들어버리는 것이다.

그러한 정과 의리 사이에 결연히 선을 그은 고조의 어머니의 마음을 통해 신에 가까운 정의의 존엄을 알게 되고, 그 정신의 한 조각이라도 배우고, 흠잡을 수 없는 그 순수하고 신성한 마음에 한 발짝이라도 가까이 갈 수는 없을까? 마음속으로 그 꿈의 실현을 기원해 보는 것이다.

아사미 도우에몽의 정의

오다 노부나가가 총애하는 부하 사카이 규조는 문무를 겸비한 뛰어난 용사였지만 싸움이 불리해져 장렬하게 전사했다. 그후 사카이의 목을 잘랐다고 주장하는 자가 두 사람이 있었다. 도요토미 히데쓰구의 부하 이마이 가쿠우에몽과 나마세 헤이우에몽이었다.

나마세는 히데쓰구의 총애를 받고 있었기 때문에 여론은 그에게 기울어지고 이마이는 끝까지 불리한 입장에 처해 있었다.

거짓말을 하고 있다고 여겨진 이마이에게는 벌이 내려지게 됐다. 이마이는 분통을 참으며 "나는 무사이다. 목숨이 아까울 것은 없지만, 다른 사람의 공을 빼앗았다는 말을 듣는다는 것은 후손들에게까지 치욕스러운 일이다. 내가 사카이의 목을 자를 때 그것을 본 증인도 댈 수 있지만, 그러기 전에 다시 한번 조사해 달라"고 요구했다.

"그 증인이라는 게 누구냐?"

"아즈치에 사는 아사미 도우에몽이다."

모두들 놀랐다. 아사미는 바로 나마세의 오랜 전우이고 이마이와는 앙숙이었기 때문이다. 증인으로 세워도 이마이에게 불리한 증언을 할 것은 불을 보듯 뻔했으므로 모두 이마이를 동정했다. 드디어 운명의 날이 왔다.

아사미는 불려나온 이유를 듣고는 놀라서 "나는 결단코 증언을 하지 않겠다"고 몇 번이나 고사했지만 히데쓰구의 강요로 더 이상 거부할 수 없게 되었다.

"그럼 좋다. 무사가 명예와 목숨이 걸려 있는 운명의 갈림길에 있다면 나는 천지신명께 맹세컨대 거짓 증언은 하지 않겠다. 사카이의 수급을 자른 것은 틀림없이 이마이님이시다. 이마이님의 활약은 실로 대단하였고 무사의 귀감이 될 것이다."

증언은 끝났다. 나마세와의 오랜 우정을 끊고, 앙숙이던 이마이의 편을 들었다. 도요토미 히데쓰구의 꾸지람을 두려워하지 않고, 사사로운 정을 버리고 대의(大義)에 따른 아사미의 태도야말로 바로 대장부의 그것이었으며 적도 우리편도 찬사를 아끼지 않았다.

　　　　　　　　　　　　　　　　　　　　　　　－ ≪일본무사도史≫에서

이것이 정의를 생명으로 하는 참 무사도이며 인간의 길이다. 예사로운 말 한마디에 명예와 생명을 거는 옛 무사의 증언에는 우리들 현대인이 마땅히 배워야 할 중요한 정신과 자세가 깃들여 있는 것이다.

아사미 도우에몽의 '대의를 위해 사사로움을 버린다'는 무사도야말로 우리들 현대인의 심장을 꿰뚫는 정의의 화살이라고 해도 과언이 아니다.

도리이 스네에몽의 용맹

나가시노 전투에서 오쿠다이라 사다마사는 다케다 가쓰요리의 어떠한 맹공에도 견뎌냈으나 결국 보급로가 끊어졌다.

오다 노부나가와 도쿠가와 이에야스에게 원군을 요청하려 했으나 사방은 개미 한 마리 빠져나갈 틈 없이 경비가 삼엄했다.

그때 사다마사의 충신 도리이 스네에몽은 주군이 맞은 큰 위기를 알리기 위해 이중 삼중의 경계를 뚫고 겨우 이에야스에게 위급을 알리고 원군을 요청했다.

도리이는 도쿠가와 이에야스 부대와 함께 돌아오면 어렵지 않게 성으로 돌아올 수 있었지만, 단 1초라도 빨리 이 낭보를 알리기 위해 단신으로 되돌아오다 적군에게 체포됐다.

가쓰요리는 도리이에게 포위된 병사들을 향해 "구원병은 오지 않을 것이니 속히 항복하라고 말한다면 목숨을 살려주고 중용하겠다"고 했다. 도리이는 "그러겠다"고 대답했다. 하지만 막상 성 앞에 서서는 포위된 병사들을 향해 "4만의 대군이 이미 오카사키 성에 와 있다. 이제 조금만 참으면 된다. 힘내라"고 큰소리로 알려주었다. 그는 마침내 아군 병사들이 보는 앞에서 책형(기둥에 묶어 찔러 죽이는 형벌)에 처해졌다. 아군 병사들은 도리이의 놀라운 기백에 크게 고무돼 잘 싸워 그 위기를 벗어날 수 있었다.

포위된 후 오쿠다이라 성 바깥 도랑에는 삼엄한 경계망이 쳐져 있었다. 만일 용케 도랑을 빠져 나온다 하더라도 둔덕 위에는 개미 한 마리 기어 나올 수 없었다. 도리이는 그것을 충분히 알고 있었음에도 스스로 죽음의 길을 선택, 철벽포위를 뚫고 이에야스에게 위급함을 알렸던 것이다. 그리고 이에야스로부터 지원 약속을 받고 나서는 잠시도 쉬지 않고 본진으로 돌아왔다.

그것은 실로 지옥으로 돌아가는 것이었고 죽음의 길로 직행하는 것이었다.

그럼에도 도리이는 주군을 위해 장렬하게 죽음을 맞는 무사의 진면목을 보여 주었고, 아무도 흉내낼 수 없는 무사의 기개를 느끼게 해주었다. 놀라운 무사의 혼이자 충성심이었다.

오늘날 우리들이 헤아려 본받을 만한 귀중한 정신이 그 속에 흐르고 있는 것이다.

의상(義商) · 의민(義民)

아카호 낭인무사는 '47인의 의로운 무사'라고 불리고 있고, 아마노야 리헤에는 '의로운 장사꾼'이라고 불리며, 사쿠라 소고는 '의로운 사람'으로서 영원히 그 자랑스러운 이름을 구가하고 있다.

'의사(義士)' '의상(義商)' '의민(義民)'이라는 호칭은 각각 다르지만 '의롭다'는 말의 원류(源流)에는 다를 바가 없다. 아무튼 정의를 위해 목숨을 바쳐 인(仁)을 이룩한 대단한 사람들이다.

아카호 낭인무사에 대한 이야기는 널리 알려져 있고, 리헤이의 정의로운 행동 또한 널리 인구에 회자되고 있다. 밤을 새우는 고문은 견딜 수 있어도 눈앞에서 처자식이 화형을 당하는 모습을 보면 그 누구도 견디기 어려울 것이다. 그런데도 끝까지 주모자의 이름을 대지 않았다.

리헤이의 협기(俠氣)야말로 중국과 무역을 하는 상인 특유의 근성이며 귀신도 울 만한 의행(義行)의 진수라고 할 만하다.

온 식구가 모두 처벌을 받게 될 것을 알면서도 못된 관리를 처단해야 한다고 직소 청원함으로써 스스로 책형을 받아 죽음의 길을 들어선 소고 또한 정의로운 무사라고 말해 무방할 것이다.

대의를 위한 이 같은 행동은 일일이 열거할 수 없지만, 현대판으로는 2차대전 후 온 국민을 울렸던 도쿄 재판소의 야마구치 요시타다 재판관 아사사건이 있다.

전쟁이 끝나 전쟁터에 나갔던 군인들과 일반인의 귀국으로 입이 크게 늘어났다. 그런데도 식량은 전혀 구할 수 없는 생지옥 속에서 쌀이 암거래되고, 온갖 부정이 난무하고, 남을 등쳐먹는 사기가 횡행했다. 당시 나도 시골로 돌아왔는데 끼니를 때울 것이 아무것도 없었다. 어쩔 수 없이 얼마 전까지만 해도 소작을 주었던 집의 젊은 딸에게 머리를 숙여 어머니가 시집올 때 가져왔던 옷가지나 아내와 딸이 아끼던 옷감까지 건네주며 간신히 쌀과 바꿔 겨우겨우 덧없는 목숨을 연명해 가던 나날이었다.

그러던 세상인데도 야마구치 재판관은 단 한 톨의 암거래 쌀도 구하지 않았다. 결국 그는 영양실조에 걸려 죽게 되었다. 28살의 젊은 부인과 4살, 2살배기 아이들이 남게 되었다. 얼마나 가슴이 아팠을까. 굶어 죽는 것은 할복자살이나 분신자살보다 훨씬 길고도 힘든 고통이었으리라.

그러나 스스로가 옳고 그름을 가리는 재판관이라는 대의와, 암거래를 해서는 안 된다는 양심의 가책, 재판관으로서의 자부심과 긍지 때문이었을까. 결국 한 톨의 암거래 쌀도 먹지 않고 애석하게도 33살이라는 젊은 나이로 스스로 죽음의 길을 선택한 것이다. 가련한 처자식을 남겨두고 하루하루 말라 죽어가고 있던 야마구치 재판관의 가슴속에는 과연 어떤 고통과 쓰라림이 있었을까. 한 양심적인 재판관의 성스러운 행동이라고는 하더라도 도저히 한마디 단어로는 설명할 수 없는 그무엇이 있는 것이다. 우리 모두가 심각히 생각하지 않으면 안 되는 그무엇인가가 있는 것이다.

종전 후 관헌의 횡포는 말로 표현할 수 없을 정도였으니 야마구치 재판관도 마음만 먹으면 무엇이라도 할 수 있는 입장이었다. 그런데도 지위나 권력을 행사하지 않고 자기의 배급식량을 자식들에게 주고 자기는 죽음의 길을 선택한 그 고결하고 순결한 행동은 과연 어떻게 가능한 것일까. 도무지 예사롭지 않은 그 일을 떠올리면서 지금 우리 모두는 그 고결함을 배워야 하고, 그 숭고함을 실천하지 않으면 안 될 중요한 시점에 와 있는 것이다.

잘먹고 잘살고 등 따습고 배가 불러 도덕도 윤리도 잃어버리고 사는 우리로서는 야마구치 재판관의 그 죽음을 건 정의감에서 무엇인가를 배우지 않으면 안 되는 것이다. 우리들도 각오에 따라서는 그러한 고결한 정신을 발휘하고 그러한 지순한 행동을 실천해야 한다. 그것을 크나큰 가르침으로 삼아 야마구치 재판관이 죽음을 통해 가르치고자 하는 자세, 타락하는 마음을 채찍질해 나쁜 마음을 결연히 잘라내는 인간 본연의 자세로 되돌아가지 않으면 안 되는 것이다.

피터 선생님의 교육적 정의감

1978년의 일이다. 오사카의 한 대학에서 청바지 때문에 문제가 일어났다. 처음에는 대학 교실 안에서 일어난 사소한 문제였는데 나중에 사회적 쟁점으로까지 발전했다.

문제의 발단은 '피터' 라고 하는 외국어 선생님이 "수업시간에 지각하거나 담배를 피우지 말 것, 청바지 차림으로 강의에 들어오지 말 것 등 세 가지를 금지한다"고 선언한 데서 비롯됐다. 교육자로서는 누가 들어도 당연한 일이었고 그러한 방침에 이론이 있을 수 없었지만, 그것이 그렇게 간단하지 않다는 데 현대교육의 어려움이 있는 것이다.

반대론을 외친 이들 중엔 여학생이 많았는데, 그들은 "청바지는 훌륭한 옷이다. 그것을 입는 것이 어째서 나쁘냐"고 주장했다.

잘은 모르지만 미국에서는 청바지라는 것은 작업복이고 젊은이들이 놀러갈 때 입는 것이라는, 그런 기본적 관념이 피터 선생님에게는 있었던 듯싶다. 따라서 신성한 교실에서 숙녀들이 그런 차림을 해서는 안 된다는 교육적 신념 같은 것을 갖고 있었는지도 모른다.

아무튼 자기가 양복을 입고 넥타이를 맨 깔끔한 복장으로 수업을 하고 있는 데 반해 강의를 받는 학생들이 그런 단정치 못한 차림으로 수업을 받는 것은 예의에 벗어나는 일이라는 게 피터 선생님의 반론이었다.

확실히 이치에 맞는 교육적 발언이었다. 이 문제에 대해서는 입장에 따라, 개인적 감각에 따라 각각 다른 견해가 있을 수 있겠으나 내가 지금 여기서 강조하고 싶은 것은 그의 교육적 신념과 교육자로서의 물러설 줄 모르는 용기에 대한 것이다.

일본인 선생님들조차 얼굴을 마주하면서는 발언할 수 없을 듯한 것을 미국인 선생님이 일본인의 교육을 위해 교직을 걸고 당당히 싸우는 그 정신력과 용기 있는, 정의로운 태도에는 정말 고개가 숙여지고, 실로 놀라움을 금치 못하고, 마음속으로부터 존경하는 마음이 우러나온다.

요즘의 선생님들은 학생의 교육이나 지도보다는 우선 자기 자신의 안위를 먼저 생각하는 탓에 학생으로부터 미움을 받고 비판받는 것을 바보 같다고 여긴다. 자기 보신에만 급급해한다. 그러므로 학생을 위해, 학교를 위해 몸을 던지거나 팔 소매를 걷어붙이고 나서려는 의욕도 없고 교육적 양심도 부족하다.

학교교육이 이러한 풍토에서 헤어나지 못하고, 성역이라 불리는 교육의 마당이 비행 청소년의 집합장소처럼 보이게 된 것도 오로지 학교 선생님의 책임이다. 그들의 정의감 상실에서 비롯된 것이다.

우리 모두는 피터 선생님의 정의감과 용기 있는 행동을 다시 한 번 잘 되새기지 않으면 안 된다. 만약 그가 학생들이 어디에서 무슨 일을 하더라도 상관하지 않고, 자기와 직접 관계없는 것에 신경 쓰지 않으며, 오직 자기가 맡고 있는 수업에만 신경 쓴다면 자기 자신도 편할 것이다. 그러나 그는 직접 나서서 학생을 꾸짖었고, 그 때문에 학생으로부터 항의와 배척을 받아도 한 발짝 물러서지 않았다. 그 교육적 신념은 실로 귀중한 것이다. 그의 훌륭한 정신 태도에 저절로 고개가 숙여지지 않을 수 없다. 그는 결국 사표까지 내던지며 자신의 뜻을 굽히지 않았는데 이는 실로 놀라운 신념이다. 옛 무사가 자기의 옳음을 주장하며 죽음을 맞던 것과도 비슷한 순결한 행동인 것이다. 그러한 교육자로서의 정의감을 보고 배워 그것을 실천하지 않는다면 어린이들은 모두가 불량소년이 될지 모르며, 학원은 황폐해져 비행 청소년의 소굴이 돼 버릴지 모른다.

나 자신의 경험

나에게도 피터 선생님의 사례와 비슷한 경험이 있다. 그것은 실제 체험담인데, 억지로 용기를 내 밝히는 것이니 현대 교육자들이 무엇인가 참고해 준다면 고마울 따름이다.

내가 1972년 도카이 대학에 부임하여 이공학부 일반체육 강의를 맡고 있을 때였다. 처음으로 수업에 들어갔던 날, 시작종이 울려 내가 교단에 섰는데도 교실 안은 마치 유치원 놀이터처럼 시끌벅적해 강의를 시작할 엄두가 나지 않았다.

나는 언제나 도장에서 질서정연하고 숨소리 하나 없는 조용한 학생들의 모습만을 보아왔기 때문에 그러한 교실의 분위기에 아연 놀라움을 금할 수 없었다. 이것이 학생들의 모습인가, 이것이 수업을 받는 태도인가. 정말로 놀라울 뿐이었다. 출석을 부르는데도 성실하게 대답하는 학생은 한 명도 없었다. 모두가 "예" "네"라고 똑바로 대답하지 않았고, 개중에는 얼굴도 들지 않은 채 연필을 돌리고 있는 학생도 있었다. 그러한 상태로는 강의를 해봐야 소용없고 물론 진지한 수업도 될 수가 없었다.

첫 수업은 그런 엉망인 분위기에서 끝났다. 그래서 나는 생각했다. 도대체 대학생의 수업이라고 하는 것이 이래도 되는 걸까? 이것이 수업 받는 학생들의 태도일까? 가만 놓아두면 우선 학생들이 엉망이 되고, 대학의 권위도 실추될 뿐 아니라 나 자신도 체육학과 주임교수로서 면목이 서지 않을 터였다. 교실이나 도장이나 모두 똑같은 교육의 장이므로 우선 대답을 확실하게 하는 것부터 시작했다.

인간에게 있어서 자세가 얼마나 중요한 것인가, 그리고 대답이 사회적으로 얼마나 중요한 것인가를 알아듣기 쉽게 설명했다. 그래서 한 사람 한 사람 일으켜 세워 대답을 똑바로 하지 않는 학생은 몇 번이고 되풀이해 고치게 했다. 상대는 신입생들이긴 하지만 대학생이었다. 더구나 학생운동이 가장 활발하던 시대였기 때문에 그런 식으로 시키면 교수배척운동이 일어날지도 몰랐다. 그러나 그렇게 하지 않고서는 수업도 할 수 없고, 대학에 대한 나 자신의 최소한의 책임도 질 수 없었다. 걱정은 됐지만 피하고 싶지는 않았다. 그래서 나는 나 자신의 신념에 따라 의연한 태도로 임했다. 그런데 놀랍게도 2시간, 3시간 수업을 진행하는 동안 교실은 점점 조용해졌고, 학생들은 진지해져 갔다. 이들이 그때 그렇게 수업을 못할 정도로 시끄럽게 했던 학생들이었던가 할 정도로 놀랄 만큼 변해 가고 있었다. 1학급에 50명이었는데 매시간 44~45명은 정확히 출석하고 지각하는 학생도 거의 없었다. 1학기가 끝날 때 '휴' 하고 안도의 한숨을 쉬었다.

어떤 때는 정말로 어찌해야 할지 갈피를 못 잡아 이대로 어영부영 수업하는 게 낫지 않을까 하는 생각이 들기도 했다. 그러면 학생들로부터 배척운동을 당한다거나 하는 위험도 없고……. 그렇지만 검도인의 정신으로 그렇게 할 수는 없었다. 어떤 때는 정말로 사표를 내버릴 작정을 하기도 했다. 학원소요로 대학이 골치가 아플 지경이었기 때문에 나 스스로는 언제든 사표를 쓸 각오가 돼 있었다. 그러나 상대는 역시 이공학부 학생들이고 머리도 좋을 뿐 아니라 상식도 있었기 때문에 내 뜻을 점점 이해해 주고, 실로 조용하고 진지한 수업을 할 수 있게 되었다.

내가 이런 이야기를 하는 것은 결코 자화자찬이 아니며 스스로 공치사하는 것도 아니다. 가장 절실했던 나 자신의 경험담을 요즘의 교육자들이 반성의 자료로 삼고, 나아가 학생들을 깨우치는 데 조금이라도 도움이 됐으면 하는 생각뿐이다. 최근의 학교에서는 학생들의 반항이나 폭력이 두려워 선생님들이 현장에서 도망쳐 나오고 자신의 보전만을 도모하려는 경향이 있다. 이러한 비겁한 정신 때문에 교육은 더욱더 혼란스럽고 혼미해져 가고 있는 것이다.

언젠가 TV에서 비행 청소년만을 모아놓고 좌담회를 한 적이 있었다. 그때 학생들이 하나같이 하는 말은 "학생의 기분을 헤아려 용케도 빠져나가는 선생님은 철저하게 골탕먹이고, 우리들을 앞에서 꾸짖어주는 선생님에 대해서는 호감을 갖게 되고 존경한다"는 것이었다.

무언가 이야기가 거꾸로 된 것 같은 기분도 들지만 나쁜 학생들에게도 상식이 있고 감정이 있다. 어떤 일에 대한 선악의 판단은 물론 스스로의 행동이 옳은지 그른지 하는 정도는 분별할 능력이 있고, 선생님의 마음속도 이미 꿰뚫어보고 있는 것이다.

자식은 부모의 거울이며 학생은 선생님의 거울이다. 어린이가 나쁜 것은 부모의 가르침이 잘못됐기 때문이고, 학생이 삐뚤어지는 것은 선생님의 양심이 교육현장에서 실종됐기 때문이다.

검도에 "치고 들어오는 것은 마주 나가 받으라"는 교훈이 있다. 치고 들어오는 것을 무서워하기 때문에 도망치는 것이다. 그러나 도망치면 도망칠수록 어디까지라도 쫓아와서 치고 빠져버리는 것이다. 인생에 있어서도 곤경에 빠졌을 때 절대로 도망쳐서는 안 된다. "사나운 말의 고삐는 앞에서 잡으라"는 말처럼 곤경에 처해 있을 때는 정면으로 부딪쳐 나가지 않으면 벗어날 수 없는 것이다.

"치고 들어오면 마주 나가 받으라"라고 하는 적극적이고 용감한 행동정신과 학생의 장래를 진지하게 생각하는 교육적 양심이 없다면 오늘날의 학교교육은 더욱 힘들어질 것이고, 현대사회의 험난한 파도를 뛰어넘는다는 것은 불가능할 것이다. 교육자라면 모두가 한결같이 몇 번이고 반성하지 않으면 안 될 학교교육의 가장 절실한 과제가 아닐 수 없다.

● 염치

염치라고 하는 것은 부끄러움을 아는 것이다. '부끄러움(恥)'이라고 하는 것은 귀를 뜻하는 '耳'에 마음을 뜻하는 '心'을 붙여서 만든 글자로 자기의 양심에 귀기울여야 한다는 의미이다. 자기의 양심에 귀기울여 양심의 가책을 느끼는 것, 마음에 책임을 묻는 것이 '부끄러움'인 것이다. 부끄러움을 아는 것이야말로 정의의 원점이며 인간성을 기르는 토양이다. 그 정신의 붕괴가 현대사회를 혼란에 빠뜨리고 있다.

덴메이(天明·1781~1789) 시대 무인은 차용증서에 "만일 약속을 지키지 못하면 사람들에게 조롱거리가 되어도 좋다"는 글을 쓸 정도로 사람들 앞에서 웃음거리가 된다는 것을 최대의 치욕으로 받아들였다. 옛날 무사는 "목숨을 잃어도 이름을 더럽힐 수는 없다"고 하는 고결한 긍지를 갖고 있었다. 더욱이 "주군을 욕되게 한다면 신하로서 즉각 죽어야 한다"는 각오를 누구나 갖고 있었다. 말하자면 부끄러운 행동을 한다는 것은 그 자리에서 죽음과 연결된다는 강한 신념과 높은 기개가 일상의 행동을 지배했던 것이다.

옛날부터 '무사의 부끄러움'으로 세 가지가 일컬어졌다. '듣기만 해도 겁내기' '보기만 해도 무너지는 것' '속으로 웃기' 등이다.

'듣기만 해도 겁을 낸다'는 것은 어떤 애기를 듣기만 하고서도 지레 겁을 먹고 도망쳐버리는 비겁함이다. 전쟁터에서 상대편 장수의 이름만 듣고, 혹은 병력의 많음을 듣고서 겁부터 내는 마음을 말한다. 말하자면 비겁함을 비웃는 것이다.

'보기만 해도 무너진다'는 것은 보기만 하고서도 움츠러들어 당당한 위엄이나 품격을 잃는 것을 뜻한다. 마음속에 신념도 긍지도 없고, 다만, 쓸데없이 다른 사람에 영합하는 태도를 말한다. 즉, 언동이 비굴해 못나 보이는 것이다.

'속으로 웃는다'는 것은 겉으로는 존경하는 체하면서 마음속으로는 경멸하고 비웃는 것으로, 이것이 가장 부끄러운 짓이다. 검도계에도 얼굴을 마주할 때는 "선생님, 선생님"하면서 마음에도 없이 알랑거리지만 마음속으로는 "뭐 이런 자식이 있지?"하고 경멸하는 사람이 있을지 모른다. 최근의 검도계는 특히 그런 점에 주의하지 않으면 안 된다. 마음에도 없이 따라 웃거나 손바닥을 비비며 알랑거리고 머리를 수그리는 그 이면에 뜻밖의 비웃음이 담겨 있는 경우도 많다.

인간으로서 그보다 부끄러운 일은 없다. 그러한 풍조는 검도계뿐 아니라 어떤 사회에서나 있는 일이다. 특히 경계하지 않으면 안 될 중요한 마음가짐이다. 옛날부터 무언가 잘못된 일을 하면 "조롱거리가 되지 말라" "체면을 더럽히지 말라" "부끄러움을 알라" "조상 앞에 얼굴을 들 수 있는가" 등등 '부끄러움'이라는 낱말과 정면으로 대결했다. 그러한 마음은 존중되어야 하고 그러한 태도는 훌륭한 것이다.

옛날부터 무사의 집에는 동백나무를 심을 수 없었다. 그것은 동백꽃은 색이 바래 떨어질 때까지 나뭇가지에 붙어 있다가 결국 떨어질 때는 꽃잎이 지는 것이 아니라 꽃봉오리 전체가 똑 하고 떨어져 버리는데, 그 비련을 부끄러워해 그러한 정신을 금기시하고 그러한 태도의 추함을 혐오했기 때문이다. 오늘날 우리는 "부끄러움을 알라"는 무사의 혼에 마음을 의지해 스스로의 말과 행동 하나 하나에 더욱 엄격한 규율을 지키지 않으면 안 된다.

센노 리큐의 염치

센노 리큐는 도요토미 히데요시로부터 할복을 명받았다. 부인이 "지금 목숨을 구걸하면 반드시 살려주실 것"이라고 간절히 달래보려 했지만 리큐는 부인의 애절한 소원에 따르지 않고, 조용히 하늘을 우러러봤다. "지금 내가 목숨을 구걸하면 어쩌면 살 수는 있겠지. 그러나 그러면 다도(茶道)의 정신은 그 순간 끊어져 버리고, 다도는 영원히 끝나 버릴 것"이라며 조용히 단도를 집어들었다. 그때의 마음은 얼마나 당당했겠는가. 일개 다도의 장인이지만 천하의 무장에게도 결코 질 수 없다는 늠름한 태도, 죽음을 눈앞에 두고 있지만 부끄러움을 알기에 이름을 더럽힐 수 없다는 맑고 숭고한 마음이 새삼스레 놀라울 뿐이다.

소리 없이 끓는 차 주전자 속에서 나오는 '염치의 향기'가 한층 강하게 우리들 심혼을 뚫고 들어오는 것 같다.

다이라 아쓰모리와 아오바 피리

"꽃은 벚꽃, 사람은 무사"라는 말은 꽃이 질 때의 선명함을, 그 청결하고 결백함을 가리키는 것이다. "죽어야 할 때 죽지 못한다면 죽지 않음보다 괴롭다"는 말도 있고, 호소카와 가라샤 부인은 "질 때 져야 꽃도 꽃다운 것이고, 사람도 사람다운 것"이라고 노래하며 뒤따라 자결했다. 신앙의 신념을 가지고 무사의 아내로서 순결함을 보여준 그 행동은 영원히 칭송 받고 있다. 다이라 아쓰모리는 단노우라 전투의 막바지 고비에서 총사령관이 탄 배로 갈아타려 할 때 뒤쪽에서 "치사하게도 적에게 등을 보이다니"라고 외치는 소리를 듣고는 말을 돌려세워 적진으로 쳐들어가 구마가이 지로에게 잡히게 됐다. 겨우 17살의 너무나 어린 무장이었기에 구마가이는 자기 자식이 생각나 어떻게든지 살려주려 했으나 벌떼같이 모여든 아군의 군세에 설령 그곳을 도망쳐도 반드시 누군가의 손에 잡혀 죽을 운명이었다. 그래서 구마가이는 차라리 나중에 공양이나 해줘야겠다는 생각에서 눈물을 머금고 목을 베었다.

"치사하게 도망치는가"라는 무사로서는 최대의 치욕스러운 말 한마디가 이름을 더럽힐 수 없다는 무장의 가슴을 예리하게 찔렀던 것일까?

수많은 겐뻬이(源平) 간의 이야기 가운데 아쓰모리의 죽음과 아쓰모리가 몸에서 한시도 떼놓지 않고 애용하던 아오바 피리는 그 아름다운 음색이 지금까지도 전해지고, 부끄러움을 아는 어린 무사의 귀감으로서 영원히 전해 내려오고 있다. 구마가이는 아쓰모리의 죽음을 깊이 애도하고, 불문에 귀의하여 평생 동안 아쓰모리의 혼령을 위로해 주었다.

가마쿠라 겐고로의 염치

가마쿠라 겐고로는 미나모토노 요시이에의 충신으로 전투 중 왼쪽 눈에 화살을 맞아 쓰러졌다. 동료 미우라 다메쓰구가 달려들어 화살을 뽑으려 했으나 좀처럼 뽑히지 않았다. 일각을 다투는 생사의 갈림길에서 다메쓰구는 쓰러진 겐고로의 얼굴에 한쪽 발을 디디고 화살을 뽑으려고 했다. 겐고로는 크게 노해서 "무사의 얼굴을 흙 묻은 발로 밟는다는 것이 말이 되는가, 무례하기 짝이 없구나. 설령 목숨은 건질지 모르지만 그러한 치사한 모습으로 목숨을 건진다는 것은 가마쿠라 가문에 두고두고 치욕이다. 빨리 비켜라"하면서 스스로 화살을 빙빙 돌려 뽑아내어 주위 사람들을 놀라게 했다. 짚신으로 밟거나 맨발로 밟거나 보통 사람이라면 "빨리 빨리 뽑아라"고 소리지를 일이지만 겐고로는 목숨보다도 무사로서의 체면을 더 중요시했던 것이다. 무사가 얼굴을 흙발로 밟히면서까지 목숨을 구하려고 한다면 자신에게뿐만 아니라 주군인 요시이에의 이름에까지 상처를 준다는 생각에서였다. 그야말로 "목숨을 버려도 이름은 더럽힐 수 없다"는 준엄한 무사의 체면이었던 것이다.

"대저 '부끄러움'이라는 낱말은 무사가 지켜온 본령이다. 무도를 일으키려 한다면 무엇보다 먼저 부끄러움이라는 낱말이 흥해야 한다"고 말한 요시다 쇼잉의 교훈이 몸에 밴 행동이었으며, 전장에서 꽃피운 '염치의 꽃' 한 송이었다.

도코 다헤이의 염치

미야모토 무사시가 구마모토에서 있을 무렵의 이야기다. 주군인 호소카와 다다토시로부터 "도열해 있는 무사 가운데 가장 쓸모 있는 게 누군가"라는 질문을 받았다. 무사시는 "모두가 용맹한 무사라 판단됩니다만 그 중에서도 저기 있는 무사가 만일의 경우에 쓸모 있을 것 같습니다"라고 대답했다. 그는 도코 다헤이라는 무사로서 무술에 별로 능한 자는 아니었다. 그러나 무사시는 "저런 사람은 언제 죽어도 좋다는 각오가 대단한 사람입니다"라고 대답했다. 다다토시는 크게 기뻐하며 다헤이에게 상을 주고 칭찬해 주었다.

그 뒤 도쿠가와막부가 에도 성을 축조할 때 여러 번주에게 석재를 가져오도록 했다. 그때 각 번에서는 경쟁적으로 석재를 운반해 와 각각 책임구역에 산더미처럼 쌓아놓았으나 히고번만은 도무지 가져오지 않았다. 주군에 대한 소문도 점점 나빠졌다. 그래서 호소카와는 다헤이를 불러 그 책임을 맡겨 석재 운반을 서둘도록 명령했다. 다헤이는 주군의 명령에 감격하며 밤을 낮 삼아 석재 운반을 끝마쳤다.

그런데 시샘하는 자가 있어 석재를 훔쳤다는 혐의를 씌워 다헤이는 막부의 옥에 갇히게 되었다. 밤낮으로 물을 먹이고 불로 지지는 고문에 여러 번 기절하기도 했으나 다헤이는 끝끝내 죄를 인정하지 않아 결국 조릿대 고문을 받게 되었다. 그것은 대나무 대롱을 얇게 깎아 넓적다리 속에 박아 넣고 휘저어서 대롱 끝의 살을 파내면 넓적다리에 구멍이 생겨나는데, 그 구멍에 펄펄 끓는 기름을 부어넣는 잔혹하기 짝이 없는 고문이다. 그런데도 다헤이는 비명조차 지르지 않았다. 물 고문이나 불 고문은 너무나 고통스러워 반쯤은 미칠 지경이어서 고통도 아픔도 잘 느낄 수 없지만, 조릿대 고문은 의식이 확실해 있다면 무엇보다 고통스러운 고문이었다.

다헤이는 그래도 자백하지 않을 뿐 아니라 기름이 식었다고, 기름을 더 부으라고 큰소리쳤기 때문에 넓적다리는 마치 흐물흐물해진 복숭아처럼 짓물렀다. 산전수전 다 겪은 취조관도 차마 눈뜨고 볼 수 없어

"석재를 훔친 도코 다헤이를 그만 풀어주라"고 했다. 그것을 들은 다헤이는 크게 노하여 "석재를 훔쳤다니 무슨 소리냐. 억울한 누명을 씌우고 고문한 것에 대해 잘못했다고 사과하라"고 외쳤다. 결국 주군 호소카와에게도 누를 끼치지 않고 자기 고장의 이름을 천하에 떨친 도코 다헤이의 대단한 충성심에 감동하지 않는 이가 없었다.

－《일본무사도史》에서

그렇게 해서 도코 다헤이는 호소카와의 신임에 대한 무사로서의 충성을 다했으며 염치를 존중하는 무사의 기개를 보였다.

나는 일찍이 로마의 지하감옥에 수많은 고문도구가 있는 것을 보고 놀란 적이 있는데 일본에는 그보다 더한 고문방법이 있었다는 것을 알고 실로 전율을 느꼈다. 옛날 무사들의 근성이 과연 어느 정도 강인했던 것인지 참으로 놀라울 뿐이다.

다헤이는 스스로 마음가짐을 다잡기 위해 항상 천장에 칼을 거꾸로 매달아 놓고 언제 죽어도 좋다는 각오로 하루하루를 보냈다고 전해지고 있다. 무사시가 "저런 사람은 언제 죽어도 좋다는 각오가 되어 있는 사람입니다"라고 한 것은 혹시 그 참마음을 간파한 것이 아닐까?

● 예절

옛날부터 "사람에게 예절이 없다면 짐승과 같다"고 말하지만 도대체 예절이라는 것은 무엇일까? '禮'는 '넉넉함(豊)'과 '보인다(示)'는 뜻이 합쳐진 글자로 상대방을 존경하는 마음을 형상한 것이다. 평범하게 말하자면 상대방이 불쾌한 느낌을 갖지 않도록 하는 것이 예절의 시작이다.

검도에 대해 "예(禮)로 시작해서 예(禮)로 끝난다"고 말하는 것은 수련을 시작할 때 모두 줄서서 예를 표시하고 끝날 때도 예를 표하기 때문인데, 인간은 언제나 무슨 일을 하더라도 예에서 벗어나지 않고 예에 반하는 행동을 하면 안 된다는 가르침이다. 검도계에서는 예를 그 생명으로 하고 있으나 그러한 예가 종종 형식에만 치우치고, 허례로 흘러 비례(非禮)로 추락하는 경우가 많다. 검도의 예법은 언제나 상대방을 눈앞에 두고서 행하는 것이지만 다도(茶道)나 꽃꽂이(花道)와는 다른 점이 많다. 그러나 표면상의 행위는 달라도 저류에 흐르는 마음에는 차이가 없다. 고가사하라류에서는 "모든 예법의 목적은 정신을 도야하는 데 있다"고 하는데, 그 가르침이 모든 분야에 걸쳐 예의 공통적 정신인 것이다.

검도의 창문을 통해 우리 사회에 살아있는 많은 예법을 구체적으로 생각해 보자.

대의(大義)의 예

국기는 나라의 상징이다. 국가는 애국의 멜로디이다. 국기를 소중히 여기지 않는 국민은 없을 것이며 국가를 부르지 않는 국민도 없을 것이다.

2차대전 후 한동안은 일장기와 국가가 교육상 문제가 된 적이 있었다. 일장기는 전쟁이 연상되고, 국가는 가사가 나쁘다는 의견이 있었기 때문이다.

국가는 헤이안 시대에 만들어진 것이라고 한다. 실로 아름다운 정서가 흐르고 있다. 들은 바에 따르면 영국국가는 "신이여! 여왕을 보호해 주소서"라고 하는 가사이고, 프랑스 국가는 혁명을 위해 만들어진 샹송이라고 한다. 그처럼 각국의 국가에는 그 나라의 독특한 역사와 긍지가 들어 있는 것이다. 일장기는 메이지 3년, 국가는 메이지 13년에 제정되었다가 종전 후에 다시 정식으로 국기와 국가로 인정되었다. 그러한 빛나는 역사적 국기와 국가를 갖고 있다는 것은 우리의 자부심이며, 따라서 국기와 국가를 존중하는 태도는 국민으로서 최대의 기쁨인 것이다. 전국의 검도 애호가 모두가 국기와 국가가 갖고 있는 대의를 실행하고, 나라의 단결과 국위를 선양하는 데 책임을 다해야 할 것이다. 결코 강요하는 것이 아니라 그 양심에 호소하고 싶은 것이다. 그것이 국민의 예이고 검도인으로서도 가장 중요한 대의라고 생각한다.

편지의 예

편지는 자기 생각을 자기 손으로 직접 써서 상대방에게 보이는 것이다. 거기에는 정성이 들어 있기 때문에 옛날부터 편지는 한 편의 시문처럼 존중하고 중요하게 여겨져 왔다. 오늘날에는 전화라는 편리한 것이 있으나 역시 편지에는 편지만의 맛이 있고, 편지가 아니면 맛볼 수 없는 그 사람의 풍류가 감추어져 있다.

검도에서는 '先'이나 '存心'이 가장 중요한 것으로 말해지고 있다. 편지는 인생에 있어서 '선'과 '존심'의 구체적 표현이다. 예를 들면 다른 사람의 집을 방문할 때 "언제 몇 시쯤 찾아 뵙고 폐를 끼쳐야 할 것 같은데 어떠하신지요?"라고 먼저 상대방의 형편을 묻는다. 그것이 '선'이다. 상대방이 쾌히 응낙한다면 그 시간에 찾아가 뵙고, 돌아와서도 속히 예를 갖춘 편지를 낸다. 그것이 '존심'이다. 돌아와서 보내는 편지가 중요하다. 가기 전에는 누구나 부탁 편지를 보내지만, 돌아와서는 감사하다는 편지를 별로 쓰지 않는다. 하지만 그것이 가장 중요한 일이다. 이 '존심'이 있느냐 없느냐가 제대로 된 사람인가 아닌가를 가리는 기준이 된다.

검도인은 호방하고 활달한 점은 좋으나 뒤처리는 매끄럽지 못하다. 옛날부터 '과감하되 세심하게'라는 가르침이 있다. 중요한 일은 세심하고 면밀하게 대처하지 않으면 안 된다. "편지 한 장 엽서 한 장쯤이야 안 보내면 어때"라는 태도는 옳지 못하다. 나는 검도를 가르칠 때 언제나 그러한, 다소 옆길로 새는 듯한 이야기를 하는데 그것이야말로 검도교육의 근본이라고 생각하기 때문이다.

벌써 20년도 더 된 얘기지만 내가 도카이 대학에 근무하고 있을 때 체육학과 1기생인 다이와군 등을 데리고 간토 근방으로 수련을 하러 간 적이 있다. 물론 스이도의 동무관에 맨 먼저 찾아가서 오자와 다케시 선생님을 위시하여 여러 선생님들로부터 지도를 받았다. 나는 학생들에게 돌아와서 바로 편지를 올릴 수 있도록 선생님의 주소와 이름을 적어오라고 시켰다. 또 대학에서는 대학대로 공문서로 감사 편지를 보내고, 나는 나대로 오자와 선생님을 비롯한 여러 선생님들에게 편지를 올렸다. 그리고 학생들 또한 각각 지도 받은 선생님에게 편지를 드렸는데 그 뒤에 기쁜 일이 생겼다. 5월 도쿄대회의 심판회의가 끝날 즈음 오자와 선생님은 보통때와 같은 모습으로 "요즘 교육은 죽어 버렸어"라고 큰소리로 참석자들을 꾸짖었다.

"모두가 예절을 지켜야 합니다. 예절이 어떻다고 말들은 많이 하지만 실천하는 사람은 하나도 없습니다. 우리 도장에는 많은 수련생들이

찾아오는데 올 때는 여러 가지로 부탁도 하지만 돌아가고 나서는 감사
편지 한 장 보내오는 사람이 거의 없어요. 그런 점에서 볼 때 지난 4월
에 수련 왔던 도카이 대학은 실로 훌륭하다 할 것입니다. 수련도 매너
도 훌륭했지만 돌아가자마자 금방 모든 수련생들로부터 편지가 왔어
요. 대학에서도 우리 도장 앞으로 공문을 보내오고 이노우에 선생으로
부터는 직접 내 앞으로 상세한 감사편지가 왔어요. 게다가 놀라운 일은
학생들 한 사람 한 사람이 자기들을 가르쳐준 선생님들에게 고마움을
담은 정중한 편지를 보내온 것입니다. 이런 일은 동무관이 생긴 이래
처음 있는 일이어서 나도 기뻤지만 검도계를 위해 얼마나 기쁜 일인지
감격했습니다. 지금부터 수련하러 간다면 모두 도카이 대학과 같은 매
너를 배워야 하고 감사편지 한 장쯤은 당연히 써야 한다고 생각합니다.
나는 그것이야말로 검도를 제대로 배운 것이라고 생각하는데 여러분
은 어떻습니까?"

　오자와 선생님의 말에 모두들 침묵했다. 나도 놀랐을 뿐 아니라 생
각지도 못했던 곳에서 칭찬을 받는 바람에 기쁨이 겹쳤다. 그 소식은
학생들에게도 곧 전해지고 당시 무도신문에도 기사화됐다. 그리고 앞
으로의 검도 지도는 모두 그러한 교육에 중점을 두어야만 한다고도 덧
붙였다.

　오자와 선생님은 그처럼 곧고 바른 선비이며 도를 위해서는 사사로
운 정을 끊고 행동하는 분이었는데, 애석하게도 몇 년 전에 돌아가셨
다. 검도계를 위해서도 실로 안타까운 일이다. 아무튼 선생님의 교육방
침은 검도 지도의 핵으로서 영원히 존중돼야 한다고 생각한다. 그런 점
에서 나는 검도수업에 들어가기 전에 반드시 무언가 당부를 하는데, 편

지에 대한 이야기 등은 기회가 있을 때마다 자주 한다.

아키타의 고마쓰 선생님은 자기 자식들이나 고등학생들에게까지 그러한 교육을 철저히 시킨다. 고마쓰 선생님은 내가 책을 쓰면 검도부의 모든 학생들에게 읽도록 함으로써 그 고교생 전원이 편지와 함께 여러 가지 감상을 써 보내오고 있다. "문장이 어려워서 사전을 찾으면서 읽었습니다" "이 책은 저보다 먼저 어머니가 열심히 읽고 있습니다" 등등 실로 미소를 지을 수밖에 없는 내용이다. 내가 어째서 이런 사족을 달고 있느냐 하면 검도인은 너무나 책을 읽지 않고 있기 때문이다. 편지는 아주 귀찮아서 쓰지를 않는다. 그것은 어릴 때 그렇게 교육을 받았기 때문이다. 그런 까닭에 나는 고마쓰 선생님처럼 고교시절부터 책을 읽히고, 편지를 쓰도록 교육을 시키는 것이 중요하며, 그것이 가장 중요한 검도교육의 첫걸음이라고 믿는다.

또 하나 중요한 것이 있다. 그것은 작년에 다마가와 대학에서 일어난 조그마한 기쁨이다. 이것은 결코 허구가 아니고, 그렇다고 자랑하는 것도 아니다. 편지 쓰기 교육의 중요함을 알려주기 위함이다. 다마가와 대학은 작년 대학선수권 때 행운도 따라서 간토 대회 예선에서 승리해 나고야 전국대회에 출전하게 되었다. 그때 선수들의 부모와 많은 선배들이 나고야까지 응원을 하러 와주었는데 시합은 1회전에서 졌다. 승자 수가 같고 판 수도 같았지만 대표끼리의 격돌에서 져버렸다. 상대는 간사이의 명문 릿메이칸 대학이었다. 우리 대학의 실력으로 그 정도면 잘 싸운 것이라고 생각했다. 그러나 응원하러 와준 부모들은 틀림없이 유감스러웠을 것이라고 생각한다. 나는 "시합 결과는 유감스럽게 됐지만 시합 내용은 아주 훌륭했으며 선수들에게 고마워하고 있다"는 뜻의 편지를 써서 보냈다. 그랬더니 즉시 선수의 어머니로부터 장문의 편지가 왔다. 부주장 겸 총무를 맡은 니시보리 양의 어머니로부터 온 편지의 요점은 다음과 같다.

"게이코가 지금까지 전혀 알지 못하던 검도의 세계에 들어간 것이 정말로 잘된 일이라고 생각하고 있습니다. 검도기술도 기술이지만 무엇보다 마음을 가르쳐 주셨습니다. 어리석은 에미이긴 하지만 이 훌륭하게 딸을 길러주셔서 고마움을 금할 수 없습니다."

게이코 양은 유명한 남극탐험대 니시보리 대장의 손녀인데, 명랑하고 기개가 있었다. 그래서 피는 숨길 수 없다고 늘 생각해 왔는데, 이번에는 그 어머니로부터 그런 편지를 받게 된 것이다. 그 일이 있은 후 나는 내 가르침이 부족하다는 것을 새삼스럽게 깊이 반성한다.

또 한 사람 주장인 다부세 양의 어머니로부터도 전혀 생각지 못했던 편지를 받았다. 꽤 긴 편지이므로 요점만 추려본다.

"간토 대회를 관전했는데, 어른이 다된 딸년의 자랑스러운 모습을 보니 감개가 무량했습니다. 지금까지 길러주신 선생님이나 선배들에게 뭐라고 감사를 드려야 좋을지 그저 고마운 마음뿐입니다. 정말로 감사드립니다. (중략) 취직난으로 시끄러운 올해입니다만 금세 취직이 결정되어 여유 있는 마음으로 연습에 전념할 수 있게 된 것이 다행입니다. 선생님께 세세하게 여러 가지를 지도 받은 것을 딸도 감사하게 생각하고 있습니다. 특히 자필로 편지 쓰기 등을 장려해 주신 것은 산와은행 입사시험 때 굉장히 도움이 됐답니다. 열심히 쓰는 연습이 되었기 때문에 몇 천 통의 엽서 가운데 인사부 담당자의 눈에 띄게 됐다고 합니다. 특히 워드프로세서보다 직접 펜을 들고 쓰도록 가르쳐주신 선생님 덕분이라고 딸도 마음속 깊이 감사해하고 있습니다.”

세상에 이렇게도 기쁘고 고마울 수가 또 있을까? 나는 학생들에게 “다마가와 대학에서 검도를 배운 사람은 이것만은 마음속에 새겨 놓아야 한다”고 상식적인 것을 아무렇지도 않게 얘기할 뿐이다. 그것을 학생 쪽에서 보다 진지하게 생각하고, 보다 발전적으로 실행해 준 것에 대해 정말로 고맙고, 교수로서 맛볼 수 있는 행복을 다 누렸다고 생각한다.

니시보리 양도 좋고, 다부세 양도 좋다. 정말로 가족 모두가 검도를 하고, 부모와 자식이 함께 수련을 한다는 데 대해 새삼스레 고마움을 느끼며, 모든 분들이 자랑스럽게 검도를 해주었으면 하는 바람으로, 본인들의 허락도 없이 편지의 일부를 게재했다.

다부세 양의 자필 엽서가 취직하는 데 어느 만큼 도움이 됐는지는 알 수 없으나 유난히 취직난이 심한 올해에 다마가와 대학 검도부 모두가 각각 뜻을 두었던 곳에 취직이 됐다는 것은 본인들로서도 실로 기쁜 일일 뿐더러 나에게까지 뭔지 모를 기쁨이 차오르게 한다.

이번 기회에 한 가지 더 하고 싶은 이야기가 있다. 그것은 검도 지도자라면 누구라도 참고해 주었으면 하는 것이기 때문이다. 나는 수련시간에 결코 머리치기나 손목치기만을 이야기하지 않는다. 가급적 학생들에게 무언가 도움이 될 수 있는 것을 자주 이야기한다. 예를 들면 합숙하러 갈 경우 먼저 학장님께 그림엽서를 써 보내라고 한다. 그리고 담당교수나 부모님께도 “지금 여기서 검도수련을 위해 합숙을 하고 있습니다”하고 간단한 안부를 전하도록 한다. 그리고 난 뒤에야 합숙 수련일정에 들어간다. 연말쯤이라면 연하장을 쓰는 법을 가르친다. ‘賀

正' 이라고 인쇄된 연하장을 그냥 보내지 말고 자기 주변의 이야기를 간단하게라도 적어야 한다고 말해 준다. 쉽게 만날 수 없는 사람에게는 하다 못해 1년에 한 번 연하장 정도는 보내어 잊지 않고 있다는 마음의 교류를 해야 한다고 가르친다.

현재 나는 전혀 모르는 사람들과도 편지를 주고받고 있다. 모두들 검도가 가져다준 인연이지만 내가 편지를 보내면 반드시 많은 분들로 부터 답장이 온다. 그러면 나도 기뻐서 받자마자 답장을 쓴다. 그 한 장의 엽서가 인연이 되고, 끊이지 않는 인연이 되어서 글로써 대화가 계속되고 있다. 마음속으로 고맙다고 생각만 하고 혹시 어떤 때는 답장을 하지 않게 되면 두 사람의 마음의 교류는 끊어지고 그것으로 그때까지 의 교류가 도로아미타불이 되는 것이다. 옛날에 '한 잔의 커피로부터' 라는 노래가 있었지만 그야말로 '한 장의 엽서로부터' 글 친구가 되기 도 하고 마음이 통하는 길동무가 되기도 하는 것이다. 지금은 캐나다에 서 활약하고 계시는 라리 나카무라 선생님도 그렇고, 최근의 히노시 지 성관 관장 나가자와 선생님도 그런 분이다. 나가자와 선생님은 내가 쓴 ≪현대 검도의 과제≫에 공감을 해 편지를 보내 온 것이 인연이 되어 그때부터 교제가 깊어졌다. 여러 가지 그 분의 과거 업적이나 현재의 활동상황 등을 알게 되고, 매월 여러 가지 참고자료를 보내 주시고 있 다. 게다가 나는 전혀 알지 못하는 중국의 최근 사정 등에 대해서도 배 우게 되었다. 그 분은 상해 사범대학의 고문교수였다고 하는, 검도계에 서는 이색적인 분으로, 단지 그것만으로도 내게는 공부가 되는 것이었 으니 실로 얻기 어려운 글 친구가 되었다는 생각에 기쁠 뿐이다.

두서없이 긴 얘기가 되었지만, 근자에 검도인들은 편지를 쓸 줄도 모르거니와 편지의 고마움도 모르는 것 같다. 편지 한 통, 엽서 한 장이 인생에 있어서 얼마나 큰 역할을 하는 것인가를 알지 않으면 안 된다. 검도에서 "예를 지켜라, 예절을 알아야 한다"고 말하는데, 그러기 위해서는 편지 쓰기와 같은 살아있는 예절부터 실천해야만 하는 것이라고 생각한다.

차 안에서의 예

전철은 인생의 축소판이다. 그 속에서 여러 가지 드라마가 반복되고 있다. 미소짓게 만드는 정경도 있지만, 자리를 먼저 차지하려는 사소한 시비도 일어난다. 나는 오다 급행 편으로 신주쿠로 가는데, 그 전철 속에서 언제나 눈살을 찌푸리게 하는 것은 학생들의 그릇된 매너와 젊은 세대의 분별없는 행동이다. 옛날에 우리들이 학교를 다닐 때는 만일 빈자리가 있어도 학생들은 절대로 앉아서는 안 된다는 것이 철칙이었다. 그러한 고루한 기성세대의 가치관 때문인지 모르지만 요즘의 젊은 세대의 매너가 눈에 거슬린다. 경로석에 비스듬히 앉지를 않나, 전화번호부같이 커다란 만화책을 펼쳐들고 혼자서 싱글싱글 웃기도 한다. 경로석(敬老席)이 아니라 '경로석(輕老席)'이다. 뭐라고 말이 안나올 지경이다. 남녀학생이 남의 이목은 아랑곳하지 않은 채 껴안고, 사람들이 힐끗힐끗 쳐다보아도 조금도 놀라지 않는 그 배짱이 놀라울 뿐이다.

어떤 기관의 조사에 따르면 차 안에서 자리를 양보하는 비율은 유럽이 60%, 인도네시아가 40%, 일본은 겨우 20%라는 것이다. 일본의 이러한 윤리의식은 크게 반성하지 않으면 안 될 일이다.

나는 1968년 뮌헨 올림픽 때 깊은 감명을 받은 일이 있다. 개회식이 끝나고 전철을 탔는데 몇 만 명이 한꺼번에 쏟아져 나와 전철은 실로 초만원이어서 조금도 움직일 수 없는 상태였다. 그럭저럭 매달려 있었으나 발은 밟히고 목은 뒤틀리고, 지금 생각해도 질식할 것만 같다. 바로 그때 내 앞자리가 비어 있었는데 아무도 앉으려고 하지 않았다. 너무 힘들어서 어쩔 수 없이 나는 그 빈자리에 쓰러질 듯 앉았다. 후유 하고 한숨 돌리고 나서 내릴 때 뒤쪽을 보니 자리 한가운데에 청십자가가 크게 새겨져 있었다. "아차! 이제 보니 여기가 노인용 특별석이었구나" 하고 놀랐지만, 내가 더욱 놀란 것은 그 살인적 혼잡 속에서도 아무도 그 자리에 앉으려고 하지 않는 독일 사람들의 귀중한 윤리의식 때문이었다. 나는 부끄러움과 함께 과연 이러한 놀라운 공중도덕이 어떻게 생길 수 있을까 하고 가슴속 밑바닥으로부터 경복해 마지않았다.

그러한 체험도 있고 해서 나는 검도부 학생들에게 차 안에서 빈자리가 나더라도 앉지 말도록 가르친다. 서 있으면서 몸의 중심잡기와 공격해 들어가는 발의 힘주기 같은 방법을 연구하면 스스로 검도 수련이 되고 다른 사람에게는 자리를 양보하는 기쁨을 주게 되어 실로 일석이조라고 서서 가기를 권장하고 있다. 서서 가기는 검도만이 아니라 럭비나 축구에서도 일류선수라면 누구나 그러한 트레이닝을 중요시하고 있다. 미야모토 무사시가 말한 "언제 어디서나 병법을 떠나서는 안 된다"는 수행심이기도 하다.

어떤 럭비선수가 이렇게 썼다.

"전철 안에서는 전철이 달리는 방향으로 서서 집이나 나무, 전봇대가 눈에 뜨일 때 그것을 적이라고 생각하고 몸을 홱 돌리는 훈련을 한다. 밤에 잘 때는 럭비공을 안고 잔다. 아침에 눈을 뜨면 먼저 공을 들고 잠깨기 운동을 하고 공을 안은 채 화장실에 간다. 이렇게 하루 종일 2인 3각의 생활을 하면 즐겁기도 하거니와 무엇보다 활기를 찾을 수 있다."

그 정도의 마음가짐이 아니라면 무엇을 해도 결코 일류선수가 될 수 없는 것이다. 검도선수도 이러한 엄격한 수련자세가 아니면 안 된다. 전철에서 다른 사람의 손을 잡는 것보다는 손잡이를 꽉 잡아 죽도를 잡는 느낌을 가질 수 있어야 한다. 다른 사람을 붙잡는 것보다 손잡이에 매달려 겨루기 요령을 얻는 것이 훨씬 중요하다. 그러한 마음가짐이라야 검도도 늘고, 시합에서도 반드시 이긴다. 그것이 학생의 예절이고, 차 안에서의 마음가짐이고, 나아가서 검도인의 매너가 될 것이다.

보행의 예

옛날에는 길을 걸을 때 반드시 좌측통행이었다. 그것은 무사의 습관에서 온 것인데, 옛날 무사들은 언제나 적을 오른쪽에 두고 여차하면 번개같이 검을 빼 대응하려는 태세를 갖추기 위한 것이다.

무사는 길을 걸을 때 언제나 다른 사람을 오른쪽으로 보고 걸어야 한다.
무사는 길을 걸을 때 길모퉁이를 피해 다녀야 한다.

― 쓰카하라 보쿠덴

쓰카하라 보쿠덴의 말처럼 그것이 길을 걷는 무사의 마음가짐이다. 그러나 일본에서는 사람은 오른쪽, 차는 왼쪽으로 통행하게 되어 있다. 장소에 따라서는 좌측통행인지 우측통행인지 헷갈리는 경우도 많다.

어쨌든 교통법규에 따라 걸으면 되지만, 법규에 따라 걷는다고 해서 절대로 안전하다고 말할 수는 없다. 신호도 고양이 눈처럼 변하고, 자동차도 많고, 폭주족도 끼여들어 온다. 순간의 방심에 목숨이 왔다갔다하는 교통지옥이다. 그러므로 언제 어느 때라도 검도에서 말하는 '거리와 간격'을 잊어서는 안 된다. 눈은 앞을 향하고 있어도 전후 좌우 상하로 조금의 방심도 허용해서는 안 된다. '중단 겨눔'의 마음가짐이 아니면 안 된다.

옛날에는 담배를 입에 물고 유유히 걸어다녔다. 하지만 요즘에는 그러한 여유 있는 행동을 할 수 없을 뿐더러 보행 중에 담배를 피우는 것은 법도에 어긋나므로 언제나 기민하고 정연하게 걷지 않으면 안 된다. 만일 몇 사람이 그룹을 이루고 있어도 길을 가득 메우고 걸어서는 안 되는 것이다. 어쨌거나 길 한쪽으로 똑바로 걷는 것이 보행의 매너이다. 나는 집에서 역까지 10분 남짓한 거리를 걸어다니는데 한 사람이 겨우 다닐 만큼 길이 좁다. 나는 그 길을 다닐 때 반대쪽에서 사람이 걸어오면 반드시 옆으로 피해 상대방이 지나가고 난 뒤에 걸어간다. "미안합니다"하고 목례를 하면서 지나가는 사람은 대부분 중년이고, 가장 울화가 치밀게 하는 것은 젊은 여성들이다. 고개 하나 까딱하지 않고 돌아다보지도 않는다. 말 타고 가는 듯한 태도는 저리 가라고 할 정도의 그 대담함에는 기가 질려 버린다. 도대체 요즘 여성들은 무엇을 생각하고 있는 걸까?

학교에서 배우지 않았다 하더라도 그 정도는 인간으로서의 상식이 아닐까? 참으로 이해가 되지 않는다. 전 도쿄대 학장 가야 선생님이 '조그만 착한 일 실천운동'을 제창했다. 보행 중에 담배 피우지 말기,

남에게 먼저 길을 양보하기, 침 뱉지 말기, 휴지 버리지 말기, 목례하고 걷기 등 간단한 매너를 가르쳤는데, 그것은 결코 작은 일들이 아니라 사실은 가장 크고 착한 일이며 가장 중요한 도덕이다.

더욱이 검도인으로서 유념해야 할 중요한 것은 걷기가 검도의 기초 훈련이라는 점이다. 나는 젊은 시절에 나카노 소스케 선생님으로부터 "검도를 하는 사람은 발로 걷는 게 아니라 배로 걸어야 한다"고 배웠다. 그때는 무슨 소리인지 알 수 없었으나 지금에야 그 뜻을 잘 알 것 같다. 일반적으로 "사람은 키로 걷는다"는 가르침이 있는데, 그것은 170cm 되는 사람이라면 항상 170cm 높이로 자세를 똑바로 하고 걸어야 한다는 것이다. 다시 말해서 중심의 평행이동이며, 중심의 평행이동은 배로 걷는 것이고, 배로 걷는다는 것이야말로 검도에서 가장 중요한 발놀림의 출발점인 것이다.

미야모토 무사시는 "언제 어디서나 적과 마주하고 있다고 생각해야 한다"고 가르쳤다. 검도를 할 때의 몸가짐은 일상생활에서의 태도와 똑같지 않으면 안 된다는 가르침으로 혼자 걸어갈 때도 적을 눈앞에 두고 있는 것처럼 방심하지 않는 자세로 걸어야 한다는 것이다. 중국에도 "공작처럼 걷되 호랑이처럼 걸으라"는 가르침이 있는데, 그것도 똑같은 의미이다. 공작처럼 우아하게 걸으면서도 호랑이처럼 중심을 잡고 무게 있게 걸으라는 가르침인 것이다.

검도에는 "한 걸음 한 걸음이 바로 도장"이라는 말이 있다. 그것은 한 걸음 한 걸음에도 도가 있고, 일거수 일투족에도 수행이 있다는 것을 가르치는 교훈이다. 검도인이 잠시라도 잊어서는 안 될 중요한 마음가짐이다.

복장의 예

영국에는 "옷차림이 예의를 말한다"고 하는 속담이 있다. 일본에는 "복장은 예의 첫걸음"이라고 하고 혹은 "복장은 바로 당신의 소개장"이라는 가르침도 있다. 어쨌거나 옷차림은 당신의 인격을 표시하며 올바른 예절이 무엇인가를 알려주는 것이다.

요시다 쇼잉이 처음 사쿠마 쇼잔의 가르침을 받으러 갔을 때 쇼잔은 "네가 예를 안다면 머리를 빗고 오라"고 깨우쳐 주었다. 그 무렵 왕실의 일로 분주하여 복장을 바로 하고 머리를 빗을 여유조차 없었을지 모르지만 그후 쇼잉은 머리를 정결하게 빗고 말끔하고 단정한 모습이 되었다. 그것은 아마도 쇼잔의 가르침에 깊이 감명 받았기 때문일 것이다. 실로 귀중한 선현의 교훈이다.

덴교의 난으로 유명한 다이라노 마사카도는 스스로 '새로운 왕' 이라 칭하고 천하를 제패하려는 야망을 가졌다. 그러나 가장 신뢰하던 부하라고 믿던 후지와라노 히데사토가 온다는 보고를 받고, 복장도 제대로 갖추지 않은 채 부스스한 머리로 현관에 나타났다. 히데사토는 그러한 예절을 모르는 교양 없는 모습을 언뜻 보고는 한 눈에 "마사카도는 일개 무사일 뿐이지 천하의 주인이 될 그릇이 아니다"라고 판단하고는 물러 나와 그후 조정의 명을 받아 거꾸로 마사카도를 쳐 멸망시켰다. 얄궂은 운명이었지만, 달리 보면 다이라노 마사카토가 예절을 분별하지 못하고 스스로 무덤을 판 자업자득이었다.

검도에서는 다행스럽게도 이러한 예절을 설명하고, 도를 가르치고, 일상생활에 있어서 예절을 실천하고 있다. 수련복 입는 법에서부터 서는 법, 앉는 법, 예절의 실천 방법에 이르기까지 모든 것을 검리에 기초한 예법을 지켜 행하고 있다. 이러한 예법을 올바로 배우면 도는 예와 통하고, 예는 사회에 전개된다. 거기에 검도의 좋은 점이 있고 수련의 가치가 존재하는 것이다. 예도에는 "옷매무새가 곧 예"라는 가르침이 있는데, 검도에서도 '복장은 예절의 하나'이며 '장구(裝具)는 검도의 첫걸음'이다. 이토록 중요한 기본적 매너를 망각하고, 단지 치고 때리는 것만 한다면 언제까지나 하급 무사들의 연습처럼 보잘것없는 수준에서 벗어나지 못할 것이다. 훌륭한 검도인이 되려면 몸과 마음을 바로하고 복장의 예, 장구의 예를 똑바로 하는 일부터 해야만 한다. 마음의 너그러움과 단아한 아름다움이 거기에서 나오기 때문이다.

전화의 예

전화는 편리한 물건이다. 옛날부터 "남자의 인사와 여자의 치마는 짧을수록 좋다"고 말해 왔는데, 그런 식으로 표현하자면 "남자의 술과 여자의 전화는 짧을수록 좋은 것"이며, 반드시 그래야만 한다.

전화는 목소리만 있고 얼굴은 볼 수 없다고 생각하지만, 사실은 목소리를 통해 상대방의 얼굴을 잘 볼 수 있다. 처음에 더없이 냉담하고 사무적으로 하는 인사에 "왜 그럴까" 하고 생각을 하다 보면 그제야 퍼뜩 정신을 차렸는지, 도중에 목소리를 바꿔 "이노우에 선생님이십니까?" 하고 고쳐 앉는 모습이 보인다. 그럴 때면 뭔지 모르게 속상한 생각이 든다. 역시 전화로도 상대방과 마주 앉아 있다는 생각을 갖는 것이 중요하다.

얼마 전 오사카에 전화를 걸었더니 잠시 후 상대방이 나와 "죄송합니다. 지금 목욕하는 중이어서 벌거벗고 있으니 용서해 주십시오"라고 말하는 것이었다. 오사카에 있는 사람이 예복을 입고 있는지 벌거벗고 있는지 이쪽에서는 알 수도 없는데 "벗고 있어서 죄송하다"고 하는 그 마음 씀씀이가 기쁘고, 그 겸허한 마음이 고마웠다. 모두들 전화는 목소리만 들리므로 책상다리를 하고 앉아서 하든 엎드려 받든지 상관 없다고 생각할지 모르지만, 그것은 참으로 잘못된 생각이다. 전화 거는 이의 태도는 TV를 보는 것처럼 잘 보인다.

군자는 혼자 있어도 삼갈 줄 알아야 하는 것이다. 따라서 전화를 걸 때도 상대방과 마주하고 있다는 마음으로 정중하고, 예절을 잊어서는 안 되는 것이다.

"카세트의 번창으로 예도가 망한다"는 말이 있다. 너무 편리하면 예절을 잃어버리게 되고, 도를 등지는 행위가 많아져 사람으로서 지켜야만 될 도가 없어져 버리는 것이다. 전화는 얼굴도 모습도 볼 수 없지만, 마음의 거울에는 무엇이든지 비치게 마련이다. "천리 밖에 있어도 느낌은 하나"인 것이다. 옛날 경전처럼 알 수 없는 이야기를 길게 통화하는 것보다는 상대방이 "조금 아쉽다"는 미련을 갖도록 짧게 하는 것이 중요하다. 짧게 끊는다면 여운 있는 아름다운 정서가 남는다. 그것이야말로 검도에서 가르치는, 길고 짧은 것은 결국 한 가지라는 장단일체(長短一体)의 최상의 정법(正法)인 것이며 일도류(一刀流)에서 말하는 '범종(梵鐘)의 위(位)'로서 높이 평가될 만한 일이다.

지족(知足)의 예

넉넉함을 알고 분수를 지키는 것은 예의 근원이요 생활의 기조이다. "서 있을 때 다다미 반 장, 잠잘 때 한 장, 천하를 잡아도 2홉 반"이라는 말은 안분지족의 정신을 가르친 것이다. 사람이 서있을 때면 다다미 반 장이면 족하고, 누워 자더라도 한 장이면 넉넉하다. 천하를 얻었다 하여도 밥 먹을 때는 한 번에 1말, 2말의 쌀을 먹을 수는 없는 것이다. 2홉 반이면 되는 것이다. 마음을 편하게 갖는 것이 안분지족의 가르침이다. "넉넉하면 넉넉함에 맡겨 부족함이 없고, 모자라면 모자람대로 만족해하는 것이야말로 편안함"이라는 말도 똑같은 의미이다. 욕심을 버리지 못하면 아무리 있어도 모자라고, 모자라도 넉넉함을 알면 이미 더 이상의 욕심이 필요없고 실로 편안해진다는 것을 가르친 말이다. 옛말에 "부자와 재떨이는 쌓인 만큼 더러워진다"고 한 것은 결국 모으면 모을수록 더 욕심을 부리게 됨을 뜻한다. 만족할 줄 아는 것은 감사할 줄 아는 마음이며, 그것이 바로 극락이다.

어떤 사람이 있었다. 아무리 불행한 일이 닥쳐도, 어떤 불길한 일이 일어나도 결코 불평하지 않고 언제나 "고맙습니다, 고맙습니다"하면서 비가 와도 감사해하고, 날이 더워도 큰절을 하며 살았다. 머리를 맞아 혹이 생기면 "아이구, 이 정도이기 망정이지 얼마나 다행이야. 더 큰 상처가 났으면 큰일 날 뻔했는데"하면서 기뻐했다. 뭔가 중요한 것을 잃어버려도 "목숨을 잃지 않았으면 됐지 뭐"하고 고마워했다. 비가 오면 "우산 장사에게 시집간 딸이 기뻐하겠구나"하며 감사했다. 날이 더우면 "얼음 장사하는 아들놈 장사가 잘되겠구나"하고 또 기뻐했다. 그러다 보니 모두에게 감사하게 되고 무슨 일에나 기뻐하게 됐다. 요즘 말로 하면 정말로 모든 일을 낙관적으로 보는 것이다.

모든 것에는 겉과 속이 있고, 어떤 일에나 반드시 밝은 면과 어두운 면이 있게 마련이다. 겉만 보고 감사할 것인가, 속을 보고 비관할 것인가에 따라 지옥과 극락이 나뉘는 것이다. "이 세상은 고통만 많은 덧없고 괴로운 세상"이라고 한탄하는 사람도 있지만 한편으로는 "기쁨이나 즐거움만이 가득 차 있는 신나는 세상"이라고 감사하는 사람도 있다. 쓰레기통에 더러운 게 들어 있다고 혐오하는 사람도 있지만, 쓰레기통은 더러운 것을 담아 놓는 것이며 사회를 깨끗하게 해주고 사람의 마음을 아름답게 지켜주는 것이라고 고마워하는 사람도 있는 것이다. 사물을 어떻게 보느냐, 어떻게 생각하느냐에 따라 똑같은 것인데도 아름답게도 되고 추하게도 된다.

부처님이라고 생각하여 절을 올리는 것이나, 귀신이라고 무서워 도망치는 것이나 모두 자기 자신이 어떻게 마음을 먹느냐에 달려 있는 것이다. 시합에 나가서 2회전에서 졌어도 "1회전에서 이긴 것도 잘한 것이다. 시합 태도도 좋았고, 내용도 뛰어났기 때문에 다음에는 반드시 입상할 수 있어"하고 머리를 쓰다듬어 주면 학생은 "다음에는 입상하고 말 테야"하는 의욕을 키우게 된다. 그와는 반대로 패하자마자 금방 도장 뒤로 집합시켜 잔소리만 장황하게 늘어놓으면서 "차비도 아까우니까 오늘은 걸어서 돌아가라"고 소리지른다. 그렇게 해서는 학생의 체면이 서지 않는 데다 미움까지 생겨 도장을 그만 두어버린다.

만족할 줄 알라는 말은 작은 일에 만족하라는 것이 아니라 도약의 첫 걸음을 확실하게 하라는 것이다. "위를 보고 일하고 아래를 보고 살으라"는 말이 있는데, 아래를 보면 행복을 느끼고 위를 보면 다음의 도약을 위한 희망을 갖게 된다는 뜻이다.

세상에는 하나가 이루어지면 또 둘, 그 다음엔 셋, 넷, 다섯, 여섯을 가졌으면 하는 사람이 있다. 그러나 희망은 좋으나 욕심이 그래서는 안 된다. 만족하는 가운데 노력을 계속하고, 분수를 지켜 마음을 넉넉하게 하는 게 인생의 행복인 것이다. '만족할 줄 알고, 분수를 지키는' 정신이 불로장생의 비결이며 출세영달의 왕도이다.

인사의 예

벌써 30년쯤 전이다. 지바현 야치요시 마쓰카게 고교로 야마구치 교장 선생님을 방문한 적이 있다. 그때 가장 먼저 눈에 뜨인 것은 학생들이 어디서 만나든 어디서 스쳐 지나가든 반드시 인사를 하거나 고개를 숙이고 지나가는 것이었다. 놀랍기도 하고, 뭔가 넉넉한 가르침이 있구나 하는 생각이 들었다. 머리를 숙여 꾸벅하고 지나간다는, 단지 그것만으로 사람의 마음을 그토록 부드럽게 하고 그토록 호감을 줄 수 있는 것일까 하고 생각했다.

검도 선생님은 우선 주변의 사소한 것부터 가르쳐야 한다. 그 점이 검도교육의 기초이다. 외국에 가면 외국인은 모든 사람에게 친절하다. 그들은 모두 웃는 얼굴로 인사한다. 거기에 비하면 우리는 어떤가? 동양의 군자나라라고 스스로 거드름을 피우지만 다른 사람들과 인사하는 것을 보면 영 '아니올시다' 이다. 무슨 말을 하면 손해본다는 듯한 표정으로 근엄한 태도를 보인다. 그것은 어쩐지 사람을 신용하지 않는 듯한 기분이 든다.

프랑스에서는 '파르동(실례합니다)' 이라든가 '메르시(고맙습니다)'를 잊으면 하루도 생활할 수 없다는 말이 있는데 그것은 프랑스가 예절의 나라임을 말해 주는 것이다.

그저 "실례합니다" 한마디로 세상이 훨씬 부드럽고 즐거워질 수 있지 않을까 생각한다. 전철 속에서 한 사람이 겨우 앉을 수 있는 자리에 여자가 아무런 말도 없이 엉덩이부터 밀고 들어오는 걸 보면 참으로 놀라울 지경이다. "실례합니다"라고 미소지으며 말하면 모두가 양보해 즐겁게 타고 갈 수 있는 것을 아무런 말도 없이 엉덩이로부터 공격당하면 실로 불쾌할 뿐 아니라 자리를 좁혀줄 기분도 나지 않는 것이다. "실례합니다"라는 그 한마디를 왜 할 수 없는 걸까? 프랑스 사람의 '파르동'과 같은 정도의 기분인데, 그 기분을 왜 표현할 수 없는 걸까? 참으로 유감스러운 국민성이다.

이렇게 말하는 나 자신도 실은 폐쇄적이고 내성적이어서, 모르는 사람에게는 좀처럼 말문을 열지 못했는데 최근에는 가능하면 적극적이 되려 하고 있다. 며칠 전에도 개를 끌고 산책하고 있는 사람을 만나 "좋은 개로군요"하고 한마디했더니 상대방이 좋아하면서 그 개의 혈통에서부터 개의 습관, 기르는 방법에 이르기까지 자세히 얘기해 주는 것이었다. 그것이 서로의 본심이건만 그 시작은 좀처럼 쉽지 않다.

오사카에 사는 가와토라는 친구가 있다. 지금은 검도보다 건강법을 주로 가르치고 있는데, 한 번은 단고 쪽으로 자동차 여행을 같이 떠난 적이 있었다. 만나는 사람마다 "안녕하십니까" "날씨가 참 좋군요"하며 웃는 얼굴로 인사를 했다.

그러면 상대방에게서도 반드시 웃는 얼굴로 인사가 돌아왔다. 과연 그것이 근자에 말하는 '내가 먼저 3가지 운동'이라고 하는 것일까? '3가지 운동'이란 것은 '내가 먼저 양보하기, 내가 먼저 돕기, 내가 먼저 인사하기'이다. 상대방에게 공손하고 진지한 마음이 있다면, 상대방 또한 이쪽에 대해 감사해 서로가 양보하는 마음이 된다. 그런데 요즘에는 그러한 풍조는 없어지고, 그러한 정신이 거꾸로 되어 '서로 헐뜯기, 서로 뺏기, 서로 으르렁거리기' 운동이 되는 것 같다. 그러한 마음이 사람의 얼굴에서 미소를 앗아가고, 세상을 살벌하게 하는 원흉인 것이다.

인사는 사람의 마음의 꽃이다. 가는 곳마다 사시사철 꽃이 피고, 도시나 농촌 그리고 전철 속에서도 웃음꽃이 만발할 때 비로소 예절의 나라가 되고 미풍양속의 나라가 되어 자랑스러운 미래가 열릴 것이다.

식사의 예

영국에는 "식사를 해보면 그 사람의 출신을 알 수 있다"는 격언이 있다. 우리도 식사를 해보면 그 사람의 교육정도와 교양을 한눈에 알 수 있다. 밥을 먹는다는 것은 단지 영양을 섭취하기 위한 일시적인 수단이 아니라 식사를 하면서 즐거운 이야기를 한다든가, 혹은 비즈니스를 한다든가 하는 중요한 사교의 장이 되는 경우가 많다. 그런 만큼 마음의 준비 또한 중요한 것이다.

식사는 어릴 때부터 가족이 한데 모여서 하는 만큼 "세 살 적 버릇이 여든까지 간다"는 말처럼, 집안의 풍습이 그 자식들에게 모두 스며들게 된다. "가문보다 가정교육"이라고 하는 것이 바로 그 말이며, 가족 전체가 품위가 있으면 그 집 아이들도 품위 있게 길러지며, 형편없는 가정교육을 받으면 그 집 아이들도 형편없어지는 것이다. 우리들은 고가사하라류와 같은 어려운 예법을 생각할 필요는 없을지 모르나 다른 사람들로부터 웃음거리가 되는 처신을 해서는 안 되는 것이다.

나는 기회 있을 때마다 써온 식사예법을 지금도 지키고 있다.

그 시행법의 첫째는 자세를 똑바로 하는 것. 밤샘 잔치는 예외지만 그 밖의 식사 때는 검도와 마찬가지로 자세를 바로하고, 다리와 허리에 고장이 나지 않는 한 책상다리를 하고 앉거나 옆으로 앉는 것을 삼가고 있다.

나는 농촌에서 태어났기 때문에 쌀을 중요시하고, 쌀 한 톨도 귀중하게 여겼다. 밥을 먹을 때는 반드시 바른자세로 앉아 "잘 먹겠습니다" 하고 감사의 말을 하는 것이 우리 집의 관례여서 나는 지금도 그 습관을 잃지 않고 있다. 요즘 아이들이 옆으로 앉거나 책상다리를 한 채 밥을 먹는 것을 보면 "아이들 교육이 도대체 어디로 가는 것일까?" 하는 생각이 든다.

밥을 먹을 때의 매너에는 여러 가지가 있다. 그 중 밥상에 고개를 숙이고 먹는 것은 개가 밥 먹는 것 같다고 혐오하며, 소리를 내며 먹는 것은 상스럽다고 경멸한다. 서양요리를 먹을 때 특히 주의해야 할 사항이다. 특히 식사중에는 젓가락 사용법이 중요하다. 일반에게 금지를 요하는 몇 가지를 생각해 보자.

'이걸 먹을까, 저걸 먹을까 하고 젓가락을 들고 헤매는 것' '이쪽을 쑤시기도 하고 저쪽을 헤집기도 하고 여기저기 조금씩 반찬을 건드려 놓는 것' '젓가락을 되돌려 잡은 채 접시 등을 끌어당겨 먹는 것 — 이것은 특히 천한 짓이다' '밥이나 반찬을 입에 넣은 채 젓가락으로 계속 밀어 넣어 우물우물 먹는 것 — 이것은 머슴들처럼 먹는다 해서 불쾌하게 여긴다.'

그 밖에도 식사 때의 에티켓은 많이 있지만 우리들의 일상생활에서는 우선 이 정도를 마음에 두고 고친다면 그것으로 충분할 것이다.

이와 같이 어른들의 매너도 중요하지만 더욱 절실한 것은 어린이들의 식사예절 교육이다. 문부성 조사에 따르면 젓가락을 올바르게 쥐는 어린이는 초등학교 3학년 4명 가운데 1명이라고 한다. 초등학교 3년이나 됐는데도 아직 젓가락을 쥐지 못한다는 사실은 도대체 무엇을 말하는 것인가. 그것은 틀림없이 어머니의 책임이며, 가정교육의 태만이 아닐 수 없다. 우리가 어릴 때에는 앉는 법에서부터 젓가락 쥐는 법, 식사예절에 이르기까지 엄하게 배웠다. 식사예절이야말로 어린이 교육에 반드시 필요하다고 생각한다.

거듭 다시 한번 영국의 격언을 되씹어 보자.

"식사를 같이 해보면 그 사람의 출신을 알 수 있다."

세끼 밥 먹는 법은 중요한 교양이며, 그 밑바닥에 흐르고 있는 감사와 예절의 마음은 무엇보다 중요한 교육의 원류일 것이다.

술자리의 예

세상에 술만큼 선악을 딱 부러지게 평가받는 것도 드물 것이다. "술은 백 가지 약 가운데 으뜸"이라고 칭찬되면서도 "술은 피해야 할 5장 (五臟)의 독"이라고 실제로 좋아하지 않는다. "술은 걱정거리를 없애 주는 빗자루"라고 노래하는가 하면 반대로 "술은 목숨을 깎아내는 거친 대패"라고 비난한다. "제상에 술을 올리지 않는 신은 없다"고 하기도 하고 "술은 만병의 근원이므로 주의하라"고 경고하기도 한다. 이렇게도 구구한 평가를 보면 도대체 우리는 무슨 말을 믿어야 할까 헷갈린다. 그러나 이것은 검도에서 말하는 '지심(止心)'이며, 마시든가 마시지 않든가 어느 한쪽에 마음을 두고 집착하는 것은 좋지 않다. 술은 마셔

도 좋고 마시지 않아도 좋다. 자기 생각대로 알맞게 마시면 되는 것 아
닐까? 적당히 마시면 백 약의 으뜸도 되지만 마시는 방법이 나쁘면 목
숨을 깎아먹는 거친 대패도 된다. 명심해야 할 것은 술 자체가 아니라
술을 마시는 방법이다.

　"술자리는 공적인 모임이라고 생각해야 한다"는 말이 있고, 지금도
우리들은 회식자리는 공식 회합이라고 생각해 눈뜨고 볼 수 없는 주사
는 허용되지 않는다. 아무리 술자리라고 해도 지켜야 할 매너가 있고,
지키지 않으면 안 될 규칙도 있는 것이다.

　술은 윗사람으로부터 정이 담긴 잔을 받는 것이지, 아랫사람이 윗사
람에게 바치는 것은 아니다. 그것이 옛날부터 내려온 술자리의 예절이
건만 요즘 사람은 그런 것에는 무관심하여 "자, 선생님, 한잔 드시죠"
하며 스스로 가지고 온 잔을 윗사람에게 내민다. 그러나 그것은 예법에
어긋나는 것이어서 옛날 무도가에서는 대단한 무례로 생각했다. 우리
들은 어느 쪽이면 어떻고, 아무려면 어떨까 싶지만 사람에 따라서는
"저 녀석은 예절을 모르는구나"하고 마음속으로 불쾌하게 생각할는지
도 모르는 것이다.

　음주의 세계에도 여러 가지 어려운 용어가 많이 있다. 술꾼을 '왼손
잡이'라고 한다. 옛 무사는 만일의 경우 바로 오른손을 사용하기 위해
술잔을 권하거나 받을때 왼손을 썼다. 그렇기 때문에 왼손잡이라고 하
는 것이 아닐까 생각들 하는데 실은 그게 아니었다. 실제 의미는 목수
가 왼손으로 정을 잡고 오른손으로 망치질을 했기 때문이라고 한다. 그
로부터 '정을 잡는 손'은 '술 마시는 손'이 되고, 왼손잡이는 술꾼이라
고 하게 됐다는 것이 일반적 정설이다.

또 술에 강한 사람을 '조고(上戸)'라고 하고, 약한 사람을 '게고(下戸)'라고 한다. 그 의미를 잘 알 수는 없지만 옛날 율령시대에 한창 일할 나이의 남자가 많은 곳에서는 징병관계로 술 배급이 많았는데 술을 많이 마시는 집안을 '조고'라고 하고, 남자가 없어 별로 마실 수 없는 집을 '게고'라고 한 데서 유래된 듯싶다.

술을 마시는 법도 가지각색이었다. 어떻게 마셔도 상관없지만, 자세의 흐트러짐 없이 조용히 술잔을 들고 마시는 것이 무사의 주도이다. 술을 마시는 데도 품위를 바르게 하고 자세를 흐트러뜨리지 않는 것이 무사의 몸가짐이며 술자리의 예법인 것이다. 술과 검도는 끊을래야 끊을 수 없는 깊은 인연이 있다. 남자는 술 한잔을 마셔도 취하지 않으면 안 될 때가 있고, 어떤 경우에는 한 말을 마셔도 끄떡없는 마음가짐이 필요할 때도 있다. 검도인의 마음에 새겨야 할 이야기다.

내가 살아온 90 평생은 술이라고 하는 윤활유로 채색된 아름다운 인생이었다. 많은 실패담은 이제 와서는 오히려 내 생애의 그리운 추억이 되고 있다.

술을 끊어야지 끊어야지 하고, 집안식구들에게 금주령을 내리고, 신이란 신에게는 모두 술을 끊을 것을 빌어본 적도 있지만 아무런 소용이 없었다. 아침에 술을 끊겠다고 맹세해도 저녁이면 술 마시는 즐거움에 빠져들던 시절도 있었다. 그렇게 술독에 빠져 지내던 시절을 뛰어넘어 지금은 술을 앞에 두고도 편안한 마음이 되어, 밖에서 술을 마셔도 절제하게 되고, 집에서 저녁 식사 때 맥주 한 병으로 즐거운 반주를 하게 됐다. 정말로 고마운 것은 "술은 백 가지 약 가운데 으뜸"이라는 결론을 내리게 되어 술에 대한 나의 역사를 조용히 끝낼 것 같다는 점이다.

술 마시는 사람은 꽃이라면 꽃봉오리요,

오늘도 술, 술, 내일도 술이라네.

라는 우스운 노래가 있다. 술 마시는 사람을 꽃에 비유하자면 꽃봉
오리요, 아름다운 내일에의 꿈도 있다. 그러나 실은 오늘도 피하고 내
일도 피해 가능하면 과음은 하지 말고 적당히 마셔, 가슴속에 희망의
꽃봉오리를 틔워내어 인생의 꽃을 피울 수 있는 에너지를 축적하는 마
음가짐이 더욱 필요한 것이다.

"술 먹을 줄 모르는 사람은 약이 무엇인지 모른다" "술고래는 술의
해독을 모른다"는 가르침이 있다. 그것은 적당히 마셔야 한다는 것이
다. 그것이 술의 철학이요 술의 결론이다.

●총괄

검도인은 언제나 예절을 가르치고, 지도자는 반드시 "검도는 예로
시작해 예로 끝난다"고 강조한다. 확실히 그 말 그대로이다. 예를 벗어
난 검도는 존재하지 않는다지만 과연 우리들의 행동 가운데 예가 액면
그대로 실천되고 있을까? 유감스럽지만 '아니올시다' 이다. 예는 관념
론으로서는 중요하게 받아들이고 있지만 현실적으로는 무시되고 방치
된 채 일상생활 속에서는 거의 죽어 있다시피 하다. 공자는 "도는 가까
이 있는데 멀리서 구하려 한다"고 말한 바 있다. 예 또한 가까이 있는
데 그것을 멀리서 구하려 하고, 아무도 진심으로 실행하려 하지 않는
것 같다. 거기에 검도의 맹점이 있고, 나아가 검도가 쇠락하고 퇴보하
는 위기에 처하게 된 것이다. 검도의 전통적 자긍인 '정의' '염치' 라는

훌륭한 덕성을 갖고 있음에도 써먹지 못한 채 묻혀 가고 있다. 그러한 덕목이 현대사회에서 전혀 아무런 기능도 할 수 없고, 세상에 이바지할 수도 없는 채 방치되고 있는 것은 실로 유감스러운 일이며 애석해 마지 않을 일이다. 이와 같이 검도가 본래의 목적에서 일탈하고 경시되는 운명에 처한 것도 검도인 스스로가 불러들인 결과라는 것을 엄숙하게 반성하지 않으면 안 되며, 우리들도 그러한 관점에서 잃어버린 검도의 본질과 특성을 되찾아 원래의 모습으로 돌이켜 놓지 않으면 안 되는 것이다. "알고도 행하지 않으면 모르는 것과 같다"라는 말처럼 검도의 목적이나 특성을 이론적으로는 알고 있어도 그것을 실행하지 않는다면 그것은 알지 못함과 같다. 결과는 제로이다.

"검도는 예로 시작해 예로 끝난다"는 말을 백 번 천 번 외쳐댈 뿐 생활 속에서 실천하지 않는다면 그것은 "제로로 시작하여 제로로 끝난다"는 것과 마찬가지가 되고 만다. 검도의 예에 대한 가르침이 모두 결실을 얻기 위해서는 우선 가까운 것부터 시행하고, 자기 생활 속의 것부터 실천하는 일이 가장 중요하다.

"백 마디 말이 한 가지 행동만 못하다"는 말처럼 말보다는 실천이 따라야 한다. 검도인의 신념 있는 결단과 일도양단의 칼날 같은 마음으로 기대와 희망을 가져본다.

2. 신체적 측면

인간의 몸은 오른쪽으로 기울지도 않고 왼쪽으로 편중되지도 않은, 언제나 똑바르고 반듯하게 키우지 않으면 안 된다. 그런데 스포츠에 따라 중점이 주어지는 곳이 달라서 오른손잡이가 된다든가 한쪽으로만 변칙적으로 발달하는 경우도 많다. 그런 점에서 검도는 실로 이상적인 것으로 다음과 같은 특징과 특성을 열거할 수 있다.

● 육성적 측면

(1) 올바른 자세를 기를 수 있다.

올바른 자세는 인간 기본의 본위이다. 올바른 자세는 허리를 세우고 가슴을 펴고 머리를 똑바로 동체 위에 세워 힘을 빼고 자연스럽게 하는 것으로 이 자세가 인간 건강의 기본이다. 검도는 언제나 이 자세로 수련하기 때문에 자연히 올바른 자세가 길러지는 것이다.

(2) 좌우대칭, 상하균등의 몸을 기를 수 있다.

검도는 왼손, 오른손을 동시에 움직이고, 치고 들어갈 때는 반드시 발이 따라 들어간다. 그러므로 한쪽으로 치우쳐 발달하지 않고 반드시 좌우대칭 상하균등의 이상적 발육이 이뤄진다.

(3) 쭉 뻗은 균형 잡힌 몸매를 가꿀 수 있다(헤르메스 型).

검도는 쭉쭉 뻗어 치고 들어가는 운동이고 항상 마루 위에서 중심의 평행이동에 따라 이뤄지는 전신운동이므로 그리스 신화에 나오는 헤르메스와 같이 미끈하고 아름다운 몸을 가질 수 있다.

● 기능적 측면

(1) 민첩성과 정교성을 병행해 연마할 수 있다.

민첩성과 정교성은 운동기능의 원점(原點)이다. 검도 수련에서 기민한 동작과 정교한 기술을 연마해 몸 전체의 기능을 촉진시킬 수 있다.

(2) 집중력과 순발력을 함께 연마할 수 있다.

검도는 1 대 1의 냉철한 승부이다. 따라서 고도의 정신력과 한 순간의 기회도 놓칠 수 없는 순발력이 필요하다. 그러한 기능을 연마할 수 있다.

(3) 인내심과 유연성을 나란히 배워 익힐 수 있다.

검도에는 강한 순발력과 동시에 몇 시간이라도 수련할 수 있는 인내심이 요구된다. 인간의 순발력과 인내심은 쓸데없는 힘을 뺀 유연성에서 나오는 것이다. 격렬한 수련을 통해 그 기능을 육성·연마할 수 있다.

(4) 온몸의 기능을 높이고 뇌세포를 자극해 노화를 방지할 수 있다.

중국에는 호두를 손에 쥐고 손안에서 굴리는 풍습이 있는데, 그것은 중풍을 예방하기 위한 것이라 한다. 일본에서도 팔·어깨·손목 등을 움직이는 것은 장애인의 재활요법에도 중요시되고 있다. 검도와 같이 팔·어깨·손목을 항상 사용하고, 손가락을 끊임없이 움직여 말단신경을 자극해 주는 것은 뇌졸중이나 노화예방에 큰 도움이 된다.

● 건강적 측면

(1) 치고 들어가는 것은 자연세에 의한 전신운동이므로 어느 쪽으로 편중됨이 없이 이상적으로 발달한다.

검도에서는 절대로 자세를 무너뜨려서는 안 된다. 그 똑바른 자세가 자연세이며 일거일동 모두 그 자연세에서 시작되기 때문에 신체 각 부분이 제대로 기능해 건강하게 된다.

(2) 죽도를 매체로 해 합리적으로 검리에 따라 수련하기 때문에 몸에 무리를 주지 않는다.

스모에서는 체력이 승부에 크게 영향을 미치는데, 그렇다 보니 몸에 무리가 오게 마련이다. 하지만 검도는 죽도라는 적당한 매개물이 있기 때문에 체력에 좌우되지 않고 쾌적하게, 건강하게 수련할 수 있다.

(3) 맨발로 항상 마루 위에서 수련하므로 발바닥을 자극해 주어 건강해진다.

발은 제2의 심장이라고 불릴 정도이다. 최근에는 인간의 건강이 발바닥에 달려 있다고까지 한다. 그 때문에 학교에서는 맨발 운동이나 슬리퍼 운동이 유행하고, 일반에서는 대나무 밟기나 바닥이 울퉁불퉁한 슬리퍼 등이 유행하고 있다.

(4) 복식호흡으로 폐활량을 늘려 건강한 몸을 만들 수 있다.

인간의 호흡은 대체로 폐, 가슴, 복식 호흡의 세 가지로 나뉜다. 폐로 숨쉬는 것은 병자들의 호흡으로 가장 얕고 약한 호흡법이며, 보통사람은 가슴으로 숨을 쉬는데 검도에서는 가장 깊이 숨쉬는 복식호흡, 다시 말해 단전호흡을 한다. 중국에서도 "현인의 호흡은 발뒤꿈치로 깊이 한다"는 말이 있을 정도로, 가능하면 깊이 숨쉬는 것이 가장 좋다는 것이다. 검도에서는 짧고 격렬하게 소리를 내며 숨쉬기도 하지만 길고 조용한 호흡도 있다. 호흡에는 여러 가지 변화나 호흡법이 있으므로 그것만으로도 건강하고 장수할 수 있다.

(5) 수련복으로 건포 마사지를 할 수 있다.

누빈 옷으로 된 수련복은 끊임없이 피부를 마찰시켜 주기 때문에 건포마사지와 똑같은 효과가 생기므로 피부가 강해지고 감기에 걸리지 않는다.

면으로 된 옷감에 면으로 된 굵은 실로 누볐기 때문에 수련복은 대단히 튼튼하다. 건포마사지에는 안성맞춤이다. 요즘엔 수련복 속에 속옷을 받쳐입는 사람도 있는데, 그것은 위생적일지는 모르지만 피부 단련에는 쓸데없는 짓이다. 트레이닝셔츠도 마찬가지다. 가능하면 누빈 옷감으로 된 수련복을 입고 수련하는 것이 피부단련에도 좋고 더 위생적이다.

(6) 평생 검도로서 즐기라.

검도는 검리를 존중하고 무리를 하지 않고, 더구나 전신운동이기 때문에 평생 계속할 수 있다. 그것은 다른 종류의 스포츠에서는 절대로 불가능한 일로 검도만이 자랑할 수 있는 특성이다. 검도가 평생 스포츠로서 귀하게 대접받는 이유가 거기에 있는 것이다.

● 총괄

검도의 특성은 대단하다. 그렇다고 해서 그 특성을 검도만이 갖고 있을 뿐 그 밖의 스포츠에는 절대로 없다는 의미는 아니다. 검도의 목적에 따라 올바른 수련을 한다면 그러한 뛰어난 특성을 육성 함양할 수 있다는 것이다. 최근 유행중인 기공 등도 그 지향하는 바는 검도와 닮은 데가 많다. 기공에서 말하는 기(氣)는 몸 안에 있는 생명 에너지를, 공(功)은 쌓아올려 단단하게 함을 일컫는 것으로 일정한 방법을 통해 생명 에너지를 단련시켜 언제나 그것이 충분히 발휘될 수 있는 상태를 보유해 놓는 건강법이다.

기공의 기본은,

첫째, 자세를 가다듬는다. 바른 자세를 유지하는 것(검도에서의 자연세)

둘째, 마음을 가다듬는다. 항상 편안한 상태로 눈앞의 변화에 동요하지 않는 것(검도의 평상심, 부동심)

셋째, 호흡을 가다듬는다. 깊고 천천히 호흡을 하는 것(검도의 단전호흡)

이렇게 분석해 보아도 기공의 기본은 검도와 아주 흡사하다. 검도를 올바로 수련한다면 기공에도 통하고 좌선과도 일치한다는 것이 명료해진다.

3. 두뇌적 측면

"검도를 하면 머리를 두들겨 맞기 때문에 머리가 나빠진다"고 하는 그릇된 관념을 갖고 있는 사람도 있는데, 그와 반대로 검도만큼 머리가 좋아지는 스포츠는 없다는 것이 현대의학의 정설이다. 다음에 인용하는 논문은 1966년 11월 4일자 요미우리 신문에 실린 기사로 도쿄 교육의학연구소의 히라다 이사장과 도쿄 청소년대책부장 야마사키 사무국장의 발언 요지를 옮겨 놓은 것이다. 그 내용은 나 같은 문외한이 표현하기보다 논문을 그대로 옮기는 것이 오해도 없고 읽는 이들의 감명도 깊을 것이기 때문에 신문기사를 그대로 전재한다.

● **검도가 단연 최고 — 반사신경을 길러주고 정신력을 집중시킬 수 있다**

수험공부에 여념이 없는 중학생들 사이에 지금 검도가 조용히 붐을 이루고 있다. 그것은 도쿄 교육의학연구소 등 여러 연구기관이 7년 동안의 데이터를 통해 머리가 좋아지는 스포츠로서 검도를 추천, 장려하고 있기 때문이다. 물론 스포츠를 통한 몸 만들기 효과도 무시할 수 없다. 균형 잡힌 체격을 만들고 학교 성적을 향상시키는 데 있어서, 요컨대 인간개조라는 측면에서는 '검도밖에 없다'고 보증하고 있다. 이밖에 이상적인 스포츠로는 유도, 레슬링, 궁도, 장거리 달리기의 순이다.

● **도쿄 교육의학연구소의 데이터**

'지나치게 뚱뚱한' 초등학생과 '콩나물처럼 마른 체형'의 중·고생, 도쿄에서는 이처럼 상반된 두 가지 체형이 큰 사회문제가 되고 있다. 지나치게 뚱뚱한 초등학생은 필요 이상의 영양을 취했음에도 발산시킬 수 있는 놀이터가 없기 때문에 중년에 나타나는 증상을 보이고 있는 것이다. 특히 도심의 초등학생들이 그러한 경우가 많다. 한편 키만 껑충한 중·고생이 늘어나고 있는 것은, 입시지옥의 영향으로 성장기에 신체를 단련하지 못하기 때문이다. 초등학생이 3층 정도의 계단을 오르는 데도 숨을 헐떡거리고 급우들과 100m 달리기를 하는 데 9초 차이나 날 수 있을까? 또 고등학생의 경우 공부만 하여 명문학교에는 입학할 수 있을지 몰라도 제대로 체조조차 하지 못하는 약골이, 하물며 졸업하고 나서 유능한 사회인이 될 수 있겠는가.

그렇다면 어머니들로서는 우리 아이에게 운동을 시키고자 할 때 무슨 운동을 골라야 할까? 히라다 연구소 소장인 히라다 긴이치 박사는 제33회 전국체전에 출전했던 선수 2천4백95명에 대해 스포츠와 학교성적, 체격, 건강상태와의 관계를 조사하기 위해 앙케트 용지를 돌렸다. 체격이 좋아질 뿐 아니라 두뇌가 좋아지는 스포츠는 없을까하고 살펴보았다. 그 결과 32개 종목 가운데 대부분은 체격, 건강상태의 측면에서 플러스가 되었으나 동시에 학교성적도 특별히 좋아지는 스포츠로는 검도가 가장 뛰어났고, 그 다음으로 유도, 레슬링, 궁도, 장거리 달리기, 탁구, 배드민턴의 순이었다. 물론 검도를 한다고 백 명이면 백

명 모두 머리가 좋아진다는 것은 아니며, 단체경기인 야구를 하면 머리가 나빠진다고 하는 이야기도 아니다. 똑같은 스포츠라도 연습시간이 많다면 공부를 할 시간이 없게 돼 성적은 떨어질 것이다. 지도자나 연습방법 등도 큰 영향을 줄 것임은 당연하다.

한편 거듭 "머리가 좋아지는 스포츠"라고 결론을 내린 사람들은 도쿄 교육의 학연구소 야마사키 사무국장 등의 멤버이다. 야마사키 국장은 도쿄 청소년대책 부장으로서 청소년의 체력향상에 의욕을 불태웠는데 스포츠와 지능의 상관관계를 조사한 결과 검도나 유도 등 개인 플레이를 하는 스포츠는 끊임없이 기민한 반사신경이 요구되고 짧은 시간에 정신력을 집중시킨다는 사실을 밝혀냈다. 아울러 이러한 운동을 충실히 한다면 숙면시간이 늘어나고, 기억력이 좋아지고, 두뇌훈련도 된다는 것 등을 결론으로 내 놓았다.

그 밖에도 많은 복합적 연구가 있으나 검도에만 직접 겨냥한 연구는 많지 않기 때문에 그것은 생략하겠다. 이와는 별도로 검도의 특성으로 내세우고 싶은 점은, 검도는 1 대 1의 수련이므로 어떠한 경우에도 일절 다른 사람의 도움을 받을 수 없이 스스로 생각하고 자기 혼자서 결단을 내리지 않으면 안 되는 것이다. 거기에서 자주성과 결단력이 생기고, 더욱이 "자기에게서 나온 것은 자기에게 돌아간다"고 하는 귀한 반성과 자각이 생기는 것이다.

우리들의 학창시절에는 기노시타 도사쿠라는 스포츠 박사가 많은 스포츠 가운데 가장 이상적인 것으로 수영과 검도를 거론함으로써 검도가 다른 스포츠보다 훨씬 좋다는 평가를 받았다. 수영이 검도보다 좋다는 것은 수영은 발가벗은 채 태양과 마주하는 데 반해 검도는 햇볕이 들지 않는 도장에서 한다는 것이 결점이지만 순발력에 있어서는 검도가 낫다고 지적했다. 그런 점을 고려해 본다면 옛날이나 지금이나 변함

없는 검도 예찬이다. 그러한 학술적 연구 데이터를 우리들은 확실히 인식하여 큰 자부심과 강한 자신감을 갖고 검도에 정진하길 빈다. 측면적 PR도 필요하다고 생각한다. 검도와 두뇌와 관련해 깊이 연구하고 싶은 사람은 마쓰모토 유키오가 지은 ≪두뇌가 좋아지는 검도≫를 읽어 보기 바란다. 여러 가지 데이터가 있고, 많은 연구가 산적해 있어 독자들의 신념이 더욱 강하게 될 것이다.

4. 교양적 측면

이상 기술한 검도 수련의 신체적·정신적 측면, 두뇌적 측면 등 여러 가지 특성을 합쳐 하나의 인격으로서 밖으로 표출되는 것이 그 사람의 교양이다. 야규 효고는 '우뚝 선 자세'를 중요하게 여겨 그것을 무사의 마음가짐으로 존중하고 있는데, 무사는 다만 우뚝 선 자세만으로도 저절로 우러나는 위엄이 있고, 품격이 있고, 뛰어남이 있지 않으면 안 된다고 말한다. 앉아 있으면 '앉는 자세' '앉는 품격'이 있고, 서 있으면 '서 있는 품격'이 있는 그러한 교양과 품격이 몸에 배어야 병법수행의 안목을 키울 수 있다고도 가르친다. 행동거지 가운데 검의 묘체를 만들고 걸을 때나 앉거나 누울 때나 간에 검리의 극치를 실현하는 것이 검도인의 교양이라는 얘기다.

옛날에는 '찢어진 옷을 입은 검객'이라고 하여 헌옷에 찢어진 갓을 쓰고 비틀거리며 걷는 사람이라야 마치 검호인 것처럼 말해지던 시절이 있었으나 그것은 과거의 유물이고, 현대에서는 복장도 걸음걸이도 자연스럽게 갖추어진 품격이 있어야 한다. 그것이 검도인의 교양이며 여러 해에 걸쳐 연마해 온 검혼의 빛이다. 전검련에서 말하는 '덕조고결(德操高潔)'은 지당한 말이다. 그 덕조고결을 구체화하는 것이야말로 그 사람의 교양이며, 그 사람의 덕으로서 높이 칭송될 부분이다. 그러한 관점에서 검도인의 교양과 인격을 찾아내 보자.

나는 많은 스승으로부터 가르침을 받았다. 모두 일류이고 일가를 이룬 대스승들이었지만 그들 역시 각자의 버릇과 단점이 있는, 완벽한 분들만은 아니었다. 그 가운데서도 모치다 선생님만은 검성(劍聖)이라고 불릴 만한 실로 탁월한 인격자였다. 검성이라고 하는 존칭이야말로 모치다 선생님에 대한 존경심의 응집이며, 자연스럽게 나타난 진정한 사랑의 표현인 것이다. 나는 오랫동안 모치다 선생님의 가르침을 받았고, 그 동안에 깊은 감명을 받은 일이 헤아릴 수도 없을 만큼 많다. 그 중 검도계를 위해, 후진을 위해 글로 남겨두고 싶은 것을 생각나는 대로 적어보고 싶다.

● 모치다 範士의 교양

교육

2차대전 후 고단샤(講談社)의 도장을 아직 사용할 수 없어 묘가다니에 있는 미요기 도장에서 아침수련을 하던 시절이 있었다. 그 무렵에는 신칸센이 없어, 나는 오사카에서 야간열차로 도쿄에 갔는데 아침 5시쯤 도쿄에 도착하면 곧바로 수련시간이었다. 당시 모치다 선생님이 미요기 도장에 오셨기 때문에 도쿄는 물론 전국에서 유명한 선생님들이 모여들어 실로 좋은 수련을 받을 수 있었다. 나는 오사카에서 일부러 상경하기 때문에 모치다 선생님으로부터 뭔가 하나라도 더 지도를 받고 싶어 "선생님, 뭔가 나쁜 점을 좀……"하고 몇 번이나 물었다. 그러나 선생님은 언제나 손을 가로저으며 "아냐, 아냐. 훌륭해"라고만 할 뿐 아무것도 가르쳐 주지 않았다. 그런데 어느 날 동료인 나카노 야소지가 "다른 사람들 앞에서는 아무리 물어봐도 장인 어른은 아무런 대답을 해주지 않는다"고 일러주었다. 나카노는 고등사범학교 때 가장 친했던 동기생인데 모치다 선생님의 따님과 결혼했기 때문에 선생님의 성격을 잘 알고 있었다. 그 덕에 모치다 선생님의 진의를 알게 된 나는 가르침을 받을 기회를 엿보고 있었다. 어느 날 모두들 돌아간 뒤에 이때다 싶어 "선생님"하고 말을 걸었더니 선생님은 미소지으며 조용히 말해 주셨다. "허, 이노우에 군은 열심히 하고 있어서인지 대단해졌구면. 그런데 욕심을 부린다면 다섯 번 공격을 세 번으로, 세 번 공격을 한 차례 공격으로 한다면 훨씬 나아질텐데."

나는 너무나 기뻤다. 그 짧은 말 속에 나에 대한 가르침이나 검도지도의 마음가짐이 모두 포함돼 있다고 생각되었기 때문이다. "열심히 하고 있어서 대단해졌다"고 우선 칭찬해 주고 나면 막상 그때부터가 본론인 것이다. 나 자신의 실력이 뛰어나지 않다는 것은 나 자신이 가장 잘 알고 있다. 그러나 모치다 선생님에게서 "열심히 한다. 좋아졌다"는 말을 들으니 왠지 모르게 기분이 좋아졌다. 또 "다섯 번 공격을 세 번으로, 세 번 공격을 한 번 공격으로 해 보라"는 말은 쓸데없는 타격이 너무 많다는 뜻이다. 그것을 그렇게 말하지 않고 "다섯 번 공격을 세 번으로 하면 훨씬 좋아질텐데"라고 말하는 바로 그 점이 헤아릴 수 없는 가르침인 것이다. 다른 사람이었다면 "아냐, 아냐. 그래선 안 돼. 쓸데없는 공격이 너무 많아. 그러지 말고 빠른 머리치기나 계속해라"

고 말할 것이다. 모치다 선생님이 현대 교육학을 전공한 것도 아니건만 그 고매한 가르침은 도대체 어디에서 나온 것일까? 사람을 사랑하는 선생님의 진심으로부터 나온 것이기도 하겠지만 오랫동안에 걸쳐 연마해 온 검덕(劍德)에서 비롯됐을 것이다. 실로 귀한 가르침이었고, 정말로 얻기 힘든 교훈이었다.

수행

모치다 선생님의 '한 손 찌르기'는 유명했다. 국왕이 관전하는 어전시합 때도 결승전에서 다카노 시게요시 선생님을 한 손 찌르기로 격파했을 만큼 위력적이다. 그것은 선생님이 마당 한 구석에 고무공을 걸어놓고 하루도 빠짐없이 몇천 번씩이나 혼자서 연습을 해 몸으로 터득한 특기이다. 선생님의 한 손 찌르기에는 무리가 없고, 힘을 실지 않고 가볍게 찔러도 큰 타격을 주는 것은 오직 피나는 수련의 덕택일 것이다. 더욱이 선생님은 한 손 찌르기만 탁월한 게 아니라 누구와 맞붙어도 '5푼의 자세'라고 하는 것을 중요시했다.

일반적으로 고수가 하수와 시합할 때는 대충대충 하는 경향이 있는데, 선생님은 누구와 상대하더라도 언제나 5푼의 자세로 절대로 氣를 모두 빼지 않았다. 우리들이 원하더라도 진지하게 시합해 주고, 이따금 어딘가를 맞히면 선생님은 "좋다, 잘했다"라고 호면 속에서 싱긋 웃는 것이다. 그 입 언저리에서 금니가 반짝하고 빛나면 훈장처럼 보여 매우 즐거웠다.

선생님이 어전 시합에서 우승했을 때 나는 선생님에게 "다른 분들은 어전시합 전에는 여러 가지 연구를 하고 특별훈련도 한다는데 선생님은 어떤 연구를 하십니까?"하고 외람 되게 질문한 적이 있다. 그랬더니 선생님은 손을 가로저으며 "나는 단 한 번도 그런 특별한 짓을 하지 않았다. 나에게는 매일 매일이 곧 수련이기 때문에 달리 할 것은 아무것도 없다"고 대수롭지 않게 대답했다. 그것은 절대로 선생님의 자기 과시나 위선이 아니라, 진심일 거라고 생각한다. 선생님은 도장에서든 수련을 떠날 때도 전혀 다름없이 조용한 모습이다.

일찍이 도쿄 시내에서 선생님의 걷는 모습을 보고는 어떤 배우(마쓰모토 고시로로 알려짐)가 차를 멈추고 잠시 선생님의 걸음걸이를 보았다는 이야기를 들은 적이 있다. 대단한 사람은 대단한 사람을 알아본다는 유례가 되었다. 무심한 듯 흔들림 없이 걷는 모치다 선생님도 뛰어난 분이지만 가던 차를 세우면서까지 그 모습을 지켜보는 마쓰모토의 경지도 대단한 것이라고 생각한다. 모치다 선생님은 미야모토 무사시가 말한 "병법을 언제나 어디서나 잊지 않고 몸으로 시행한다"는 것을 실제로 보여준 위대한 수행자였다고 해도 과언이 아닐 것이다.

겸양

검도는 예이자 덕이라고 하지만 그것을 생활 속에 실천하는 사람은 많지 않다.

1930년 어전시합에서 모치다 선생님은 전문가부에서 우승하여 명실공히 일본 최고수가 되었다. 보통 사람이라면 뽐내기도 하고, 허세를 부리고 싶기도 할텐데 선생님은 결코 그런 짓을 하지 않았다. 시합이 끝난 후에도 신문·잡지 기자나 텔레비전 등 일체의 이목을 피해 혼자 몰래 샛문으로 빠져나가 버렸다는 사실을 보면 아무나 할 수 있는 겸양이 아닌 것이다. 그 당시 시합에 참가한 사람은 정문으로 들어가서 정문으로 나와야 했고, 정문으로 나오면 실로 개선문을 나서는 것이나 마찬가지일텐데 그것을 피해 몰래 혼자 돌아가 버렸다. 실로 아름다운 겸양이다.

1956년쯤의 이야기이다. 미국에 사는 모리 도라오 씨가 "모치다 선생님을 미국에 초대하고 싶습니다"라고 정식 초청장을 검도연맹에 보내 오고 개인적으로도 성의를 다해 몇 차례나 간절히 부탁해 왔다. 그의 입장에서 보면 자기를 길러준 존경하는 선생님이기 때문에 꼭 한 번 미국으로 모셔와 구경도 시켜드리고 그 동안의 은혜에도 보답하고 싶다는 생각이었던 모양이다. 그러나 선생님은 들은 둥 마는 둥이었다. 이유는 "나는 늙은이라 내가 가면 여러 사람에게 폐를 끼치게 될 것이다. 그러면 여러 사람에게 미안한 일이고 그 밖에도 여러 가지 사정이 있으니 이번엔 사양하겠다"는 것이었으나 선생님은 그 무렵 아직 환갑 전후로 원기 있고 기술과 정신에 있어서도 원숙한 최전성기였다. 선생님은 자기가 간다면 미국 관계자에게도 큰 폐를 끼칠 수밖에 없다는 깊은 배려에서 미국 행을 사양했다. 남을 배려하는 모치다 선생님의 마음과 겸양은 정말로 깊은 것이다. 대부분의 사람들은 죽기 전에 한 번쯤 미국을 보고 싶고 하와이에도 가보고 싶어 할 것이지만 그러한 감정을 꾹 누르고 미동도 하지 않은 선생님의 이성과 겸양의 덕이 보여주는 아름다움에 큰 감명을 받았다.

정의감

지금은 8단 승단심사가 어려워 지옥의 1번지라고 불릴 정도가 됐지만 우리들이 8단이 되던 때에는 심의위원들의 추천으로 결정됐기 때문에 아무런 말썽이 없었다. 그런데 그후 8단 승단 해당자가 급격히 늘어나 8단도 7단처럼 시험으로 결정해야 한다는 소리가 높아졌다. 이사회에서 몇 차례 검토회의를 한 결과 8단 승단시험도 봐야 한다는 것이 대다수 의견이었다. 그래서 마침내 심의회에 자문을 구하게 되었다.

나는 당시 전검련의 상임이사였으므로 심의회에 나가 발언할 자격이 없었다. 그러나 오타니 이사장이 "이번 심의회에 나와 취지 설명을 해달라"고 말해 심의회에 나가서 그 간의 경과와 대략의 여론을 설명했다. 그런데 언제나 말씀이 없으시던 모치다 선생님이 노발대발하셨다. "8단이라고 하면 천하의 대고수인데 시험으로 결정한다니 말이 되는 소리요?"하면서 질타하셨다. 회의실은 숙연해지고 모두들 고개를 숙이고 있었다. 나는 그때만큼 모치다 선생님의 위대함과 숭고함을 느껴본 적이 없다. 실로 검도를 생각하고, 검도인을 위해서 하는 공분(公憤)이자, 말하자면 선철(先哲)의 분노였다. 검도계의 큰 어른의 노한 목소리였다. 모두들 숙연해져 아무도 발언하는 사람이 없었다. 결국 모치다 선생님의 의견대로 시험을 없애고 임명하는 것으로 회의는 마무리되었다. 그러나 결론을 짓자면 시험이든 임명이든 마찬가지가 되어 결국 오늘날과 같은 지옥의 모습으로 떨어진 것이다.

또한 10단제에 있어서도 모치다 선생님이나 사이무라 선생님은 절대 반대였다. 모치다 선생님은 그러한 제도를 만들면 검도계는 장유유서라는 질서가 흔들려 반드시 망하게 된다고 경고하셨다. 그리고 당시 와타나베 사무국장이 10단 증서를 고단샤에 냈을 때 선생님은 그것을 그대로 고단샤 사범대에 올려놓고 돌아가 버렸다. 연맹이 선생님에게

증서를 전달하려 했으나 선생님 자신이 받아들이지 않았던 것이다. 나는 지금도 곰곰 생각해 보는데 검도 고단자들이 모두 모치다 선생님처럼 맑은 마음을 갖는다면 오늘과 같은 이러한 시끄러움은 일어날 수 없고, 검도계는 맑고 청명한 날이 계속될 것이라고 확신한다. 다시 한 번 모치다 선생님의 그 고매한 정신을 검도계에 살릴 수 있는 길은 없을까? "꿈이여! 다시 한 번"하고 간절히 바란다.

풍모

한 사람의 풍모나 품격이라고 하는 것은 억지로 꾸미거나 가식으로 만들어 낼 수 없는 것이다. 오랜 세월이 축적되고 긴 세월에 걸쳐 갈고 닦아온 노력의 산물인 것이다. 어떠한 꾸밈도 없이 검정물을 들인 옷을 입은 선승(禪僧)의 뒷모습에서 범접할 수 없는 품격을 볼 수 있듯이, 수련복을 입은 검사의 우뚝 선 자세에서 말할 수 없는 위엄을 느낄 수 있는 것 역시 그 갈고 닦아온 수련의 결과로 영롱한 빛을 내게 된 것이라고 말해도 되지 않을까?

모치다 선생님은 소리 없이 걷는 모습에도 아름다움이 있고 품격이 갖춰져 있다. 게다가 그의 언동에는 정의감이 넘쳐흐르고 아름다운 덕의 빛을 느낄 수 있다. 모치다 선생님은 사이무라 선생님보다 한 살 위인데 교토무술교원양성소에서는 사이무라 선생님이 1기 선배였다. 요즘의 감각으로 말하자면 두 분은 호적수이고 라이벌이었는데, 모치다 선생님은 언제나 사이무라 선생님을 한 수 위로 대접하며 결코 경쟁하지 않았다. 두 분의 겸양의 미덕이 쇼와 시대의 검도를 지탱해 온 것이라고 생각한다. 당시의 전해지는 말에 따르면 모치다 선생님이나 고가와 선생님 등의 범사(範士) 승격시 사이무라 선생님만 1기 늦어질지 모른다는 말을 들은 모치다 선생님은 사이무라 선생님과의 우정을 생각하여 사퇴서를 냈다고 한다. 뭐라고 말할 수 없는 숭고한 마음가짐이 아닐 수 없다. 오늘날의 고단자라면 1년이라도 빨리 승격하고 싶어서 앞을 다툴 터이지만, 모치다 선생님은 자신을 버리고 우정을 먼저 생각하셨다. 그 마음이야말로 우리들이 본받아야 할 귀중한 교훈이다. 종전 후 모치다 선생님에게 훈장을 주겠다는 소식이 있었을 때 "나보다 먼저 훈장을 받아야 할 사람이 있다"고 말하고 교토의 고가와 선생님을 추천했던 것은 알 만한 사람은 다 아는 고매한 미담이다. 선생님의 인격과 덕성을 검도인은 한결같이 우러러보아야만 할 것이다.

사이무라 선생님과 모치다 선생님은 오랜 세월에 걸쳐 형제처럼 검도계를 이끌어 왔는데, 술자리에서만은 확실히 정반대였다. 사이무라 선생님은 말술을 사양치 않는 주호였으나 모치다 선생님은 겨우 한두 잔이면 취하는 편이었다. 모치다 선생님은 작은 잔 한 잔에 눈언저리가 붉어지고 석 잔만 마시면 잔을 엎어놓는데, 그 이상은 절대로 마시지 못하지만 싱글싱글 웃으면서 다른 사람의 이야기를 들으며 즐거워했다.

모치다 선생님의 술자리 노래를 들어본 사람은 지금은 아마도 없을 테지만 나도 딱 한번 들어본 적이 있다. "거친 풍랑을 부드럽게 받아 마음이 흔들리지 않는 바위섬⋯⋯" 노래의 가사에 선생님의 마음이 들어 있고 그 속에 현대인이 배워야 할 부동심(不動心)의 진수가 담겨 있다. 천하의 검성 모치다 선생님의 그 아름다운 마음을 배우고 그 늠름한 검풍도 한 번 닮아 보고 싶은 사모하는 마음이 간절하다.

건강관리

노마 도장의 수련회는 여름에는 이카호, 겨울에는 이토에서 성대하게 개최된다. 특히 모치다 선생님이 반드시 참석한다는 것 때문에 전국의 명검사들이 모두 모이고, 수련 때나 시합 때나 정말로 불이 날 것처럼 격렬한 수련이 계속된다. 수련은 오전 9시부터 12시까지이고 어떤 날은 낮 1시나 2시까지 계속되는 날도 허다하다. 시합, 수련, 시범시합이 계속되는데 모치다 선생님은 그때마다 반드시 수련복을 바꿔 입었다. 수련과 시합을 계속하다 보면 시간이 길어지고 여름의 무더위 속에서 땀이 난 뒤에는 몸이 차가워진다. 다른 사람들은 무관심하여 수련복을 갈아입지 않았으나 모치다 선생님은 수련이 끝나고 심판을 볼 때는 반드시 마른 수련복으로 갈아입었다. 그만큼 건강에 깊이 주의했다는 증거이다. 일반인은 검도인은 그런 것에 전혀 무관심하고, 자기 건강에 있어서는 자신을 갖고 있는 것으로 알고 있다. 그러나 흐르는 땀을 닦지 않는 것은 위생상 나쁘고, 그때 감기가 걸리지 않더라도 몸 어딘가에 무리가 오게 마련이다. 또 중년이 되면 무릎이나 어깨, 어딘가에 통증이 나타나고, 내장 어딘가에 반드시 후유증이 나타난다. 나는 모치다 선생님이 혼자 조용히 수련복을 갈아입는 뒷모습을 보고 과연 대단한 분이라는 생각이 들었다. 검도인은 모두 이처럼 자기의 건강관리는 자기가 해야 한다고 생각한다. 그러한 선생님의 자세와 건강관리야말로 84세의 고령까지 수련을 하고 89세까지 장수한 비결이었으리라. 겨우 수련복 한 장에 관한 것이지만 그 작은 부분까지 세심한 주의를 기울이는 선생님의 진의가 높게 느껴진다. 아울러 검도인이 배워야 할 과제가 거기에 담겨 있는 것이라고 여겨진다.

나에게는 일찍이 이런 일이 있었다. 어느 날 감기 증세가 있어 아침 수련을 그냥 견학하고 있었다. 그러나 견학하고 있는 가운데 수련이 하고 싶어져 '땀 한 번 흘리면 감기 정도는 날아가 버릴 테지' 하고 수련복으로 갈아입고 있는데, 선생님이 "이노우에 군, 하고 싶을 때 하지 않는 것도 검도일세"라고 말씀하셨다. 검도라는 것은 반드시 수련만 하면 그것으로 좋은 것이 아니라 자기 몸에 결코 무리를 주어서는 안 된다는 가르침인 것을 최근에야 뼈저리게 느꼈다.

　　작년에 나는 백내장 수술을 받았다. 수술은 간단했지만 수술 후 아픈 데도 없고 해서 수련을 했다. 가볍게 하면 되겠지 하고 했는데 그때 받아치기로 학생에게 맞은 머리치기가 눈에서 불이 나는 것 같은 격렬한 일격이었다. 그것이 아무래도 수술한 눈에 자극을 주었던 것인지 오른쪽 눈의 시력이 완전히 회복되지 않고 있다. 그때 모치다 선생님의 가르침이 생각났다. "하고 싶을 때 하지 않는 것도 검도"라고 말씀하신 것을 떠올리며 "아아! 그랬구나. 모치다 선생님의 가르침을 받아 의사의 말을 들었다면 이렇게까지는 되지 않았을 텐데"하고 마음속 깊이 후회했다. 그후 또 한 번 그런 일이 있었다. 그것은 어떤 신문에서 읽은 것으로, 선생님이 여행 가서 여관에 묵을 때 "나는 늙은이니까 화장실 가까운 작은 방을 주시오"라고 말해 방을 바꿔서 들어간 적이 있다고 한다. 그것은 바로 무사의 몸가짐이며 모치다 선생님이 아니고서는 흉내낼 수 없는 마음가짐인 것이다. 최근 화재 등으로 죽는 사람이 많아져 나도 요즘 호텔에 묵을 때는 반드시 비상구를 확인해 놓고 있다. 그것은 모치다 선생님이 가르쳐준 선물이고 "매사에 먼저 주의를 기울이라"는 귀한 인생관이다.

●총괄

검도의 기술론이나 정신론에 대해서 쓴 책은 많다. 그러나 생활과 직결된 검도 생활론은 별로 볼 수 없다. 내가 여러 가지 일상생활과 직결되는 검도 생활론을 쓰는 것은 그것이 살아있는 검도이며, 그것이야 말로 검도 궁극의 목적이라는 믿음에서이다. 그것은 결코 공리공론만은 아니다. 모치다 선생님이라고 하는, 검도를 자기 생활 속에 살려낸 선각자를 앞에 놓는 승부이다. 검도로 단련한 완성품이 얼마나 귀하고 얼마나 존엄한 것인가를 알리고 싶은 생각에서 억지로 모치다 선생님을 예로 들어 그 행동의 기록을 제시했던 것이다.

미야모토 무사시는 "병법의 도를 가지고 행한다면 만사에 더 이상 배울 게 없다"고 말했는데, 모치다 선생님도 역시 "검도의 이치를 가지고 한다면 만사에 거리낄 것이 없다"는 경지에까지 이른 근대 명검사인 것이다. "쇼와 시대의 검성(劍聖), 현대의 미야모토 무사시"라고 불리어 마땅한 모치다 선생님의 업적을 기리고, 그의 인식을 탐구해 현대 검도의 존재가치를 밝히고 검도인의 도달 목표를 명확하게 찾기를 바라는 바이다. 거기에 검도계의 새로운 새벽이 있고 검도인의 참 행복이 싹터 나올 것이기 때문이다.

인간교육과 검도

● 교육

최근 나는 교육만큼 무서운 것이 없고 교육만큼 중요한 것은 없다는 것을 절실히 느끼고 있다. 정계의 혼란도, 사회의 황폐도 그렇지만 특히 최근의 청소년 비행은 상상도 할 수 없는 포악성과 잔인성에 실로 공포감이 들 정도이다.

학원폭력이 해를 거듭할수록 증가하고 있다는 보고가 있듯이 최근 학원폭력은 청소년의 단순한 '이지메'가 아니라 실로 불량 폭력이다. 동급생을 여럿이 합세해서 폭행을 가하고, 그것을 말리는 선생님을 뭇매질한다. 친구를 매트에 둘둘 말아 질식시키는가 하면 여자아이를 드럼통에 넣고 콘크리트로 막아서 강물에 빠뜨린다. 게다가 최근에는 부모가 자식을 찌르고 자식이 부모를 살해하는 상상도 못할 무서운 일이 벌어지고 있다.

전전과 전후의 인종이 변했을 리는 없는데, 사회에서 교육이라는 보물이 없어져 버리고 지도자라는 사람들의 사고방식이 근본부터 변해 버린 결과일까? 거기다가 자유와 방임을 혼동하고, 아이들이 하자는 대로 내버려두는 것이 현대식 자녀교육이라는 잘못된 교육관이 빚은 결과이다. 그러니 어린이가 잘될 리가 없고 좋은 교육이 이뤄질 도리가 없는 것이다.

예로부터 "교육은 나라의 근본"이라고 하고 "십년 계획을 이루려고 한다면 나무를 심고, 백년 계획을 이루려면 사람을 기르라"고도 했는데, 이는 제대로 된 교육이 나라의 성쇠에 얼마나 중요한 것인가를 잘 가르쳐 주는 말이다. 보불전쟁에서 크게 승리한 독일의 개선 장군 몰트케는 국민의 대환영에 대해 "결코 나 개인의 공이 아닙니다. 이번의 승리는 독일의 학교 선생님들의 진지한 교육 덕분입니다"라고 갈파했다. "선생님의 교육 덕분"이라는 말, 이 얼마나 놀랍고 귀한 단어인가. 전쟁의 승패는 물론이고 한 나라의 흥망도 모두 학교교육에 달려 있으며, 그 모든 것이 어린이 정신교육에서 시작된다는 점에 무한의 시사가 있고, 귀한 진리가 들어 있는 것이다. 군국주의의 화신처럼 일컬어지는 카이제르도 교육자와 재판관을 가장 중요시하고, 부국번영의 기초는 무엇보다 교육에 있다고 갈파했다. 동서양을 막론하고 교육이 얼마나 중요한 것인가를 말해 주는 대목이다. 일본도 일찍이 교육입국을 내세웠고, 그 보급률이 세계 제일이라고 일컬어지지만 지금은 그 알맹이가 빠져나가고 황폐해져 옛날의 영광이 이제는 어디에 있나 하는 느낌이 강하게 든다.

원래 '에듀케이션(교육)'이라고 하는 것은 '에듀스 하는 것', 바꿔 말하면 어린이에게 잠재해 있는 천진난만함을 끌어내 그 개성을 자연스럽게 밖으로 도출시켜 발전시키는 것이며 독일어의 엘취바인크스와 같은 의미라고 한다.

메이지 초기의 후쿠자와 유키치는 "학교교육은 '교육'이 아니라 '발육'이라고 불러야 한다"고 말했다. 또 "학교는 사람에게 무엇을 가르치는 장소가 아니라 어린이의 '자질'을 발달시키는 것을 방해하지 않고 발육시키는 곳"이라고 역설했다. 에듀케이션과 천하를 다스리는 법도는 하나이고, 전세계 어디를 가도 교육의 목표는 똑같다는 것을 말하는 것이다.

현대 교육도 정말로 그래야만 하는데, 지금의 교육은 흡사 해도(海圖)도 없고 나침반도 없는 떠돌이 교육이며, 개성을 발전시키기는커녕 중우(衆愚)교육이 되고, 미친 교육으로 타락해 손을 댈 수 없을 정도로 황폐해져 있다.

이처럼 삭막하고 혼미해진 오늘날 나는 니노미야 손토쿠의 가르침을 진지하게 반추하고자 한다. 손토쿠 선생님은 "쌀을 만드는 것보다는 논을 만들게 하고, 논을 만드는 것보다는 마음의 밭을 갈도록 하라"고 가르쳤다. 실로 그 속에 함축돼 있는 의미를 잘 이해하고 실천하지 않으면 안 된다. 최고의 쌀을 생산하기 위해서는 우선 그 논을 갈아야 하고, 그 논을 비옥하게 일구지 않으면 안 된다. 그러나 최고의 좋은 논을 가는 데는 무엇보다 그 논을 만드는 사람의 마음을 잘 일구는 일이 중요한 것이다. 그것이 순서이며 기본적으로 해야 할 일이다. 사람을 만드는 것이나 쌀 농사를 짓는 것은 모두 똑같은 이치다. 좋은 사람을 기르기 위해서는 무엇보다 그 사회환경이나 교육조건이 뛰어나지 않으면 안 된다. 아울러 교육환경을 정비하려면 사람의 마음을 일구어내고, 좋은 지도자를 길러내고, 그 사람의 마음의 밭을 갈아 놓도록 하는 것부터 시작해야 한다. 결국 그러한 손토쿠 선생님의 정신을 현대인의 인간교육에 적합하게 실천하지 않으면 뛰어난 인간도 길러낼 수 없고 좋은 사회도 만들 수 없는 것이다. 마쓰시타 고노스케가 "물건을 만들기 전에 먼저 사람을 만들라"고 한 것도 똑같은 말이다.

요즘의 청소년이 생각이 모자라고, 앞뒤 가리지 않고 무턱대고 일을 저지르고도 개의치 않는 것은 잘못 가르친 교육의 탓이고, 토양이 너무나도 나쁜 탓이다. 요즘 아이들이 윤리를 모르고 도덕을 무시하는 잘못된 태도는 어른인 우리들이 태만하고 타락한 데서 비롯된 것이다. 아이들을 꾸짖기 전에 먼저 우리 기성세대가 크게 반성하고 먼저 자신들이 마음의 밭을 일구어야 하는 것이다.

"행복의 꽃을 따려고 하면 먼저 씨앗을 뿌리고, 씨앗을 싹 틔우려면 먼저 땅을 일구어라."

손토쿠 선생님의 가르침과 똑같은 내용이다. 사람을 가르치려고 하면 먼저 스스로 마음의 밭을 갈고, 스스로 마음을 풍요롭게 하는 것부터 시작하지 않으면 안 된다. 내가 요즘 이렇게 교육이 황폐해진 한복판에 서서 곰곰이 생각하는 것은 옛날 무사 집안이 인간적으로나 교육적으로나 훨씬 훌륭하지 않았나 하는 점이다. 여러 가지 책에 여러 가지 쓰여 있으나 덴구(天狗) 예술론 가운데 다음의 한 구절도 대단한 탁견이라고 생각한다.

"사람을 만드는 것은 말을 다루는 것과 같다. 잘못된 기(氣)를 눌러 스스로 나가도록 올바른 기를 갖도록 도와주는 것이다. 그러나 강요하지 말라."

실로 저절로 수긍이 가는 이야기다.

일본의 교육은 옛날부터 지(知)·덕(德)·체(体)라고 해서 지식교육 중심이었지만, 중국 주은래 총리는 그것을 덕·체·지로 순서를 바꿔 놓았다. 시대에 즉각 대응한 뛰어난 탁견이며 귀중한 가르침이라 생각된다.

세계적 교육의 원조라 불리는 페스탈로치는 3H주의를 제창했다. Head(지식), Heart(교양), Hand(체육) 3H의 3가지 기본 기둥을 세워, 그것을 중핵으로 어린이 교육에 만전을 기했다.

현대 무도계 역시 단지 단순한 기술만이 아니라 그 기술의 수련을 통해 교양·지식도 함께 가르쳐 주지 않는다면 완전한 부모 교육이라고 할 수 없을 것이다. 지식을 가르치는 데 편중되어 덕성을 기르는 것을 무시하는 그 악폐를 엄히 불식하고, 어릴 때부터 가정교육 인간교육에 중점을 두어 개성을 이끌어 주는 것이 진정한 의미의 에듀케이션이라고 할 수 있지 않을까?

교육의 방식

현대 일본의 어린이 교육에는 큰 결함이 있다는 것이 내 생각이다. 나는 아동심리학자도 아니고 유치원 선생님도 아니므로 그다지 전문적인 것은 알지 못하지만 오랜 인생경험과 오늘까지의 폭넓은 견문을 기본으로 해서 생각할 때 확실히 일본 어린이 교육은 출발부터 잘못된 듯싶다. 서너 살 때가 어린이에게는 매우 중요한 시기이다. 그것을 모르고 귀엽다 귀엽다 하면서 장난감처럼 예뻐하기만 하니까 어린이 교육이 이상해져 버리는 것이다. 서너 살 때의 가정교육이 매우 중요하다. 말하자면 인간성을 똑바로 구워내는 용광로 같은 시기이며 자기개발의 시기인 것이다.

심리학자는 유아교육보다 먼저 거슬러 올라가 태교의 중요성을 강조한다. 검도계의 다카노 스케사부로 선생님의 어머니는 임신했을 때부터 도장에 나와 정좌하고 열심히 수련을 견학했다고 하는데, 그것이 태교이며 가장 중요한 모성교육의 시작이다. 옛날로 거슬러 올라가 가이바라 에키켄은 ≪초학지요(初學知要)≫에서 태교의 중요성을 설명했다. 그는 또 ≪동자훈(童子訓)≫에서 부모가 예를 좋아해 자식이 어릴 때부터 가정교육을 시키고 예법을 가르치면 그 자식은 반드시 글도 잘 짓고 행동거지도 졸렬하지 않고 늙을 때까지 위엄이 있는데, 그것은 오로지 부모가 일찍부터 가르친 때문이라고 아동교육의 중요성을 설파했다. 아울러 어릴 때에 배운 것은 늙을 때까지 잊지 않는다고 조기교육의 필요성을 강조했다. 나카에 도쥬도 그의 ≪늙은이 문답≫에서 태교에 대해 언급하길 "자손들을 가르치는 데는 어릴 때를 근본으로 해야 한다. 옛날에는 태교라고 해서 어머니 뱃속에 있는 동안에도 덕성을 가르쳤다"며 태교와 유아교육이 인생에서 얼마나 중요한 것인가를 역설하고 있다.

일찍이 어떤 부인이 다윈에게 "우리 애는 지금 2살 반이 됐는데 언제쯤부터 교육을 시작하면 좋겠습니까?"하고 물었다. 다윈은 "부인, 안됐지만 이미 늦었군요"라고 대답했다고 한다. 베토벤은 "5살까지 기초를 배우지 않았다면 일류 음악가가 될 수는 없다"고 유아교육의 중요성을 강조한 바 있는데 대개 어린이는 5살까지 뇌세포의 80~90%가 성장·고착된다고 한다. 독일의 교육학자 프레벨은 "어린이는 5살까지 평생 배울 수 있는 것은 다 배운다"고 말했다. 그러므로 이 기간이 교육에 가장 중요한 때인데, 그 타이밍을 놓쳐 멍청하게 보내기 때문에 나중에는 사회에서 낙오자가 되어버리는 것이다. 영국에도 "어린이가 귀여우면 채찍을 잊지 말라"고 하는 격언이 있는데, 그 채찍은 때려주라는 것만이 아니라 마땅히 가고자 하는 방향을 가르쳐주는 사랑의 채찍인 것이다. 일본에서는 이러한 사랑의 채찍을 잊어버리고 머리를 쓰다듬어 주는 것이 귀여워하는 것이라고 생각하는 게 교육의 크나

큰 결함이다. 유명한 루소의 자연주의라고 하는 것은 어린이는 절대로 응석을 받아주어서는 안 된다는 것이다. 넘어져도 스스로 일어나게 하고 잘못했으면 당연히 벌을 받아야 하고, 그래서 자립의 길을 깨우치게 하고 자기개발의 길을 걸어갈 수 있도록 가르쳐 주는 것이다. 사자의 '새끼 밀어뜨리기'인 것이다.

내게도 그러한 경험이 있다. 1958년에 처음으로 미국에 가서 여러 가지를 배웠다. 어린이 교육이 얼마나 중요한 것인가도 몸으로 직접 배우게 되었다. 현재 미국검도연맹 회장을 맡고 있는 동향 친구 가와구치 씨의 집에서 하룻밤 신세를 졌는데, 그날 밤 가와구치 씨 내외가 아이의 엉덩이를 때려 가르치는 모습을 보고 놀랐다. 미국에서는 어린이를 절대로 때릴 수 없다고 들었는데 왜 그렇게 때리는가하고 물었더니 가와구치 씨는 "미국에서는 아이들의 머리는 때리지 않는다. 그러나 교육을 위해 필요하다면 어릴 때 엉덩이를 때려 꾸짖는다"고 하는 것이었다. 그 모습을 보고 있노라니 미국의 어린이 교육이 우리 나라와 다르다는 점을 알 것 같았다. 어릴 때 그렇게 엄한 교육을 시킨다면 옳고 그름, 착하고 악한 분별도 할 수 없는 몸집만 큰 아이들이 되지 않을 것이라고 생각한다.

그 다음날 생각도 않게 로키 산맥의 한가운데 있는 어린이 임간학교를 가게 되었다. 가와구치 씨 내외를 비롯, 많은 가족이 한 그룹이 되어 로스앤젤레스에서부터 로키 산맥까지 차를 타고 달리는 긴 행렬이 되었다. 우리 나라의 임간학교와는 스케일이 달라 실로 웅대한 자연을 벗삼는 별천지였다. 신록이 우거지고, 물살은 파랗고, 고원의 맑은 바람은 실로 상쾌했다. 그 광대한 자연 속에 수백 개의 해먹이 늘어서 있었다.

그 중 한 어머니가 자기 자식의 해먹을 찾아, 흘러내려져 있는 담요를 끌어올려 잘 정돈해 놓았다. 그랬더니 담당 교사가 와서 몇 번이고 그 어머니에게 뭔가 이야기를 하는 것이었다. 무슨 이야기인지 내용을 전혀 알 수 없었지만 그 어머니가 정돈해 올려놓았던 담요를 원래대로 내려놓으라고 하는 이야기 같았다. 그러더니 그 교사가 이번에는 아이를 불러 다시 뭔가 이야기하는 것이었다. 그 아이는 이야기의 핵심을 잘 알게 되었는지 담요를 잘 정돈해 놓고 후닥닥 자기 자리로 돌아갔다.

이야기는 단지 그것뿐이지만 거기에는 일본에서 볼 수 없는 귀한 교육이 있다고 생각한다. 일본이라면 임간학교에서 부모가 아이를 위해 담요를 개켜주는 정도는 당연한 일이고 그것을 비난하는 교사도 없을 것이다. 그런데 미국에서는 그것이 잘못된 일이었다. 자기 일은 자기가 하는 게 교육이라고 생각하고 있고 철이 들 무렵이면 그렇게 시켜야 하는 것이 교육이라고 믿고 있다. 그것이 루소의 자연주의이며, 자연의 시련은 스스로 받아들여야 한다는 귀한 가르침이다. 어머니들이 보고 배워야 할 만한 중요한 교육의 기본이 아닐까?

"쇠는 뜨거울 때 두드리라"는 속담이 있고 "휜 나무는 어릴 때 바로잡으라"는 가르침도 있다. 교육은 일찍부터 시작되지 않으면 안 된다는 것을 누구나 알지만 그 바로잡는 타이밍을 놓쳐 가르칠 시기를 잃어버리는 예가 허다하다.

내게는 6명의 손자가 있는데 모두들 올려 볼 만큼 어른이 되었다. 그러나 내 앞에 오면 모두 정좌를 하고 "할아버님, 안녕하십니까?"하고 예의바르게 인사한다. 그것은 손자들이 세 살 되었을 때 가르친 것을 충실히 지키고 있는 것에 불과하다. 나는 손자가 자리에 앉으면 정좌를 하도록 시키고 인사하는 법을 가르쳤다. 그리고 잘했다고 머리를 쓰다듬어 주었다. 손자들은 그것이 기뻤는지 더 잘하려고 노력했다. 그런 아이들이 어느덧 몸에 배어 어른이 되어서도 자연스럽게 훌륭한 인사를 하게 된 것이다. 이것이 바로 가정교육의 실천인 것이다.

어릴 때는 가르쳐준 대로 잘 따라하다가도 어른이 되어서는 어느새 잃어버려 도로아미타불이 돼 버리는 일이 종종 있다. 그러나 그것은 부모에게 잘못이 있는 것이다. 어린이가 잘하는 것을 부모가 스스로 버려 놓는 결과가 되고 있기 때문이다. 아이가 정좌를 하고 인사를 하는데 아버지는 신문을 읽으면서 돌아보지도 않는다거나 어머니는 부엌일이 바빠서 제대로 대답도 하지 않기 때문이다. 그러면 자식도 하기 싫어지고 또 귀찮아 어느새 그만두어 버리는 것이다. 실로 안타까운 일이다. 부모의 게으름이 아이들의 예절의 싹을 뽑아버리는 결과가 되는 것이다.

손자가 정좌를 하면 나도 신문을 치우고, 화로에서 발을 빼고 똑바로 앉는다. 건강한 손자의 얼굴을 보며 "많이 컸구나" "예의가 밝아졌구나"하며 머리를 쓰다듬어 준다. 겨우 그것뿐이지만 어린아이들에게는 어른과 같은 혼이 있기 때문에 반응이 빨리 나타나고 효과도 즉각 나타난다. 그것은 한 가지 예일 뿐이지만 "어린이 교육은 모두 손에 있다"고 해도 과언이 아니다.

"자식은 부모의 거울"이라는 말처럼 자식은 부모가 하는 대로 따라하는 것이다. 어린이의 품행이 나쁘다면 그것은 부모의 품행이 나쁘다는 증거이다. 아침부터 부부싸움을 하는 부모를 둔 아이들에게 형제 간에 우애 있게 지내라고 해 보아야 소용없는 일이다. 어머니가 TV만 보고 있으면서 아이들에게는 "공부해라, 공부해라"하고 몰아세워 봐야

헛일이다. 난로를 끼고 앉아서 "지금부터 정신차려서 공부하지 않으면 네 애비 꼴 된다"고 호통쳐 봐야 아버지의 권위만 떨어뜨릴 뿐 아이들 마음은 움직일 수 없다. '솔선 수범' 해야 하고 '부모와 자식이 함께 해야 하는 것'이다. 부모나 자식 간에 한마음으로 사이좋게 지내는 정신이 가장 중요한 것이다. 인간형성은 어느 날 갑자기 이뤄지는 것이 아니다. 일상생활에서 쌓이고 쌓인 것이 습관이 되고, 그것이 몸과 마음에 스며들어 무의식중에 행동으로 나타나야 하는 것이다.

현대 여성에게 바라는 것

"종전 후 강해진 것은 여자와 구두"라는 말이 있듯이 일본 여성은 모두 남자보다 강해져 여성 우위를 보이고 있다. 여권신장이라 해서 여자들의 권위가 확대되고 있다. 남자들은 거꾸로 의기소침해지고 점점 부창부수(夫唱婦隨)가 거꾸로 되어 '부창부수(婦唱夫隨)'의 경향이 강해지고 남자의 영향력이 점점 옅어지고 있다. 게다가 최근에는 월급도 보너스도 모두 은행계좌에 들어가는 통에 아버지의 마지막 권위였던 월급봉투마저 빼앗겨 점점 권위를 보여줄 것도 없어져버렸다. 그것은 술자리에서 쏟아내는 남자들의 탄식이며 속마음이다.

나는 메이지 시대에 태어나 규슈에서 자랐다. 그 때문에 지금까지도 옛날 관념을 바꿀 수 없어 여성은 역시 집에서 아이들이나 기르고, 가정을 중요하게 여겨 지켜야 하고, 남자는 일하러 밖에 나가야 한다는 전통적 관념이 강하다. 내가 왜 이러한 생뚱한 얘기를 하는가 하면 최근의 어린이 불량화 때문이다. 어째서 어린이들이 이렇게도 손댈 수 없을 만큼 비행 청소년이 되어 있는가 하는 그 근원은 가정교육이 안 되어 있기 때문이다. 어머니의 가르침이 모자란 때문인 것이다.

내 얘기를 한다는 것이 약간 이상하지만 오늘날의 젊은 어머니들에게 들려주고 싶다. 내가 어릴 때는 실로 엄격한 학교교육을 받았고, 세심한 가정교육도 있었다. 우리 어머니는 여자대학을 졸업한 것도 아니고, 도쿄고등사범학교를 나온 것도 아니다. 시골 출신의 배움이 없는 여성이었지만 자식교육은 실로 엄격하기 이를 데 없었으며, 어머니로서의 애정은 너무도 아기자기했다. 어머니의 고생이나 가르침을 여기서 일일이 쓴다는 것은 힘들지만 우리 어머니의 가르침은 정직, 바로 그것이었다.

내가 초등학교에 들어갈 때 어머니는 나를 불러 "학교에 가면 결코 남의 물건을 훔쳐선 안 된다. 지우개 하나라도 주워서도 안 된다. 갖고 싶은 것은 무엇이든지 사줄 테니까 절대로 다른 애들 물건에 손을 대서는 안 된다. 또 그런 짓을 하면 아무리 감춘다 해도 선생님에게 곧 들키게 되는 거야. 선생님은 커다란 종을 갖고 있는데, 그것을 던지면 덜커덩 소리를 내며 구르다가 물건을 훔친 사람이 있는 곳에서 탁 멈추게 되니 어떻게 해도 선생님께 들키는 것이다. 그러니 남의 물건은 훔쳐서도 주워서 가져도 안 되는 것이다"라고 말했다. 그것은 어머니가 지어낸 이야기이고, 사실은 말도 안 되는 유치한 얘기였지만 나는 그것이 진짜인 줄 알았다.

어느 때인가 다나카 쓰네지로란 친구가 우리 집으로 공부하러 왔다가 연필을 잊고 갔다. 어머니는 밤중에 나를 깨워 "이 연필 누구 거냐"라고 물으셨다. "그것은 다나카가 잊고 간 모양인데, 내일 학교에 가서 돌려주겠습니다"라고 대답했으나 어머니는 들어주지 않았다. "다른 사람의 연필이 자기 필통에 들어 있다면 남의 물건을 훔친 것과 마찬가지다. 지금 당장 돌려주고 오너라"라고 말했다. 한밤중이어서 너무나 싫었으나 어머니가 하도 다녀오라고 하는 바람에 할 수 없이 돌려주러 갔다. 그 사소한 행위 속에 어머니의 교육이 있었고, 어머니가 자식에 대해 정직을 가르치는 진정한 애정이 숨어 있다고 생각한다.

나는 어릴 때부터 유명한 개구쟁이여서 학교에서는 물동이를 들고 복도에 서 있는 벌을 받고, 집에서는 창고 속에 갇히는 벌을 받기도 했다. 그래도 어머니만은 언제나 내 편이었다. 친구들과 싸워 상처를 입히는 일도 많았다. 어머니는 그때마다 백사탕 상자를 들고 그 친구네 집에 사죄하러 갔으나 나를 별로 꾸중하지는 않았다. 연필 한 자루를 한밤중에 돌려주라는 어머니가 친구에게 큰 상처를 입혀도 크게 화를 내지 않았다. 그것이 바로 어머니의 자비로움과 큰 사랑이었고, 정말로 의미 있는 자식교육이었다는 생각이 든다. 나는 그러한 어머니의 교육을 받고 자랐기 때문에 요즘 어머니들의 교육방식은 너무 관대하기만 하고, 지나치게 태만한 것 같은 느낌을 지울 수 없다.

어린이 교육은 어머니의 책임이며, 어린이의 성장에는 부모가 그 마음과 정신을 심어 주지 않으면 안 된다. 스파르타가 강했던 것은 스파르타의 어머니가 강했기 때문이며, 소련이 지지 않았던 것은 소련의 어머니들의 억척스러움 때문이었다. 레닌그라드가 독일군에게 9백 일이나 포위되어 먹을 것이 아무것도 없어 최후에는 책상의 아교풀까지 먹을 정도여서 굶어죽는 자가 많았지만 그들은 9백만 인구가 80만 명이 될 때까지 싸웠다. 참으로 비참한 전쟁이었지만 그래도 지지 않았던 것은 소련의 어머니들이 잘 견뎌내고, 소련의 어머니들이 악착같이 싸웠기 때문이다.

오늘날의 일본 여성에게도 그러한 정신력과 애국심이 있을까? 청일전쟁, 노일전쟁에서 이긴 것은 군인들의 승리가 아니라 그 군인을 길러낸 메이지 시대 어머니들의 승리였던 것이다.

최근의 어머니들 가운데는 가정교육을 시키지 않고 학교교육만 시키면 된다는 사람이 많아진 것 같은데 그것은 실로 유감스러운 일이다. 그것이야말로 일본교육의 파괴라고 말해 마땅할 것이다. 어린이를 훌륭히 가르치려는 선생님이 양심적으로 벌을 주어도 이를 체벌이라고 하고 폭력교사라고 들고 일어선다. 교복을 입지 않은 학생은 수학여행에 갈 수 없다고 하면 그것은 강압이요, 비민주적이라고 항의한다. 학생을 꾸짖으면 자기 자식을 미워하는 것이라고 소리지른다.

학교가 교육적으로 그렇게 해야 한다고 결정한 일을 지키는 것이 학생의 의무이고, 그것을 지키도록 가르치는 것은 부모의 책임이다. 따라서 선생님이나 학교에 항의한다든가 하는 것 등은 완전히 언어도단이 아닐 수 없으며 양식 있는 부모라면 할 수 없는 일이다. "머리를 빡빡 깎으면 아주 귀엽다. 그것이 교육상 아주 좋다"고 생각하여 학교에서 결정했으면 부모는 기뻐하지 않으면 안 된다. 학교에서 모두 일률적으로 빡빡 머리를 해주면 참새 집처럼 부스스한 머리도 없어지고 늠름한 중학생이 되는 것이다. 그만큼 고마운 일은 없을 것이다. 나는 여기서 장발족과 빡빡 머리를 두고 어느 쪽이 좋은가를 논하고 싶은 생각은 없다. 다만, 학교에서 교육상 그것이 좋다고 결정한 일에 대해 왜 부모들이 반대하는지를 묻고 싶을 뿐이다. 학교 방침에 부모도 학생도 쾌히 찬성하고 학교와 가정이 하나가 되어 협력한다면 자식도 잘되고 교육성과도 얻는 일거양득이 아닌가. 게다가 최근에는 학교교육에 뭔가 한 마디라도 트집을 잡지 않으면 민주교육이 아니라는 듯한 잘못된 관념도 강하다.

내가 어째서 이러한 딱딱한 얘기를 하는가 하면 매일매일 신문이나 TV를 볼 때마다 그러한 비윤리적이고 부도덕한 행동이 횡행하고 그로 인해 어린이들의 장래가 걱정되기 때문이다. 그래서 욕먹을 각오를 하고 세상의 어머님들의 양심에 호소하고자 한다. 일찍이 미국 여성해방 운동가가 "일본의 모든 젊은 여성들이여, 낡은 관습을 타파하기 위해 일어섭시다"하고 외친 적이 있다. 그러한 선동적 언사나 여성참정 같은 말은 일본여성을 기쁘게 할 조건들을 꽤 많이 갖추고 있다. 유력자가 머리를 조아려 부탁해 오고 정치가가 악수를 하며 부탁한다. 아무도 나쁜 기분은 아닐 테지만 무의식중에 자기 위치와 입장을 착각해 버린다.

소비세 선거 때의 일이다. 트럭에 올라타서 머리카락을 날리며 "3%, 3%"를 외쳐대던 모습을 보며 나는 "어머니들이 트럭 위에서 3%를 절규하는 동안에 아이들의 성적은 3%씩 내려가고, 아버지의 술값은 3%씩 늘어가는 것"이라고 썼던 적이 있다. 주부가 집을 나가서 밖에서 활동할 때는 가정 사정을 고려하지 않으면 안 된다. 어린이를 방치하는 희생이 얼마나 큰 것인가를 심각히 고려하지 않으면 안 된다는 것이다.

남자가 밖에서 일하니까 여자도 밖에 나가 활동하는 것이 남녀평등이라고 생각하는 사람이 있는지 모르지만 진정한 남녀평등은 남자는 밖에서 열심히 일하고, 여자는 가정에서 집을 지키며 자녀 교육에 전념하는 것이다. 그 각각의 일을 똑같이 책임지고 해야 하는 것이지 여자가 남자의 영역에까지 들어가 같은 일을 하는 것을 의미하지는 않는다. 그 증거로 하느님은 여자에게 두 개의 젖을 주었고 "너는 이것으로 아이를 잘 길러야 한다"고 하는 깊은 뜻이 있는 것이다. 물론 여성들 가운데 가정을 돌아볼 걱정을 하지 않고 시간도 있고 지혜도 있는 사람은 장관도 되고 총리도 될 수 있을 것이다. 그것까지 부정하자는 말은 아니다. 다만, 일반 가정 주부가 "저 사람이 장관이 됐으니까 나도 국회의원이 돼야 한다"고 소매를 걷어붙이는 것은 착각이라는 말이다. 나는 여성을 경시할 생각은 전혀 없다. 단지 가정을 중요하게 여기고 어린이들을 훌륭히 키워내야 한다는 염원, 오직 그것뿐이다.

더러 외국에는 레이디 퍼스트라는 단어가 있으니 여성우위사회가 아닐까 하고 생각하는 사람도 있을지 모르지만 영국에서도 독일에서도 남녀의 분업은 실로 확실하다. 영어로 아내를 'Wife'라고 하는데 Wife는 '옷감을 짜는 손'이라는 의미라고 한다. 딸이라는 단어 'Daughter'는 '젖을 짠다'는 의미라고 한다. 그렇게 생각하면 '아내'도 '딸'도 모두 집안 일을 하는, 가정에서 일하는 사람이라는 말일 것이다. 또 독일 카이제르 황제는 여성의 활동범위를 '부엌, 교회, 자식'이라는 3개 영역으로 제한했다고 하는데, 그것 역시 자식과 가정을 중요시하여 그 중점적 사명을 명시한 것이라고 할 수 있을 것이다.

일찍이 스페인에는 "질 좋은 옷감을 짜는 어머니는 자식도 잘 기른다"는 속담이 있는데, 그야말로 현모양처를 말하는 것이며 가정에서 가사를 잘하는 어머니는 훌륭한 아이를 만든다는 의미일 것이다.

일본에서 여성의 일은 '사 시 스 세 소', 여성의 웃음은 '하 히 후 헤 호'라고 하는 말이 있다. '사 시 스 세 소'의 '사'는 재봉, '시'는 육아,

'스'는 밥짓는 일, '세'는 빨래, '소'는 청소 등 모두 집안 일을 말한다. 그야말로 식구들에 대한 봉사의 정신을 귀하게 여기라고 가르치고 있다. 나는 현명한 어머니들에게 주부는 어떻게 해야 되는가 등 건방진 이야기를 할 생각은 전혀 없다. 다만, 전에도 말한 바와 같이 어린이들이 자살했다거나 살인을 했다는 등등 끝없이 나빠지고 있는 것은 가정교육이 잘못된 때문이 아닐까 염려하는 것일 뿐이다. 로마의 부인들처럼 가정을 팽개치는 일이 있는 것은 아닐까 하는 걱정 때문에 감히 부탁드리고 있는 것이다. 어머니들의 정치참여도 사회진출도 크게 달라졌으나 우선 우리 자식의 일부터 먼저 심사숙고하지 않으면 안 되는 것이다. "천 가지 보물보다 자식이 더 귀하다"는 말이 있듯이 자식은 가정의 보물이며 나아가서는 나라의 보물이다. 그러한 나라의 보물을 함부로 방임해 놓는다는 데 일본의 오늘날 황폐가 있다.

"모든 길은 로마로 통한다"는 말이 있을 만큼 강성했던 로마도 로마 여성들이 가정을 돌보지 않고 말로 다할 수 없는 도덕적 퇴폐를 일삼아 결국은 망하게 된 것이라고 세계 역사가들은 말하고 있다. 그야말로 '가정을 지키는 여성'이 얼마나 중요한가를 가르쳐주는 귀한 교훈이며, 경제대국이라고 자만하는 오늘의 일본 현실과 너무나 꼭 들어맞는 것 같아 무서운 느낌이 든다.

가정주부를 '옥상(奧様)'이라고 하고 남편은 아내를 '가나이(家內)'라고 부른다. 옛날부터 써온 낱말 가운데 여자의 위치나 여자가 무슨 일을 해야 하는지를 실로 확연하게 표현한 대목이다.

야구로 말하자면 남자는 투수, 여자는 포수이다. 남자는 양(陽)에 해당하는 마운드를 밟고 있어 실로 화려하게 보이지만 포수는 언제나 마스크를 쓴 채 얼굴을 내놓지 않고 봉사하는 입장이다. 그렇다고 해서 마스크를 벗어 던지고 나도 마운드에 오르겠다고 말할 수는 없는 것이며, 거꾸로 투수 또한 포수의 사인 없이는 움직여서는 안 되는 운명공동체이다. 투수도 포수도 책임은 같으며 기쁨 또한 나눠 갖는 것이다.

자녀교육도 마찬가지다. 어머니만 책임을 져야 하는 것이 아니라 아버지 또한 아버지로서 마땅히 해야 할 일이 있으니 아버지에게도 책임의 절반은 있다. '좋은 가정'에는 어머니의 자애로움과 아버지의 엄격함이 있다. 나는 아이들이 모두 성장해서 때때로 옛날얘기를 하는데 "아버지에게 꾸중은 듣지 않았지만 아버지는 말이 없어도 무서웠다"는 말을 자주 듣는다. 만일 아이들이 그렇게 받아들였으면 나는 정말로 좋은 아버지였다고 생각한다. 아버지는 장아찌를 눌러두는 돌처럼 소리 없이도 뭔가 무게 있는 존재이지 않으면 안 된다. 어머니가 아이들을 꾸짖으면 아버지가 옆에서 거들어준다. 할머니는 손자가 귀여워서 감싸준다. 그러면 아이 교육은 안 된다. "할머니 옆에서 자란 아이는 버릇이 없다"는 말처럼 형편없는 아이가 될 수밖에 없다.

"돈은 남자가 벌고 그 돈을 불리는 것은 여자"라는 말처럼 아버지는 집안 일은 모두 어머니에게 맡기고 밖에 나가 열심히 일을 해 돈을 번다. 어머니는 집에서 그 돈을 잘 불리고, 아이를 가르치고, 가계를 꾸려 가는 것이다. 그것이 진정한 의미의 '좋은 가정'이며 부부가 서로 화목하는 훌륭한 가정의 모습이 아니겠는가.

"부인의 목소리가 큰 것도 좋을 것 없고 폭군 같은 남편도 좋지 않다"≪쓰보사카(壺坂) 영험기≫에 있는 것처럼 "부인은 남편을 공경하고 남편은 부인을 아껴야 한다"는 문구와도 통한다. 서로의 능력을 발

휘하여 서로 돕고 살아가는 것이 진짜 부부애이며 진짜 남녀평등이라
고 해 마땅할 것이다.

일본은 이와토 동굴에서 연주했던 그 음악이 있던 옛날부터 여자 없이는
날이 새지 않는 나라.

이 노래에 감춰져 있는 여성예찬의 여운은 남성의 본심이다. 그 맑
은 여운 속에는 남성의 고마움이 들어 있으며 희망의 등불이 켜져 있는
것이다. 일본 여성으로서 감격할 만한 노래이다.

융통성 있는 교육

융통성 있는 교육은 문부성이 최근 계속해서 강조하고 있는 교육방
침인데, 그 말을 뒤집어보면 지금의 교육은 여유나 넉넉함이 없어 삭막
하다는 얘기가 된다. 그러기 때문에 융통성 있는 교육으로 아름다운 녹
음이 우거진 학원을 만들려는 것이다.

요즘 중학생은 '3각형만 맴도는 학생'이라고 해서 집과 학교와 학원
의 세 곳만을 빙글빙글 도는 생활을 한다. 정말로 비교육적이라고 비난
받을 만하다. 교육에도 생활에도 전혀 융통성이 없고 재미도 없다. 내
가 중학생 때는 학원 등은 있지도 않았다. 선생님들은 융통성이 있고
유머도 있었다. 그래서 중학교 때 배운 것을 지금까지도 잘 기억하고
학교생활도 재미있었다. 생각만 해도 정말 그리워진다. 옛날 교육이 얼
마나 융통성이 있고 넉넉했던가 돌이켜보자.

특이하게 영어를 가르치신 선생님이 계셨다. 1학년 때 영어수업은

대충 이런 식이었다. '바람이 윙윙' 부니까 'Wind'이며 '네 이웃에 보이는 사람'이 'Neighbor'이라는 식이었다. 그러면 마치 시장바닥에서 물건 파는 장사꾼처럼 영어단어가 입에 배는데 그렇게 배우는 것이 참 재미있었다.

또한 국어 선생님 가운데 다노라는 분이 있었는데 그 선생님은 일본어는 읽기도 어렵고 해석하기도 힘들고 한자의 구별도 힘들지만 한자의 경우 '기(己)'와 '이(已)', '사(巳)'를 재미있게 풀이해 줌으로써 나 같은 멍텅구리도 잘 구별할 수 있게 해줬다. 역시 옛날 선생님들은 대단했다고 생각한다.

전전의 어머니들은 융통성이 있어 군부나 후원회가 만든 전쟁 표어를 잘 고쳐 읽었다. 당시 "모자라고 모자란 것은 궁리요, 없고도 없는 것은 지혜로다"라는 표어가 있었다. 그것은 지혜를 모아 어떻게든 궁리하여 이 국난을 몰아내자는 표어였는데 어머니들은 "모자라고 모자란 것은 남편이요, 없고도 없는 것은 쌀이라네"라고 바꿔 불렀다. 또 "사치는 우리의 적"이라고 말하면 "사치는 우리의 목표"라고 했다.

무언가 투지가 왕성한 여자의 집념이 머리를 쳐들고 있는 느낌이며, 그러면서도 한편으로는 유머가 느껴진다. 언제 포탄이 비오듯 떨어질지 모르는 전쟁 때도 어머니들에게는 여유가 있고 유머가 있었다.

옛날의 검도는 엄숙한 가운데서도 실로 넉넉함이 있고 중후함이 있었다. 시합도 오늘날같이 어영부영 하는 것이 아니었고, 칭호와 단위도 유유한 가운데 자연스럽게 서열이 있어서 오늘날처럼 억지로 위아래를 따지는 일은 전혀 없었다. 오늘날의 검도 지도자는 완전히 규칙이나 단위제도의 틈새에 끼여 책을 읽을 여가도 없고 연구를 할 여유도 없다. 그래서는 검도가 다른 분야보다 뛰어날 수가 없다. 검도인이 행복해질 수도 없다. 검도계가 오늘날과 같은 사막에서 아름다운 꽃밭으로 바뀌는 데는 그 제도의 변화가 시급하다.

"고양이를 쫓아가지 말고 접시를 끌어당겨라"는 말이 있다. 칭호 단위에 몰려드는 사람을 쫓으려 하지 말고 그 문제가 되는 접시를 당겨 제도를 똑바로 고치는 것이 선결 문제이다. 그래서 좋은 제도를 만들어 융통성 있는 생활환경과 넉넉한 마음의 광장을 만들지 않으면, 검도인은 영원히 꽃이 피지 않는 계급이나 서열의 사막 가운데서 울어야 할 것이다. 옛날 생활이나 검도를 돌이켜 반성하고 나아가 융통성 있는 생활, 넉넉한 검도, 그래서 미소지을 수 있는 검도계가 되길 마음으로 빌고 또 빈다.

사람을 키우라(《검의 소리》에서)

'두견새 이야기'로 유명한 오다 노부나가와 도요토미 히데요시 그리고 도쿠가와 이에야스, 세 사람은 모두 고금을 통틀어 명장이었지만 그 인생관에 있어서는 각각 독자적 경지를 열어 나갔다. 노부나가는 무기를 모아 무기에 죽고, 히데요시는 천하의 명기를 모으다 명기와 함께 망했다. 이에야스는 천하의 인재를 모아 도쿠가와 가문 3백 년의 기초를 쌓고 무장으로서 최대의 치적을 남겼다. 그래서 지금까지도 여전히 3인 3색의 삶의 방식과 3인 3색의 교훈을 후세에 남기고 있다.

노부나가는 철포의 위력을 알고 재빨리 그것을 전쟁에 활용하여 다케다의 대군을 격파하고 천하를 거의 대부분 손에 넣었다. 그러나 무기를 가지고 천하를 취하려던 그는 혼노지(本能寺)에서 화살 세례를 받고 그 뜻을 못 이루고 종말을 맞았다. "인생은 겨우 50년, 돌이켜보면 꿈처럼 덧없는 것. 잠깐 이 세상에서 삶을 누리다가 죽지 않는 것은 없으리" 오케하자마로 출진할 때 노래하며 춤을 추었으나 혼노지의 불길 속에서 "이 세상에 죽지 않을 자가 있겠느냐"고 말하며 48세를 일기로 저 세상으로 갔다.

히데요시는 명기를 모았다. 지금의 우리들에게는 아무리 천하의 명기라 해도 찻그릇이지 별 거일까 싶지만 그 당시의 명기는 한 나라 한 개의 성과 바꿀 만한 가치가 있었다고 한다. 하나의 예로 마쓰다이라 다다나오가 오사카 성을 가장 먼저 점령한 수훈을 세웠을 때 50만 석의 가치가 있다고 했는데, 그 상이 불과 하쓰하나(初花)라고 하는 찻잔 한 개였다. 나라시바(楢柴)라고 하는 다기는 오토모 가문과 아키즈키 양가가 가운을 걸고 대쟁탈전을 벌였다. 하카다 소단은 히데요시가 간절히 바라는 다기를 "일본국의 반을 준다면 드리겠습니다"라고 말했다는 것이다. 전국시대 무장이 명기를 얼마나 소중히 생각했는가는 우리들의 상상을 훨씬 넘어서는 것이다. 히데요시가 금력과 권력을 통해 모은 명기와 보물이 대단히 귀중한 것이었는지 모르지만 그들 대부분은 오사카 성 함락과 함께 잿더미로 변하여 히데요시의 과시욕도 집념도 한바탕 꿈으로 사라져 버렸다.

그에 비하면 이에야스는 과연 명장이었다. 무기보다는 무장을 모으고, 명기보다는 명장 모으기에 더 정열을 바쳤다. 히데요시 말년쯤 모모야마 문화의 진수를 모아 놓았던 후시미 성에서 각 다이묘(大名)가 자기 가문의 보물과 명기를 뽐내느라고 이야기꽃을 피울 때 이에야스는 히데요시에게서 "그대 집안에는 어떠한 명기가 있는가"라고 질문 받자

"아무리 명기라 하더라도 만일의 경우에는 소용이 없고 보물 가운데 보물은 그야말로 인재인 것입니다"라며 미카와무사의 충성스러움과 용맹스러운 기질을 드높여 대답했다. 결국 그의 인재 발탁주의가 그를 지켰고 도쿠가와 가문을 자손만대의 평안함으로 이끌었다고 전해진다.

그들을 지(知), 인(仁), 용(勇)으로 비교하자면 노부나가는 용장이요, 히데요시는 지장이고, 이에야스야말로 인의 명장이라고 말할 수 있을 것이다. 인자무적(仁者無敵)이라는 말처럼 지나 용도 인에는 미치지 못한다는 것을 웅변하는 대목이다. 어느 시대나 인재는 어떠한 무기보다 귀하고 어떠한 명기보다 귀중한 것이다. 실로 천하에 쓰일 만한 사람을 기르는 사람이야말로 참다운 정치가요, 교육자요, 천하의 명군이라고 불러 마땅할 것이다.

현대사회가 "물질은 번영하고 영혼은 사라져 간다"고 탄식하는 것은 물건 만드는 데는 전념하면서 사람 기르는 교육은 제대로 하지 않기 때문일 게다. 오늘날의 이러한 정신적 혼란과 정서적 황폐도 그 근원을 따져보면 인재가 고갈되고 사람을 키우지 않은 태만에 따른 업보이다. 백년 계획을 세우려면 어린 나무를 심고 인재를 길러 국가융성의 기초를 공고히 하지 않으면 안 되는 것이다. 뒤늦게 잃어버린 것을 원망하지 말고, 일분 일초라도 빨리 서둘러야 할 때이다.

● 무사도

무사도라고 하면 누구든지 "무사도는 죽음을 두려워하지 않는 것"이라는 《하가쿠레(葉隱)》에 써 있는 말을 맨 먼저 떠올릴 것이다. 그러나 원래 무사도라는 것은 어떤 일이 있어도 그 자리에서 죽어도 좋다는 식의 죽음을 서두르는 철학이 아니다. 단지 옳고 그름을 밝혀 자신의 처세를 똑바로 하겠다는 것이다. 하가쿠레라는 단어의 의미는 여러 가지지만 나는 "나뭇잎 속에서 지지 않고 남아 있는 꽃이야말로 참고 기다리는 사람을 만나려는 굳센 각오"라는 ≪山家集≫에 나오는 한 구절이 그 원천일 것으로 생각한다. 왜냐하면 ≪하가쿠레≫ 전권을 통해 느끼는 것은 "참을 만큼 참는다. 인내할 만큼 인내해서 주군의 은혜에 보답해야겠다"는 정신이 밑바닥에 강하게 흐르고 있기 때문이다. ≪하가쿠레≫가 얼마나 대단한 책인가를 통렬하게 느끼는 대목이다. 무사도에 대해서는 옛날부터 여러 가지 언급돼 왔지만 무사도의 발상에서부터 지금에 이르기까지의 경과를 천천히 개략해 보자.

무사도는 '주종의 예'로 시작됐다. 한 가문의 집안 일이나 회계를 맡던 사람을 '가레이(家禮)'라고 불렀는데, 가레이가 발음이 변해 게라이가 되고 나중에는 게라이가 같은 발음의 한자인 '家來'로 전이되어 주인과 부하라는 신분상의 관계가 됐다고 한다. 나아가 그것이 주군과 신하라고 하는 제도가 되어 결국 군신의 의리가 되고 엄격한 군신 간의 법률이 되었다.

가마쿠라 시대는 무사도가 가장 화려했던 시대로 주군의 말 앞에서 싸우다 죽는 것이 무사로서 최고의 명예였다. 그것이 무사 최고의 도덕으로서 엄격히 실행되어 왔다. 시대가 바뀌어 전국시대가 끝나자 세상은 도쿠가와 시대가 되고 전쟁도 없고 주군의 말 앞에서 죽을 필요도 없어졌다. 세상은 태평하고 학문이 번성하게 되고 주자학 대신에 양명학이 대두됐는데, 양명학은 정의실천의 행동철학이며 정의를 위해서는 국법을 어겨도 좋다는 철학을 갖고 있다. 구마자와 반잔이나 나카에

도쥬 등 허다한 양명학자가 배출됐는데, 그들은 한결같이 "무사도라는 것은 자기 자신을 죽여 仁을 이루는 희생의 정신"이라고 설명했다. 도쿠가와 말기에는 야마가 소코가 '義利에 대해서'라는 논지로 "무사도라는 것은 義와 利의 관계를 칼로 자르듯 분명히 해야 하고 사리사욕을 버리고 정의로 일관하는 정신"이라고 강조, 무사도는 그 즈음에 일반 대중 속으로 자리잡게 되었다. 그 가르침을 받은 요시다 쇼잉은 무사도를 '선비정신'이라고 말하고 선비가 지켜야 할 일곱 가지 법규와 일곱 가지 규칙을 만들어 "무사도란 무사계급의 전유물이 아니라 온천하 만백성이 마땅히 지켜야 할 도덕적 규범"이라고 정의함으로써 무사도는 일본인이라면 누구라도 실천해야 할 인륜의 근본으로 도쿠가와 시대 말기부터 메이지 시대에 이르기까지 일본인의 가슴 밑바닥에 흘러온 것이다. 그것이 일본 융성기의 무사도 정신이다.

현대 무사도론은 고인이 된 니도베 이나조 박사의 ≪무사도≫가 가장 널리 알려져 있는데, 그 책이 쓰여진 배경은 이렇다. 니도베 박사가 벨기에의 유명한 법학자 라블레 씨 집에서 환대를 받았을 때 "당신 나라에서는 학교에서 종교교육을 받지 않는다고 들었는데 도대체 당신들은 어떻게 자손들에게 도덕교육을 시킬 수 있는가"라는 물음에 답변이 궁해서 곤란했다는 것이다. 그래서 귀국 후 무사도에 대해 깊이 연구, ≪무사도≫라는 명저가 나오게 된 것이다.

그러나 그것은 구성이 크고 논지가 너무 확대되어 그 설명만으로는 난해한 점도 많다. 지극히 평범한 표현 가운데 무사도의 진수를 설명한 명언이 있다. 그것은 교육학의 태두이자 다마가와 학원 설립자인 오바라 구니요시 선생님의 교육론이다. 오바라 선생님은 "인생에서 가장 힘들고 하기 싫고 고통스럽고 기분 나쁜 일을 가장 먼저 웃으면서 해보세요"라고 전교생에게 훈시하면서, 이를 교육의 지표로서 삼았다. 그야말로 말 그대로 무사도의 현대판이며 오늘날 가르쳐야 할 교육의 진수이다. 평범한 표현 속에 무한한 정의감과 희생정신이 제대로 포함돼 있다. 자기 가문을 과시하는 위엄 있는 옷차림이 아니라 보통의 평상복 차림 속의 아름다운 마음씨를 보는 것 같다. 오늘날의 아이들에게 이해하기 힘든 무사도를 강의하느니 오바라 선생님의 말씀을 가르치는 편이 훨씬 쉽고 이해가 잘될 것이다.

양명학자는 "자신을 죽여 仁을 이루는 희생정신이 무사도"라고 설명하지만 그것을 더욱 알기 쉽게 말하자면, 다른 사람이 싫어하는 것을 스스로 찾아 하는 정신이고 가장 고통스럽고 힘든 것을 맨 먼저 할 수 있는 정신이다. 게다가 그것을 미소지으면서 하는 것이야말로 한층 아름답고 귀한 것이다. 세상이 이기주의로 흐르고 왠지 자기 것밖에는 모르는 살벌함 속에서 그러한 희생정신이 얼마나 귀중한 것인가. 어찌해야 암흑과 같은 세상을 비춰줄 귀한 등불이 될까를 차분히 생각하지 않으면 안 된다.

나는 아이들에게 너무 생소하고 어려운 것을 말하지 말고 평범한 이야기로 간단하게 할 수 있는 것부터 가르쳐야 한다고 생각한다. 그것이 오늘날의 무사도이며 살아있는 인간교육이라고 할 수 있지 않을까? 무사도의 武자도 꺼내지 않은 오바라 선생님의 가르침에는 야마가 소코나 요시다 쇼잉의 정신이 짙게 흐르고, 많은 양명학자들의 혼이 그 속에서 빛나고 있다.

옛날의 무사도는 "가문이 중요하고 주군이 중요하다"고 했으나 오늘날은 "내 몸이 중요하고 돈이 중요하다"며 자기 자신과 돈 이외에는 아무것도 생각하지 않는다. 이처럼 도덕이 땅에 떨어진 세상에 오바라 선생님의 철학이 들어 있는 말이야말로 현대교육의 진수이며 온 국민이 받들어 모실 정신적 법전일 것이다. 언제 어디서나 다른 사람이 하기 싫은 일을 웃으면서 앞장서 한다는 평범한 행위야말로 진짜 지고지선의 무사도 정신이라고 나는 굳게 믿는다.

다케치 한페이다의 무사도

옛날의 무사는 동지의 신뢰나 윗사람의 신임을 절대 배반하지 않는 것이 철칙이었으며, 가령 사로잡혀 모진 고문을 당하더라도 동지들의 이름이나 행동 등에 대해서는 절대로 실토하지 않았다. 그것이 무사의 불문율이고, 동지와의 굳센 약속이었다. 그러나 그러한 무사 혼을 저버려 후세 사람들의 웃음거리가 된 사람도 없지 않았다.

1864년 도사(土佐)의 큰 옥사(獄事)라고 일컬어지는 존왕파 대탄압이 일어났다. 그때 다케치 한페이다, 오카다 이조 등 도사 근왕당의 쟁쟁한 지도자들이 잡혀 들어갔다. 모두 입을 꽉 다물어 누구 한 사람 자백하려는 겁쟁이가 없었다.

하지만 계속되는 고문에 견디다 못해 오카다가 슬슬 풀어놨다. 오카다는 '사람 백정'이라고 불릴 만큼 유명한 검객이었다. 그러나 나중에는 몸을 잘못 굴리고 도박에 찌든 생활로 이미 그때는 무사 혼을 잃어버렸다. 결국 오카다의 배반으로 투옥돼 있던 다케치에게도 최후의 순간이 왔으나 그 죽음은 그야말로 장렬하여 무사의 귀감으로서 후세에까지 전해지고 있다.

옛날부터 무사의 할복에는 세로 일자베기, 십자베기, 세로로 세번베기의 세 가지가 있었는데 대개는 단도를 복부에 찌르면 옆에서 목을 쳐준다. 일자베기나 십자베기 등은 거의 없고, 하물며 세번베기라고 하는 것이 있기는 했으나 실제로 행해진 적은 없었다. 그러나 다케치는 "내가 죽을 때는 멋있게 세번베기를 해보이겠다"고 언제나 결의를 다졌다. 처형 당일 감시관은 "다케치는 완력이 있으니까 단도를 마구 찔러대면 귀찮다. 목검이나 부채로 할복하는 흉내만 내라"고 명령했다. 그러나 다케치는 "나 혼자 할복할 테니 칼을 내리치지 말고 뒤에서 시늉만 해주시오"라고 말하고 준비된 단도를 뽑아 왼쪽 허벅다리 바로 위에서 힘차게 찔러 그대로 쭉 오른쪽 허벅다리 위까지 일자로 그어버렸다. 계속해서 두 번째, 세 번째 그어버렸다. 결국 힘이 다해 고꾸라졌다. 죽은 줄 알고 가까이 가니 "나는 아직 살아 있단 말이야"라는 다케치의 처참한 목소리에 모두들 몸서리가 쳐져 숨소리도 낼 수 없었다. 주군인 야마우치 요도조차 그 처참한 장면을 보고 평생 악몽에 괴로워했다고 한다. 야마우치는 도사에서 제자에게만 직접 전해내려 오는 영신류(英信流)의 달인이며 검술의 깊은 경지를 터득한 무예인이었다.

― ≪일본무사도史≫에서

다케치의 세번베기는 고금을 통해 누구 하나 시도한 적이 없는 것으로 강렬한 기개와 신념에 의한 그 장렬한 할복은 지금까지 그 이름을 남겨 무사의 진면목으로서 영원히 칭송되고 있다. 오로지 근왕당의 동지로서 입을 다문 신뢰와 신념의 응집, 그것은 무사도의 숭고함을 보여준 역사로서 귀중히 전승될 것이다.

● 간언(諫言)·간사(諫死)

간언(諫言)이란 그 사람의 잘못을 지적하여 고치도록 하는 것인데, "간언은 귀에 거슬린다"는 말이 있듯이 듣는 사람에게는 그다지 기분 좋은 일이 아니다. 거꾸로 듣기 좋은 말을 하는 사람에게만 귀를 기울여 스스로 들어갈 묘를 파는 일이 많다. 간언은 듣는 사람도 유쾌하지 못하지만 간언하는 쪽은 더욱 괴롭고 고통스럽다는 사실을 알아야 한다. "참고 견디는 것은 다섯 냥이요, 간언하는 것은 열 냥"이라는 말처럼 참고 견디는 것도 힘들지만 간언하는 것은 더욱 어려운 일이다. 도쿠가와 이에야스는 "제일 앞장서 쳐들어가는 용기 있는 사람은 3백 석, 간언하는 사람은 5백 석"이라고 말해 싸움터에서 가장 앞장서 쳐들어가 공을 세우는 것보다 간언하는 자를 더 중하게 여겼다고 한다. 간언하는 일이 얼마나 어렵고 값진 것인지를 일깨워 주는 대목이다.

옛날 무사는 주군을 위해서라면 죽음을 두려워하지 않았다. 전쟁터에서는 물론 평시에도 신명을 바쳐 일했던 것이다. 오다 노부나가는 날 때부터 성질이 난폭하여 어쩔 도리가 없을 정도였는데, 아버지 노부히데는 자기 자식의 앞날을 걱정하여 충신 히라데 마사히데에게 그의 양육과 장래를 부탁했다. 그러나 노부나가는 품행이 나쁘고 영주로서 해서는 안 될 소행을 많이 저질렀다. 마사히데는 신명을 걸고 그를 사람으로 만들어 보려 했지만 못된 행동은 점점 늘어가 결국 희망을 포기하고 말았다. 이렇게 된 이상 죽음을 걸고 간언하는 길밖에 없다고 생각한 마사히데는 노부나가가 보는 앞에서 할복하여 그 비행을 타이르고 장래의 대성을 빌었다. 아무리 무사도라고는 해도 너무나도 장렬하고 비장한 행동이었다. 노부나가도 그 충성스러움에 크게 깨우쳐 품행도 좋아지고 성질도 온순해졌다고 한다. 마사히데가 죽고 난 후에는 이나바 잇데쓰가 보필하게 됐는데, 그 역시 평소 목숨을 걸고 단도직입적으로 간언을 올렸다. 노부나가는 그를 미워해 죽이려고 했으나 그는 조금도 두려워하지 않고 솔직히 바른말을 해 노부나가는 결국 그 충성심에 감복하였다. 또한 잇데쓰가 문무에 모두 소양이 높음을 알고 나중에는 중용하기에 이르렀다. 실로 목숨을 걸고 충성을 다한 사람에 대한 선물이었다.

오사카 성이 함락될 때 충신 기무라 시게나리는 주군인 도요토미 히데요시에게 "살아있는 자 그 누가 죽음이 두렵지 않겠습니까. 하지만 의로서 목숨을 버리는 것은 언제나 무사의 자세입니다"라고 말하고 자결했다. 전국시대 무사들은 실로 비장한 군신의 의를 가졌고 목숨을 버리면서까지 충성의 진언을 했다.

현대사회에서도 선배나 윗사람에게 고언을 한다는 것은 결코 쉬운 일이 아니다. 불필요한 말을 해서 윗사람의 기분을 나쁘게 하는 것보다는 달콤한 얘기로 칭찬이나 하는 것이 유리하다는 풍조가 만연돼 있다. 그로 인해 교육은 뒤죽박죽이 되고 도덕은 무너져 세상은 더욱 혼란스러워지는 것이다. 옛날에는 자기 몸을 움츠리지 않고 정론을 폈으나 최근에는 어떤 회의석상에 나가보더라도 마치 밤이라도 새운 것처럼 조용하기만 하다. 발언을 할 능력이 있는 젊고 똑똑한 사람은 많지만, 말하면 손해라는 이기주의가 앞서 학교를 위해, 사회를 위해 몸을 바쳐 발언하는 정의로운 사람이 별로 없기 때문이다. 이에야스가 말한 것처럼 앞장서서 공을 세우는 것보다 한마디의 충고가 훨씬 어려운 일이며 또한 그만큼 귀중한 것이다. 장자는 "나라에 간신(諫臣)이 없으면 그 나라는 망한다"고 했으며 "집안에 똑바로 말하는 사람이 없는 그 집안은 기울어진다"고 가르쳤다.

회사에서나 단체에서나 일반가정에서나 진지하게 그 장래를 생각하는 사람이 없으면 노 없이 떠내려가는 뗏목에 탄 것과 같아 반드시 암초에 걸리게 마련이다. 뗏목이 암초에 걸리지 않기 위해서는 누군가가 그 방향을 잡아주지 않으면 안 되는 것이다. 혹은 옛날 히라데 마사히데처럼 목숨을 걸어야 할 때가 있을지도 모른다. 무사도는 그 정신을 길이 보전하고, 오바라 구니요시의 철학은 그러한 고통스러운 것을 솔선 수범해야 한다는 가르침인 것이다.

"믿을 만한 말은 아름답지 않으며 아름다운 말은 믿을 수 없다"는 말 그대로 아첨과 거짓웃음의 감언이설에 귀기울여서는 결코 안 된다. 공자는 벼슬살이하는 제자에게 "직언을 무서워해야 하느니라"고 깨우치고 있다. 정의를 위한 직언(直言), 진언(進言), 간언(諫言)이야말로 퇴폐하는 세상에서 빛을 내는 전통의 혼이며, 현대인의 마음에 남아 있는 하나의 정신적 등불일 것이다.

● 문무양도(文武兩道)

옛날부터 훌륭한 남자를 말할 때는 "문무에 통한다"고 하고, 여성을 칭송할 때는 "재색을 겸비했다"고 했다. 어느 한쪽에 치우치지 않고 양쪽을 모두 갖추어야 비로소 완벽한 사람이라는 의미다. 특히 옛날 무사는 문과 무를 겸비하는 것을 아주 중요하게 여겼다. 문무는 원래 하나로서 두 가지를 따로따로 한다는 의미가 아니라고 가르치고 있다. 스이토(水戶)학에서는 문무는 나눌 수 없다고 말하고 나카에 도쥬는 문무일

덕(文武一德)을 강조하고 있다.

옛날의 무사는 아무리 무에 뛰어나도 문에 대한 소양이 없으면 무사로서 제대로 대접받지 못했다. 신도무념류(神道無念流)의 사이토 야쿠로는 보기 드물게 문무를 겸비한 명검사였는데 그의 제자 붓쇼지 야스케에게는 학문적 소양이 없었다. 야스케는 그야말로 검의 천재라는 말을 들을 정도로 달인이어서 어떤 강호도 단 일격에 쓰러뜨릴 정도였으나 그 스승 사이토는 "글을 모르는 자는 다른 사람의 위에 설 자격이 없다"며 사범을 대신해 가르치지도 못하게 했다.

시마다 도라노스케는 젊을 때는 말도 못할 만큼 망나니여서 아무도 상대할 사람이 없을 정도였다. 하카다의 센가이 기본이라는 스님이 그의 재목됨이 아까워 덕으로써 그를 가르쳤다. '연산(硯山)'은 '벼루(硯)의 山'이라는 뜻으로 센가이가 시마다에게 내려준 호인데, "검의 기술이 아무리 대단해도 결코 뛰어난 무사는 될 수 없다. 책을 읽고 학문을 닦아 문무를 겸비해야 훌륭한 무사가 되는 것"이라고 가르치며 연산이라는 호를 내려준 것이다.

지쿠젠의 명군 구로다 조스이는 막 숨을 거두려는 순간에 자기 자식 나가마사를 머리맡으로 부른 뒤 말없이 한쪽에는 나막신과 또 한쪽에는 짚신을 주었다. 나막신과 짚신은 각각 한 짝만으로는 쓸 수가 없다. 즉, 구로다는 자기 자식이 무(武)에만 정신이 팔려 문(文)에 마음을 덜 쓰는 것을 걱정하여 "문무에 두루 마음을 쓰지 않는 자는 마치 나막신과 짚신을 한 짝씩만 신는 것과 같으니 문무겸비의 명군이 되라"고 유언한 것이다. 몇 해 전에 별세한 전 스모 챔피언 도치니시키 역시 "여러분들은 스모만 해서는 안 됩니다. 문무를 겸비해야 뛰어난 역사(力士)

가 되는 것입니다"라고 유언했다고 하는데, 힘과 랭킹에 좌우되는 스모계에서도 역시 문무를 겸비해야 한다는 이상(理想)의 깃발을 올린 것이다.

그러면 검도계는 어떨까? 현실은 약간 부끄럽고 창피하다. 앞서 구로다의 나막신과 짚신 이야기가 가슴 깊이 와 닿는다. 그렇다고 해서 그대로 타성에 맡겨 헤맨다면 검도 자체의 가치를 묻게 되는 결과가 될지 모른다. 검도인이 엄숙히 반성하고 깊은 자각을 해야 할 때는 바로 지금이다. 다행스럽게도 전검련에는 '덕조고결(德操高潔), 검리정통(劍理精通)'이라는 훌륭한 명분이 있다. 그야말로 틀림없이 문무겸비를 위한 가르침이니 그 아름다운 깃발을 향해 매진해 나가야 할 것이다.

● 현모양처

옛날부터 충신열사를 길러낸 여성은 셀 수 없이 많다. 구스노키 마사유키의 어머니, 쓰지겟단의 어머니, 호소카와 다다오키의 부인이라든가 기무라 시게나리의 부인 등 현모양처의 귀감이 될 만한 사람들은 많다. 어떻든 여성의 굳셈과 절도로 일관하고, 재능 있고 쓸모 있는 인재를 길러낸 열부(烈婦)들이 많다. 현대 여성의 귀감으로서 참고해 주었으면 한다.

시마즈 나리아키라의 어머니

시마즈 나리아키라는 인격이 있고 식견이 뛰어나고 내정외교에 탁월하고 영특했던 명군이었다. 그것은 오직 어머니의 지성으로 이루어진 것이다. 시마즈의 어머니는 직접 젖을 먹이고 기저귀를 갈아주고 예의범절을 가르친 것은 물론 독서에 이르기까지 모든 것을 손수 했다. 유모나 하인의 손을 절대로 빌리지 않았다. 77만 석 다이묘(大名)의 부인이 그런 일을 직접 한다는 것은 당시의 풍습으로는 상상도 할 수 없는 일이었지만 자식에 대한 어머니의 지극한 애정이 그렇게 하도록 만든 것이다. 어머니의 그러한 크나큰 사랑과 정성으로 그는 희대의 명군이 되었다. 명군의 뒤에는 현명한 어머니가 있다는 증거일 것이다.

도고 헤이하치로 원사(元帥)의 어머니

도고 원수는 사쓰마의 무사집안에서 태어났다. 사쓰마에서는 여자가 남자의 머리맡 위로 걷는 것조차 금지되고, 지금도 여자가 남자보다 먼저 목욕탕에 들어갈 수 없다. 빨래를 널어 말리는 데도 남자용과 여자용을 구별할 정도로 남성우위의 지방이었다. 도고의 어머니는 자기 자식을 아침 일찍부터 독서, 무술수련 등 그야말로 엄격한 문무겸비의 교육을 시켰다. 어머니는 엄하기만 한 게 아니라 며느리에게는 가정화목을 첫 번째로 명심하도록 했다. "며느리 되기는 어렵다. 그러나 시어머니 되기는 더욱 어렵다"며 며느리에게도 세심하게 마음을 써 도고가 집안일에 대해 걱정을 하지 않아도 되게 했다.

도고 원수가 동양의 넬슨이라고 불릴 정도로 큰 인물이 된 것은 오로지 그러한 어머니의 마음 씀씀이와 어린 시절부터 엄격하게 교육받은 데서 만들어진 선물일 것이다.

기무라 시게나리의 부인

도요토미 가문의 충신 기무라 시게나리는 오사카 성 함락이 가까워

짐을 알고 싸우다 죽을 여러 가지 준비를 하면서 각오를 다지고 있었다. 부인은 그의 마음을 꿰뚫어보고 자결하여 남편의 출진을 격려했다. 특히 유서를 통해 남편을 생각하는 아내의 정과 무장의 부인으로서의 순결함을 유감없이 보여줬다.

"한 그루 나무의 그늘도, 한 줄기 강물의 흐름도 전생의 인연으로 이루어지는 것이거늘 겨우 재작년부터 해로해 왔는데 뵐 수조차 없게 된 당신과 그 동안 함께 한 그 정만은 기뻤나이다. 요즈음 삼가 전해 듣기로는 주군을 위해 최후의 일전을 각오하고 있다고 하시니 남몰래 기쁨을 감출 수 없사옵니다. 중국 항우와 부인 우씨, 기소 요시나카 님과 마쓰 님과 같이 이 몸의 처지도 같습니다. 그렇다면 세상에 더 이상 바랄 것이 없게 된 이 몸으로서는 애오라지 당신이 살아있는 동안에 먼저 가겠습니다. 저승길에 먼저 가서 기다리렵니다. 부디부디 히데요시 님으로부터 받은 크나큰 은혜를 잊지 않으시기를 바라 마지않사옵니다. 이만 총총……."

당신의 아내로부터

뭐라고 말할 수 없을 만큼 처절한 유언이다. 불과 18살의 젊은 여성이 지아비의 출진을 눈앞에 둔 상황에서 지아비가 마음이 끌리고 미련이 있어서는 안 된다며 자결한다는 것은 참으로 상상도 할 수 없는 처절한 행동이었다. 여성으로서 이렇게도 청순하고 숭고할 수가 있는가 거듭 놀라울 뿐이다.

지금 조용히 생각하며 염려하는 것은 일본여성에게는 모두 그러한 아름다운 피가 흐르고 있을 터인데, 현대 여성에게 그 피가 말라 없어져버린 것은 아닐까 하는 점이다. 어떻게 그 순수한 피를 자식에게 전하고 손자에게 남겨 일본인의 피를 깨끗하게 할 수 있을까.

● 여자검도

여자검도는 아름다움을 추구하고, 아름다움을 단련하고, 아름다움을 표현한다고 생각한다. 물론 아름다움의 밑바닥에는 언제나 올바름이 있지 않으면 안 되며, 올바름이 없는 곳에서는 아름다움을 느낄 수 없다.

종전 후 여자검도 보급인구가 놀랄 만큼 늘어난 것도 여자검도가 자태의 아름다움, 마음의 아름다움, 매너의 아름다움을 갖출 수 있기 때문일 것이다. 최근 많은 여성들의 경우 품행이 나쁘고, 매너가 없다고 비난받지만 검도를 하는 여성들은 모두 순수하고 스타일도 좋고 걸음걸이도 멋이 있다. 그것을 보고 있으면 스스로 해보고 싶은 기분이 들고, 아이에게도 가르쳐보고 싶은 매력이 솟구친다. 그러한 분위기 속에서 가르친 여자검도지만 최근에는 조금씩 그 아름다움을 잃어버리고 있다. 이긴다고 하는 것이 대전제가 되고 우승이라고 하는 것이 지상명제가 되면 스스로 성격도 변하고 무엇이 중요한가도 자연히 변해 버리는 것이다.

검도이기 때문에 수련도 중요하고 시합도 필요하겠지만 너무 승부에 집착한다면 가장 중요한 여성미가 사라져 거칠고 난폭한 중성적 경기가 될까 두려운 것이다.

한때 중심을 잡지 못하고 헤매던 여자검도가 최근 다시 좋아지고 있는 것은 참으로 고마운 일이다. 아무쪼록 굳세고 절도 있는 가운데 아름다움이 있고 약동하는 가운데 우아함이 느껴질 수 있는 아름다운 여자검도가 되길 바라는 바이다.

여자검도는 남자검도처럼 용맹성과 과감성이 중요한 것이 아니라 정절 있는 아름다운 사람을 만드는 것이 그 목표이고, 최종적으로는 굳세고 절도 있고 흔들림 없고 지조 있는 어머니를 만드는 것이 궁극의 목적이다. 일본 어머니들이 모두 그러한 아름다움과 올바름을 중하게 여겨 자식들에게 그러한 교육을 시켜준다면 온 나라의 어린이들은 모두 정의를 숭상하고 예절을 중하게 여길 줄 아는 좋은 어린이로 자랄 수 있을 것이다. 주부검도나 여자검도는 거기에 깊은 의미를 두어야 할 것이다.

얼마 전 한 회사에 막 입사한 젊은 여성이 커피 심부름은 성차별이라며 거절했다고 한다. 어느 가정주부는 남편을 주인이라고 부르는 것은 주종관계를 뜻하고 부인의 종속감을 의미하기 때문에 안 된다고 반대했다는 것이다. 뭔가 이해할 수 없는 심리이다. 그러한 비정상적인 여성이 늘어난다면 그것이야말로 일본의 미풍양속을 근본부터 뒤집어 엎는 것이며, 동양의 군자나라를 자부하는 일본도 결국은 도로아미타불이 될 것이다. 일본 여성은 정숙온아가 미덕이며 생명이다. 그러한 여성을 육성하는 것이 여자검도의 목표이며 가장 중요한 도달목표인 것이다. 여자검도야말로 정말 '강한 것'을 말하지 말고 '올바른 것'을 주장해야 할 것이다. 아름다움에서 시작해서 아름다움으로 끝나고 올바름에서 시작해서 올바름으로 끝나는 것이어야 한다.

독일 경제학자 피셔는 "세상에 대학은 많지만 인간학을 가르치는 대학은 단 한군데도 없다"고 말했다. 교육의 아버지라 할 수 있는 페스탈로치도 "철자법을 가르치는 교실이나 글짓기를 가르치는 학교는 많지만 인간학교는 어디에도 없다"고 했다. 외국에서는 혹시 그런지 모르지만 일본에는 틀림없이 인간학교가 있다. 그것은 바로 검도교실이다. 검도교육이야말로 확실한 인간학이며 검도도장이야말로 인간학교이다. 어려운 것을 말할 필요는 없다. 검도교육을 똑바로 시킨다면 그것이 즉, 인간학이며 인간학교로 이어지는 것이기 때문이다.

여성의 교양이나 부인의 덕을 함양해야 한다고 소리 높이는 요즈음 그 사회적 요청에 응하는 것은 바로 여자검도요 인간학을 가르치는 검도교실일 것이다. 여자검도야말로 그러한 시대적 사명을 띠고 사회적으로 강한 기대를 걸고 있다는 것을 깊이 새겨 그 방향성을 잃지 않도록 한층 노력하고 더욱 연구를 쌓아야만 할 것이다.

※ 여자검도나 치도(薙道)도 그 목표는 하나이고 그 목적은 크게 다를 것이 없다고 생각한다. 그러나 나는 치도(언월도)에 대해서는 완전히 문외한이어서 그 영역에까지 언급할 자격이 없다. 언월도를 가르치는 사람은 한편으로 검도를 언월도와 바꿔놓고 생각해 주었으면 한다. 그러면 어딘가에 정신적 접점이 있고 어딘가에 공통의 광장이 있을 거라고 생각한다. 조금이라도 참고해 주면 기쁘겠다.

검도인의 마음가짐

● 수련시의 마음가짐

수련

계고조근(稽古照近)은 ≪고금집(古今集)≫에서 나온 말로 "옛 것을 깊이 생각하여 새로운 것을 안다"는 말이다. 다른 스포츠에서는 연습이라든가 트레이닝이라고 하는데 일본무도나 예능계에서는 반드시 수련이라는 의미의 게이고(稽古)라는 말을 쓴다. 그것은 단순한 신체단련이나 기술연마만이 아니라 정신적 반성과 마음의 수양을 찾는다는 의미이기 때문일 것이다. 중국에서는 '鍊工夫'라고 한다는데 그것도 틀림없이 같은 생각에서 만들어졌을 터이고, 그 지향하는 목표도 같을 것이다. 어떠한 무도도 단련하지 않고는 뛰어날 수는 없으며 단지 신체적 단련만으로는 아무리해도 그 정묘함에 이르지는 못한다. 검도에서는 반복훈련이 중요하다. 그것은 수련을 되풀이해서 끝없이 거듭하라는 가르침이다.

"천 번을 연마하면 스스로 깨우치고, 만 번을 단련하면 신기(神技)를 얻는다"는 말처럼 거듭 되풀이해 수련하지 않으면 신기는커녕 실력이 늘어나기도 어렵다. 연구하면서 수련하고, 수련하면서 연구해야 한다. 그래야 진짜 수련이고, 실력도 늘고, 장래를 기대할 수 있다.

기본의 올바른 수련

무엇을 하더라도 기본을 올바로 배우는 것이 가장 중요하다. 높은 건물을 세우려면 그만큼 깊이 기초공사를 하지 않으면 안 된다. 검도도 뛰어나게 하려면 그만큼 올바른 기본이 되어 있지 않으면 안 된다. 그 것은 기술뿐 아니라 정신적 기본, 매너의 기본, 그러한 모든 기초적인 것이 합쳐지지 않으면 그 성공을 기대할 수 없다. 기본이라고 하면 모두들 기술적 기본만을 생각하지만 기술적 기본보다도 훨씬 중요한 것이 정신적 기초의 확립이다. 그것은 검도에 한하지 않고 모든 무도, 모든 예도에서도 가장 중요시하는 요소이다.

검도에서는 "땔나무 베기 3년, 목욕탕 불때기 3년"이라는 말이 있는데 그 길에 들어갈 때까지의 마음의 수행을 일컫는 말이다. 같은 얘기로 미장이에게는 "진흙밟기 3년", 이발사에게는 "비듬털기 3년"이라는 말이 있다. 어떤 길에도 3년 정도의 정신적 수련이나 인간적 고생을 해야만 겨우 기술의 기본을 이행할 수 있다는 이야기일 것이다. 그러한 수행과정은 학문의 길에서도 마찬가지이다. 저 유명한 에도 시대의 유학자 히로세 단소는 입문하러 오는 사람에게는 반드시 청소와 빨래를 비롯한 온갖 잡일을 시켰다. 한편으로 '머슴정신'이 생기게 하고 나서 비로소 책상 앞에 앉는 것을 허용했다고 한다.

옛 사람들은 학문에서나 예도에서나 그러한 정신적 기초를 만들고 나서 비로소 전문가의 길에 나가는 것을 허용했던 것이다.

거기서도 또한 배워야 할 중요한 한 가지가 있다.

현재는 무엇이든지 인스턴트가 유행하고 있어서 그러한 정신적 수행이나 인간적 고통 등을 전혀 생각하지 않는다. 검도에서도 초보자가 갑

자기 호구를 쓰고 격검을 한다. 호구를 사용한다면 어쨌든 그것은 시합이다. 시합은 초단 정도는 돼야만 하는 것이다. 검도수행이 안 되면 인간수양도 안 되는 것이다. 검도에서 수련 못지 않게 중요한 점은 그 이론을 망각해서는 안 된다는 것이다. 고가사하라류에는 많은 종류의 검법이 있는데, 어떤 사소한 움직임에도 이론적 설명이 붙어 있지 않은 것은 단 한 개도 없다고 한다. 그와 마찬가지로 검도의 기본적 검법이나 움직임에도 반드시 '왜 그런가' 하는 이론이 있는 것이다. 그 이론이 검도의 근간이며 그것을 생략한다면 현대검도는 성립할 수 없는 것이다.

정좌(正座)

정좌는 검도수행의 출발점이자 인간생활의 기본적 매너이다.

옛날부터 긴장된 중요한 때에는 "똑바로 앉는다"고 말하는 것처럼 정좌는 긴장의 표현이다. 지금은 설 때나 앉을 때나 별 생각 없이 행동하는데, 검도에는 옛날부터 '왼쪽부터 앉고 오른쪽부터 일어난다'는 중요한 가르침이 있다. 그것은 앉을 때는 왼발부터 앉고 일어날 때는 오른발부터 일어선다는 무도적 교훈이다. 왜 왼쪽부터 앉고 오른쪽부터 일어나는가 하면 옛날 무사는 언제나 상대방의 공격을 상정하고 무슨 일이 일어나도 즉각 대응할 수 있는 마음가짐과 몸가짐을 최우선으로 생각했다. 앉을 때에 왼발을 뒤로 빼 왼 무릎을 마루에 꿇으면 오른발은 세우는 자세로 자유롭게 사용할 수 있다. 그것은 거합도의 발도와 동시에 베기를 하는 자세로 언제라도 대응할 수 있는 뛰어난 자세이다. 또한 오른발을 빼 정좌를 해도 양발이 겹치지 않고, 엄지발가락만 겹치든가 혹은 엄지발가락을 나란히 하게 한다. 그리고 주먹 2개 정도 너비로 무릎을 벌리면 양 무릎의 폭과 어깨 폭이 거의 같은 너비가 된다.

그것은 안정과 기민이라는 두 가지 요구를 만족시켜 주는 것이다. 양 무릎을 넓게 하면 안정은 되지만 기민하게 상대에게 대응할 수 없고 양 무릎을 좁히면 대응은 빠르지만 침착함과 안정감이 없다. 그러한 두 가지 관점에서 정좌할 때 무릎을 대략 어깨 너비로 벌리라고 가르치고 있다.

정좌를 할 때는 척추를 반듯이 세우고 양어깨의 힘을 뺀 편안한 자세가 중요하다. 옛날부터 말하기를 "허리를 편 지장보살 같은 어깨"라고 했다. 허리를 반듯이 펴고, 어깨를 편안하게 지장보살처럼 힘을 빼고 부드럽게 하라고 가르친다. 그 밖에 선(禪)에서는 "뒷머리로 천장을 무너뜨리라"고 가르치고, 요가에서는 "코와 배꼽을 잇는 선이 수직이 되도록 하라"고 말하고 있다. 선은 뒤에서 본 자세이고 요가는 앞에서 본 자세를 말한 것인데, 내용에 있어서는 어느 쪽이나 같은 것을 뜻한다.

거듭 말하거니와 "무사는 무릎을 짧게 앉아라"고 하는 가르침이 있는데, 그것은 체중을 무릎에 싣고 척추를 똑바로 세우라는 것이다. 그래야만 무릎도 짧고, 자세도 바르고, 실로 당당한 모습이 된다. 무릎을 길게 앉는다는 것은 체중을 뒤에 놓게 되는 탓에 발이 저리게 되어 오래 앉을 수 없다. 무사는 잠시 동안 앉아 있더라도 언제나 '앉은 품세와 품격'이 있어야 한다. 그것은 언제나 잠시라도 방심하지 말고 무사로서의 품격과 품위를 잃지 않아야 한다는 가르침이다.

정좌라는 것은 흔들림 없고 마음의 평온함 속에서 척추를 세워 자기 내면을 들여다보는 것이다.

부동의 신념을 내면에 감추고, 외면은 실로 평온하게, 등줄기는 힘껏 당겨 자세를 똑바로 한다. 검도에서 가장 중요한 요소는 '정좌'와 '대답'이다. 그 두 가지 근원적 사항이 이루어지지 않으면 진보도 향상도 없다.

"죽도 잡는 법을 가르치기 전에 먼저 마음잡는 법을 가르쳐라. 다른 사람에게 이기는 것을 가르치기 전에 먼저 자기에게 이기는 것을 가르쳐라."

그것이 나의 초심자 가르치기의 요체인데, 그 순서가 바뀌면 큰일이다. 검도지도는 처음부터 너무 어려운 것만 말해 주면 어린이의 경우 대개 도망치므로 처음엔 재미있고 노는 것부터 시작해야 한다고 말하는 사람이 있는데 나는 약간 생각이 다르다. 한 번 몸에 밴 버릇은 좀처럼 고칠 수 없다. 그러므로 처음부터 "검도라고 하는 것은 이런 것이고, 도장이라고 하는 것은 이런 곳이다"라고 어린이에게 잘 이해시키고 납득시켜 조금씩 궤도에 올려놓아야 한다. 즉, 검도가 무엇인가를 먼저 가르쳐주어 각오를 하도록 하고, 처음부터 나아갈 길이나 방향을 잘못 잡지 않도록 주의해야만 하는 것이다.

최근에는 시합에 이기는 것이 검도라고 하는 성급한 관념이 강하지만, 다른 사람을 이기는 것보다 먼저 자기 자신을 극복하는 것이 얼마나 중요한 것인가를 신중하게 가르치지 않으면 안 된다. 그것도 갑자기 어려운 것만을 요구하지 말고 일상에서 흔히 부딪칠 수 있는 것부터 가르쳐 가는 것이 중요하다. 도장에 들어올 때 벗어놓은 신발을 가지런히 놓는 법, 도장 출입할 때의 예법, 선후배 간의 예절, 정좌, 대답하는 방법 등 검도의 기본적인 것들을 잘 이론적으로 설명해 납득시키고 그것을 실행하도록 해 "잘했다"고 칭찬해 준다. 그 "잘했다"는 한마디가 어린이에게는 큰 기쁨이 되고, 그 기쁨이 흥미가 되고 의욕이 되어 검도에 대한 관심이 점점 높아지게 되는 것이다.

장기의 나이토 구니오 9단은 장기에 강해지는 어린이의 조건으로 '다른 사람이 두는 것을 보고 생각하는 아이' '정좌를 할 수 있는 아이' '건강한 아이' 라는 세 가지를 들었다.

첫째의 '다른 사람이 두는 것을 보고 생각하는 아이' 는 집중력과 연구심이 강한 아이로 그것은 검도에서 말하자면 보기만 하고도 수련을 할 수 있는 아이이다. 아사리 마타시치로처럼 다른 사람이 수련하는 것을 보기만 하고도 그 핵심을 깨달아 고수가 되는 영재이다.

둘째 '정좌를 할 수 있는 아이' 는 진지하고 성실하게 긴장감을 유지할 수 있는 아이로 그런 어린이는 어떤 길로 들어서도 반드시 성공한다. 특히 검도에서는 긴장감을 늦추지 않는 것이 중요해서 정좌도 하지 않는 산만한 아이가 실력이 좋아진다는 것은 의심스럽다. 집중력과 긴장력을 배양하고 인간형성에 이바지한다는 것이 정좌교육의 가장 중요한 목표인 것이다.

그 다음은 '대답하는 것' 인데 다른 사람이 이름을 불러도 대답도 변변히 하지 못하는 아이는 학교에서는 낙제생이고 사회에서는 낙오자이다. 똑같은 대답에도 얼간이같이 맥빠진 대답을 하는 것은 정신이 이완돼 있음을 의미하고, 다른 사람에게 불쾌감을 줄 뿐이다. 신도류(神道流)에서는 "기(技)는 어금니로 깨물어 끊듯이 하라"고 가르치고 있다. 머리치기를 하면서 들릴 둥 말 둥 하는 멍청한 소리로는 안 된다. "머릿!"하고 짧고 깨물어 끊는 것 같은 소리를 내야 예리한 기가 산뜻하고 훌륭하게 나오는 것이다. 그와 마찬가지 원리로 대답도 짧고 깨물어 끊는 듯이 한다면 기력도 충실해지고 상대방에게도 강렬한 인상을 줄 것이다.

그러므로 나는 검도 출발의 기본은 '정좌'와 '대답'이라고 생각한다. 그런 것이 무슨 소용이 있느냐고 생각할지도 모르지만 그 두 가지가 훌륭하게 된다면 검도는 그 기본 궤도에 오른 바나 다름없고, 그 뒤에는 반드시 향상의 속도가 붙을 것이다. 더욱 중요한 것은 이와 같은 두 가지 귀중한 정신을 가정이나 학교에서 반드시 실행해야 하는 것이다.

지금까지 밥 먹을 때 다리를 옆으로 모아 앉던 아이가 검도를 배우고 나서부터 보기 좋은 정좌를 하고 밥을 먹게 되면 부모는 얼마나 기뻐하겠는가? 학교에서 언제나 쭈뼛쭈뼛거리던 아이가 도장에 다니고부터는 누가 부르면 눈이 번쩍 뜨일 만큼 큰소리로 대답을 하게 되면 선생님은 얼마나 검도교육이 훌륭한 것인가를 다시 보게 될 것이다. 그것이 검도교육의 중요한 원점이다. 학교나 도장에서나 절대로 잊어버려선 안 될 교육의 원점이다. 그러나 최근에는 그러한 검도 본래의 좋은 점을 잃어버리고 가정에서나 학교에서도 실행되지 않고 있다. 아무리 효용이 뛰어난 약이라도 복용하지 않으면 소용없듯이 검도도 이상론에만 그쳐 실행하지 않으면 아무리 말로만 해 보았자 좋은 결과가 나올 수 없다.

"검도하는 아이들이 점점 줄어든다" "검도하는 아이가 공부 때문에 학원에 붙잡혀 있다"고 탄식하기 전에 검도를 하게 되면 어째서 좋은가를 부모나 선생님이 납득할 수 있도록 노력해야 할 것이다.

수련시의 마음자세

옛날부터 검도수련은 '크게, 바르게' 라는 것이 원칙이었다. 처음부터 손목치기만을 한다든가 하는 잔재주만 피우는 검도를 좋아하지 않았다. 그것은 잔재주만 익히면 대성할 수 없기 때문이다. 그래서 검도에 입문을 하면 우선 치고 들어가 힘껏 상대방과 부딪치는 기본적 타격과 기초체력을 양성하는 것이 중요하다.

검도에서는 "3년을 내다보고 수련하라"고 자주 말하는데, 그것은 눈앞의 것만 생각하지 말고 장래로 뻗어가는 수련을 하라는 가르침이다. 또한 '대강속경(大强速輕)' 이라고 하는 것도 같은 의미로 처음에는 크고 강하게 타격하는 수련을 하고 그런 다음에 빠르고 예리한 수련을 해야 경묘한 기술이 가능하다는 가르침이다.

시합할 때는 '힘차게, 짧게' 가 원칙이다. 또한 아무리 시간이 걸리고 지루하더라도 꾸준히 연습해야지 그저 달갑지 않아 하고 있으면 실력도 늘지 않고 성과도 나타날 수 없다.

최근의 학생들의 수련은 시간적으로는 옛날보다 훨씬 많지만 그에 비교해 정신적으로나 실력으로 볼 때 별 볼일이 없다. 왜 그럴까? 수련방법과 그 방향성을 잘못 잡고 있기 때문이다.

"급할수록 돌아가라"고 하는 말이 있듯이 최근의 검도는 그 마땅히 나아가야 할 길을 잃어버리고 너무 가까운 길만 찾으려고 하는 것에 문제가 있으며, 가까운 길은 이따금 미로가 되고 꽤 깊숙이 들어가면 결국은 길을 잃고 오도 가도 못하게 된다.

현대검도가 혼란에 빠져 길을 찾지 못하고 헤매는 것은 실로 정도를 잃어버리고 가까운 길만 찾으려는 데서 나온 결과이다. 검도수련은 멀고 힘들어도 옛날처럼 '대강속경'의 길로 복귀하지 않으면 안 된다.

수련하는 시간이 많다고 해서 무조건 좋은 것만은 아니다. 수련방법이 나쁘면 그 속이 차지 않는다는 것을 잊지 말아야 한다. 옛날부터 반복연습을 강조했듯이 많은 수련은 물론 중요하다. 하지만 아침수련도 하고 오후수련도 하고 나아가 휴일까지 잠시의 짬도 없이 수련할 수는 없는 일이다. 인간에게 체력의 한계가 있는 이상 언제까지나 그렇게 계속 할 수는 없다. 따라서 얼마나 진지하게 수련하느냐가 중요한 것이다.

오스트레일리아의 올브럭스라고 하면 럭비에서는 세계 제일의 팀으로서 일본 선발 팀에게도 트라이 골 한 개를 허용하지 않을 만큼 실력 있는 팀인데, 그 감독의 얘기에 따르면 선수들이 팀으로서 연습하는 것은 하루 한 시간밖에 안 된다는 것이다. 나머지는 각자 자기연습을 통해 스스로 생각하고 스스로 연습한다고 했다.

무슨 일을 하더라도 강자를 만드는 것은 그 사람의 각오와 의욕이다. 그러한 의욕은 내부로부터 솟아나는 정열이다. 그런데 그 정열의 원천은 긴장과 이완의 균형이다. 적당한 이완은 강렬한 긴장의 정열이 솟아나게 한다. 검도 지도자는 이러한 점을 잊어서는 안 된다. 게다가 검도교육에는 기술수련만이 아니라 이론도 있고 교훈도 있다. 그러한 다채로운 교육 속에서 뛰어난 인간성을 연마할 수 있는 것이다. 단지 머리치기, 손목치기에 강한 숙련공을 아무리 만들어내 보아도 그것만으로는 올바른 검도라고 할 수 없다. 훌륭한 교육이라고도 말하기 어렵다. 거기에 검도교육의 절실한 문제점이 있다고 생각한다.

현대검도의 선구자라 할 수 있는 미쓰하시 슈조 선생님은 일찍이 도쿄고등사범 부속중학교 교사로 부임하여 그 부잣집 도련님 같은 학생들을 단련시켜 간토 대회에서 우승시켰던 적이 있다. 그때 미쓰하시 선생님은 매일 40분씩의 수련만으로도 군웅이 할거하는 도쿄에서 명문 강호들을 물리치고 우승시켰던 것이다. 지도자가 훌륭하고 따르는 학생들도 우수했기 때문에 그런 대단한 성과가 있었으리라 생각된다. 한편 불과 40분 수련이라는 그 40분에 의심의 눈길을 보내는 사람도 있겠지만, 바로 그 속에 지도하는 사람으로서 반성해야 할 뭔가가 감춰져 있는 것이다.

나도 그와 비슷한 경험이 있다. 1938년에 나는 오사카 부립 기타노 중학교에 부임했다.

기타노 중학은 학생들은 우수했으나 유감스럽게도 검도부가 약했다. 그러나 그 약한 학교가 불과 1년 남짓한 수련으로 오사카 지방 우승기를 몇 차례나 획득했다는 것은 기적적인 일이었다. 아무도 믿지 못할 일이었고 나 자신도 마치 꿈꾸는 것 같은 느낌이었다. 지금에 와서 돌이켜보면 무슨 일이 있어도 매일 수련은 1시간 이상은 절대로 시키지 않은 것이 거꾸로 학생들에게 긴장감과 집중력을 배가시켜 그러한 결과를 가져온 것이 아닌가 생각된다. 내가 자화자찬하는 것처럼 쓰고 있는 것은 지금처럼 아침부터 밤늦게까지 지치도록 수련시키지 않아도 수련시간을 효율적으로 집약시키면 단시간에도 충분한 성과를 올릴 수 있다는 것을 모든 지도자에게 알리고 싶기 때문이다.

최근 대학입시가 힘들어지면서 부모나 선생님들은 검도를 하면 성적이 떨어질 것을 염려하여 검도 같은 것 그만두라고 한다. 하지만 이는 잘못이다.

문무겸비의 명선수를 만들려면 학생은 학생으로서의 노력을 하고 지도자는 지도자다운 지도법을 생각해내야 한다. 전 럭비 감독 마쓰오 유지는 "어영부영 하는 3시간보다 의욕 있는 30분이 효과적"이라고 했다. '의욕 있는 30분'에 신선한 매력이 있고 그 의욕을 불러일으켜 주는 것이 지도자로서의 진짜 능력인 것이다.

특별수련

검도에는 평상시 수련 외에 혹한수련 혹서수련 순회수련 등의 특별수련이 있다. 혹한수련은 1년 중 가장 추운 계절에 새벽 5시쯤부터 신체단련을 주로 한 수련인데 옛날에는 하루 2시간, 기간은 약 4주일 정도 하는 것이 상식이었다. 최근에는 시간도 짧고 기간도 단축되었다. 혹서수련은 혹한수련과 반대로 입하 및 입추 전 18일 간의 가장 더운 때에 하는 수련인데, 그것이 어떤 것인가는 차츰 적겠다.

혹한수련이나 혹서수련 모두 기술향상보다는 정신수련이 그 목적이다. 일단은 고난의 관문을 통과하지 않으면 소용없다고 하는 모든 예도에서 시행하는 심신단련법이다. 또 하나 엄격한 수련이 순회수련이다. 그것은 옛날에는 그야말로 목숨을 건 수련이었다. 자칫하면 목숨을 잃어버리든가 큰 부상을 입는다든가 하는 목숨을 건 무서운 수행법이었다. 메이지 시대 이후에는 순회수련이 목숨을 걸 만큼 격렬하지는 않았으나 기술적으로는 옛날처럼 상당히 단련시킬 수 있었다.

우리들 시대의 순회수련은 대개 2시간 수련이었다. 1시간은 순회수련자가 자세를 잡으면 현지의 하단자가 공격한다. 그 다음 1시간은 현지의 선생님이 자세를 취하면 순회수련자가 공격하는 식이었다. 쌍방모두 명예를 건 수련이고, 특히 그 당시에는 다리걸기라든가 맞붙어 싸우는 일도 있었기 때문에 정말로 목숨을 건 수련이었다. 수련이 끝나고 큰북소리가 울려 안도의 숨을 쉬려 해도 손가락이 경직되어 좀처럼 호면의 끈을 풀 수 없을 정도였다. 호면을 겨우 벗어도 금방 일어설 수 없을 정도로 치열하게 맞붙었다.

그러나 최근의 순회수련은 말만 순회수련이지 내용은 시합여행이다. 여기저기 다니면서 시합을 하는 것이 목적이고 시합이 끝나 시간이 남으면 20분이나 30분쯤 연습을 하는 것이 일반적이다. 시합이 목적이고 수련은 곁가지이다. 순회수련에도 시합중시 경향이 많이 나타나 사뭇 씁쓸하다. 순회수련이라며 많은 시간과 경비를 들여 전국을 돌면서 단지 시합이나 한판 할 게 아니라 수련이 끝나면 다리가 뻐근해 걷지 못할 만큼 현지 선생님에게 수련을 부탁하는 것이 본인을 위해서나, 학생시절의 추억을 위해서나, 검도진흥을 위해서도 도움이 된다고 생각하는 것이 어떨까. 한번 깊이 생각해 볼 필요가 있다.

● 수련자의 마음가짐

"틈나는 대로 연구 수행하여 못된 마음을 떨쳐버리고 나쁜 습관을 버리고 본성을 수용하는 가운데 승리를 준비하고, 스스로 터득하도록 노력하라" 이는 언제나 '쓸모없는 검도가 되는 것'을 경계한 하리가야 다운의 유명한 가르침이다. 옛날 명인이나 달인으로 불리던 사람들은 모두 예외 없이 그와 같은 정신으로 뼈를 깎는 고통을 참아가며 정진했다.

예를 들면 미야모토 무사시는 "언제나 마음속에서 병법을 떼어놓지 말라"며 한시도 방심하지 않고 수행했다. 오노(小野)파 일도류(一刀流)에서는 혼자서 사색하고 연구하는 수련을 중요시한다. 그 연구 속에서 검의 진수를 배울 수 있다고 가르치고 있다. 옛날부터 병법수행은 단지 검법이나 무술만을 배우는 것이 아니라 산과 들을 두루 돌아다니며 들판에 눕고 폭포에서 물을 맞으며 혹은 신사나 절간에 틀어박혀 단식 참선하는 등 모든 괴로움을 다 겪으면서 기를 단련하고 체력을 기르고 심혼을 단련하는 것부터 시작했다. 그것이 옛날 병법수행자들의 마음가짐이었다.

그런 힘든 고행도 "스승이 없으면 사도(邪道)"라는 말처럼 훌륭한 스승을 만나지 못하면 아무리 노력해도 꽃을 피울 수 없고 열매도 맺히지 않는다. 그러므로 좋은 스승을 찾아, 혹은 선승(禪僧)에 귀의하여 도를 찾으려고 노력했던 것이다.

"3년 일찍 수련을 시작하는 것보다 3년 걸려 좋은 스승을 찾는 게 낫다"는 말이 있다. 도겐 스님도 "좋은 스승을 얻지 못하면 배우지 않느니만 못하다"고 스승이 얼마나 중요한 존재인가를 깨우쳐 주고 있다. 이처럼 수련자의 마음가짐의 제1조는 첫째 훌륭한 스승을 찾아 올바른 지도를 받는 것이다. 둘째는 남보다 갑절로 노력하고 갑절로 연구하고 공부하는 것을 게을리 하지 않는 것이다. 그 두 가지가 이루어지면 검도는 반드시 크게 성공하고 인간적으로도 크게 향상될 것이다. 그러나 옛날엔 자기가 배우고 싶고 따르고 싶은 스승에게서 아무리 가르침을 받으려 해도 지금처럼 수업료만 내면 누구나 언제나 입문할 수 있는 것이 아니었다. "이 녀석은 잘 가르치면 반드시 나를 계승할 수 있겠구나"하고 그 선생님의 눈에 들지 않으면 절대로 입문이 허용되지 않았다.

입문의 규정

옛날 어떤 수행자가 "선생님 밑에서 꼭 가르침을 받고 싶다"고 신도류(神道流)의 한 선생님을 찾아갔는데 입문이 허락되지 않았다. 허락할 때까지는 절대로 돌아갈 수 없다고 현관에 눌러앉아서 버텼으나 도무지 대답이 없었다. 7일째 되는 날 선생님이 나타나 "그만한 집념과 열성이라면 입문을 허용하겠다. 다만, 거기엔 조건이 있다. 두레박으로 저 물통 하나 가득 물을 채워라. 그러면 가르쳐 주겠다"고 하는 것이었다.

수행자는 기뻐서 물통 하나에 물을 긷는 것이라면 아무것도 아니라고 생각하고 물을 퍼 올리려고 했더니 두레박에 밑바닥이 없는 것이었다. 밑 빠진 두레박으로 물을 길을 수는 없다. 그러나 수행자는 오직 입문하고 싶은 일념으로 물을 퍼 올리기 시작했다. 하지만 밑 빠진 두레박으로 어떻게 물을 길어 올리겠는가. 수행자는 힘들고 지쳐서 자신도 모르게 꾸벅꾸벅 졸아 버렸다. 그리고 문득 눈을 떠보니 뭔가 "똑" "똑"하고 희미한 소리가 났다. 귀를 기울여보니 두레박에서 떨어지는 물방울 소리였다. 수행자는 퍼뜩 정신이 들었다. "그렇다. 한 방울 한 방울을 모은다면 이 물통에 물을 채울 수도 있을 것 아닌가" 수행자는 갑자기 깨달아 그때부터 밤을 새워가며 밑 빠진 두레박으로 물을 길어내기 시작했다. 선생님이 그 모습을 보고는 "됐다, 됐어. 병법수행이라고 하는 것은 밑 빠진 두레박으로 물을 길어 올리는 것과 마찬가지니라. 한 방울 한 방울을 하찮게 여겨 그것을 모으지 않으면 물통에 물을 담을 수 없느니라. 그 노력과 인내가 무엇보다 중요한 것이니라"라고 하면서 그를 받아줬다. 아름다운 이야기이고 수행의 진수를 설파한 귀중한 교훈이다. 무슨 일을 이루는 데도 한 방울 한 방울을 모으는 노력이 중요하다. 그것을 끝까지 해내는 인내야말로 그 사람을 대성하게 할수 있기 때문이다. 현대의 젊은이에게 약이 될 만한 이야기이다.

시현류(示顯流) 입문

시현류(示顯流)의 창시자 도고 시게다다는 그의 주군 시마즈 요시히사를 모시고 에도로 갈 때 처음으로 젠기쓰 스님을 만나게 되었다. 시게다다는 그때 이미 태사류(太捨流)에 깊이 심취했었으나 자현류(自顯流)를 배우려고 젠기쓰 스님에게 입문을 청했다. 그러나 젠기쓰 스님은 "무슨 소리요. 이 어리석은 중은 보시다시피 수행이나 하는 중이지 검법에 대해서는 아는 바 없습니다"라고 정중한 태도로 시게다다의 청을 물리쳤다. 그 검풍과 검위에 끌려 그는 매일 예의를 갖추어 간절히 청하기를 60여 일에 이르렀으나 스님은 아무런 반응을 보이지 않았다. 생각다 못해 그는 결사적인 각오로 찾아갔다. 객실에 들어가기 전에 현관 옆에 목검을 숨겨 놓았다. 스님이 매정하게 안 된다고 거절하자 언제나처럼 촛불을 들고 현관까지 전송하러 나올 때 그는 숨겨 놓았던 목검을 들고 갑자기 스님에게 덤벼들었다. 그러나 "무슨 짓이냐"라는 스님의 일갈에 시게다다는 굳은 듯이 꼼짝도 할 수가 없었다. 젠기쓰 스님의 늠름한 모습에 위압되어 털썩 그 자리에 주저앉아 버렸다. 젠기쓰 스님은 60여 일이나 끈덕지게 외곬으로 간청하는 시게다다의 열의와, 그가 어쩔 수 없이 사용한 최후의 수단을 장하게 생각했는지 천진정전자현류(天眞正傳自顯流)를 정식으로 전수해 주게 되었다. 시게다다는 에도에 머무르는 기간이 짧아서 하루도 빠짐없이 배우러 다녔다. 그렇게 해서 6개월에 그 오묘하고 심오한 검법을 전수 받을 수 있게 되었다.

그때 젠기쓰 스님이 22살, 시게다다는 28살로 제자가 스승보다 6년 연상이었다.

시게다다는 사쓰마로 돌아와서도 매일매일 뜰에 있는 나무를 상대로 연구하면서 기술연마에 정진, 3년 동안 수련을 계속했다. 결국 그의 집 마당에 있는 나무는 모두 맞아 말라죽어 버렸다. 그렇게 하여 그는 마당의 나무를 상대로 수련해 검법을 터득, 종래의 태사류와 자현류의 장점을 모아 새로운 검법을 만들어냈다. 그후 번주 시마즈 이에히사의 명에 따라 아즈마 신타로와 겨뤄 그를 격파하고 결국 시마즈번의 사범으로 1천 석을 받는 부자가 되었다.

그후 석문원(釋文元)이라는 명승이 "법화경에 '시현신통력(示現神通力)'이라는 말이 있는데 자현(自顯)은 자기를 나타내는 것이라고 해석하기 쉬워 자칫 과신한 나머지 혈기로 내달릴 것이 우려되니 자현류는 앞으로 시현류라고 고치는 것이 어떻겠는가"라고 하니 그것을 옆에서 듣고 있던 이에히사도 "정말 그럴듯하네. 이후 시현류라고 칭하는 게 좋겠네"라고 거들었다. 그리하여 시게다다의 검법은 태사류와 자현류의 좋은 점만을 합쳐 섞어 그후 시현류라고 불리게 되었다. 일반에게는 그 경과와 내용이 잘 알려지지 않아 자현류와 시현류가 단지 글자만 다른 정도로 생각하지만 기술적으로나 정신적으로나 크게 다르다는 것을 알지 않으면 안 된다. 도고 시게다다의 시현류는 단칼에 모든 것을 걸고 깊이 베는 것이다.

곤도 이사미도 "사쓰마의 첫 칼질을 피해야 한다"고 부하들에게 훈시했을 정도로 그 깊은 베기의 첫 칼질은 예리했다. 도바 후시미 전투에서 2만 명의 막부군이 4천 명의 사쓰마 무사에게 산산이 깨져버린 것도 시현류의 위력이다. 우에노 관영사(寬永寺) 전투에서도 사쓰마 무사들의 '내려베기'에 당한 사람들은 모두 배꼽 있는 데까지 깊이 칼질을 당했기 때문에 그것은 어디 소속의 무사에게 베어졌는지 단번에 알수 있었다고 한다. 시현류의 검풍이 얼마나 독특했는가를 미루어 짐작할 수 있다. 시현류는 배꼽 밑까지 베어 내려가 땅바닥까지 잘라낸다고 하는 것이 그 정신이다.

어느 때 개가 마구 짖어 시끄러워서 시게다다는 제자에게 쫓아버리라고 명했다. 제자 둘이 개를 베려고 했는데 깨끗하게 베지를 못하고 돌아왔다. 시게다다가 "시현류라는 것은 그런 게 아니다"라며 두께가 여덟치나 되는 바둑판을 베었더니 바둑판을 두 동강내고 다다미를 자르고 마루 밑 가로받침대까지 잘라버렸다고 한다. 그것이 시현류의 정신이자 위력인 것이다. 이야기가 도고 시게다다의 수행담에서 시현류의 도법까지 가게 됐으나 그 신념의 단칼베기도 근원을 말하자면 60일간이나 현관에 꿇어앉아 가르침을 구했던 그의 집념과 열성의 응집일 것이다.

오늘날 검도수련자의 감각으로라면 상상도 할 수 없는 엄격한 입문과정이지만 그러한 열의와 집념이 아니라면 초지일관 수련할 수도 없고, 하물며 일류일파(一流一派)의 최고의 경지에 도달할 수는 없을 것이다. 수련자의 마음가짐의 일단(一端)이며, 이는 인생 입문에 있어서도 마찬가지일 것이다.

상수에게 덤벼들고 골치 아픈 상대를 골라라
수련자의 마음가짐에 있어 중요한 것 가운데 하나는 노력하고 연구하는 자세이다. 올바른 기본을 갖추고 들어가는 것은 물론이지만 궤도에 오르면 그 다음부터는 노력과 연구하는 자세가 중요하다. 옛날부터 초심자의 마음가짐으로서 "상수에게는 덤벼들고 껄끄러운 상대를 고르라"는 말이 있다.

누구나 즐겁고 싶고 재미있게 배우고 싶어한다. 상수에게 덤벼 얻어터지는 것보다 하수와 싸워 재미있고 즐기고 싶은 것이다. 하지만 상수에게 싸움을 거는 적극성을 잃어버리고, 껄끄러운 상대와 붙어 연구하는 의욕을 잃어버리면 그 사람은 성장의 싹이 멈추고 그 사람의 검도는 끝나버리고 만다.

옛날 지바 슈사쿠의 제자에 고사카 마사다카라는 검호가 있었다. 매일 호면 속에 "싸우다 죽으리"라고 쓴 글씨를 넣고 "오늘은 싸우다 죽겠다" "오늘이야말로 싸우다 죽으리"라고 매일 죽음을 전제로 거칠게 수련을 했다. 맹렬한 수련을 계속해서 기력과 체력이 점점 좋아져 마침내 지바 도장의 부사범까지 승진했다. 정말로 골치 아픈 상대를 골라 수련하고 상수에게는 덤벼드는 수련에서 얻은 선물인 것이다.

계속과 연구

검도수련을 오래하다 보면 지겨운 때도 있고 이젠 그만뒀으면 하는 힘든 때도 오게 마련이다. 그러나 바로 거기가 수련의 관문이다. 그 관문을 극복하지 않으면 다음 단계로 뛰어오를 수 없다.

사람 사는 세상은 햇살 비치는 날도 있고 구름 끼는 날도 있는 먼길이다. 계속하는 것이야말로 힘이라는 것을 알라.

그 고난과 타성을 깨뜨리는 노력이야말로 참된 수련이며 인간형성의 기본이 되는 것이다. 도요토미 히데요시는 "천하를 손에 넣는 비결은 세 가지 氣에 있다"고 말했다. '大氣(도량)' '勇氣(용기)' '根氣(인내심)' 세 가지다. 천하의 무장이라면 모두 도량도 크고 용기도 있을 것이다. 그러나 어떠한 고난도 이겨낼 수 있는 인내심에는 히데요시를 능가할 사람이 없었다. 그 인내의 조그마한 차이가 그에게 천하를 가져다준 것이다. 검도에서나 인생에서나 천하를 얻으려고 한다면 모름지기 그 세 가지 기가 없으면 안 되며, 특히 인내심은 승패를 결정하는 가장 중요한 정신적 요소이다.

나폴레옹은 "싸움에서 이기는 데 중요한 요소는 마지막 5분 동안에 있다"고 말했는데, 싸움에서 고통스럽기는 누구나 마찬가지다. 자기가 어렵고 힘들다면 상대도 마찬가지다. 자기가 버거울 때 상대는 더 힘들어한다. 미야모토 무사시가 "상대방의 입장을 생각해 본다"고 한 것도 바로 똑같은 말이다. 그 최후의 순간에 얼마나 참고 견디는가가 일의 성패를 결정하는 데 가장 중요한 요소라는 것을 신중히 마음에 새겨두지 않으면 안 된다.

수행의 길

큰 소나무는 폭설에 묻혀도 태풍이 불어도 아랑곳없이 하늘의 시련에 의연히 맞선다. 그것이야말로 남자의 참모습이며 어떠한 어려움에도 굴하지 않는 수행자의 태도이자 마음가짐이다. 또 하나 수행자로서 중요한 것은 혼자 생각하고 연구하는 것이다. 요즘 사람들은 도장에서만 검도를 수련하는 것이라고 생각하지만 그것은 크게 잘못된 생각이다. 검도수련은 도장 이외의 장소에서도 해야 한다. 말하자면 일상생활 그 모두가 검도인 것이다. 아침에 일어나 밤에 잠자리에 들 때까지 일거수일투족이 모두 검도수련이고 마음의 수련이 되지 않으면 안 된다.

선어(禪語)에 "발걸음 닿는 곳이 곧 도장"이라는 가르침이 있고 무사시는 "언제 어디에서나 쓰이는 것이 병법"이라고 "항상 마음속에서 병법을 떼어놓지 말라"고 가르쳤다. 선어에 "한 순간의 깨달음에 반생의 꿈이 있다"고 한 것은 항상 생각하고 끝없는 연구에 한 순간의 꽃이 피고, 순간에 영원한 깨달음의 경지에 들어간다고 하는 가르침이다.

그 예로는 이토 잇토사이가 쓰루오카 하치만 궁에 틀어박혀 불사도(拂舍刀)의 오묘함을 깨닫고 아이즈 이코가 우도 신사에서 기도를 드려 기도가 끝나는 날에 음류(陰流)의 심오함을 전수 받은 것 등 일일이 헤아릴 수 없을 정도다. 가까운 예는 호조잉류의 가마야리(鎌槍)의 비법이다. 창이라고 하면 호조잉이라고 할 정도로 유명하다. 창술의 본가이며 근원은 호조잉 잉에이(寶藏院 胤榮)라고 일컫는다. 잉에이는 몸은 스님이지만 무도에 조예가 깊어 특히 창을 잡으면 천하에 어깨를 나란히 할 자가 없다고 하는 창의 명수였다. 그러나 잉에이의 그 유명한 창도 그저 막연하게 이루어진 것이라면 우리가 배울 것도 없다. 정말로 오랜 세월 동안 생각하고 연구하여 피가 배어 있는 노력과 연구로 만들어진 값진 비술인 것이다.

잉에이는 도장에서 수련만 한 것이 아니라 밤을 낮 삼아 사루사와의 호숫가에 나가 새나 짐승을 상대로 실전훈련을 쌓았다. 그러나 수달만은 도무지 창으로 잡지를 못했다. 이번에야말로 이번에야말로 하면서 단 한번도 성공할 수가 없었다. 잉에이는 피로에 지쳐 창을 어깨에 올려놓고 명상에 잠겨 있었다. 그때였다. 갑자기 구름이 걷히고 아름다운 조각달이 드러났다. 달이 창끝에 걸린 모습이 호수에 비쳤을 때 잉에이는 "그래 이거야"라고 소리쳤다. 조각달이 창끝에 걸리니까 한 자루 창에 두 날의 낫 모양처럼 된 것이다. 잉에이는 그러한 깨달음을 바탕으로 연구를 거듭해 결국 호조잉류의 가마야리(낫 모양의 창술)로 후세에 전해졌다. 그러나 잉에이가 가마야리의 절정기에 있을 때 3년 만에 찾아온 고이즈미 이세노카미가 "대단하시군요. 그러나 그 정도면 됐으니 이젠 가마야리를 버리고 외날 창으로 하시는 게 어떻겠습니까"라고 했다는 것이다. 그의 말에 따르면 외날 창이야말로 창의 원류이고 가마야리는 근본을 버리고 이로움만 중요하게 여기는 사도(邪道)라는 견해였다. 무(武)의 극치를 이야기한 것으로 측량할 수 없는 가치 있는 것이 아니겠는가.

수련이라는 것은 하나에서 시작하여 열이 되고, 열에서 돌아오면 다시 원래 그 하나로 돌아가는 것이다.

좀처럼 사람 사는 곳이 가까워지지 않는구나. 너무나 산 속 깊이 찾아왔구나.

묘(妙)라는 글자는 어린 계집애의 흐트러진 머리칼, 까닭 없이 흐트러진 머리를 빗지 않는구나.

실전훈련(네 가지로부터 배운다)

우리들은 어떠한 일을 배울 때 그것은 모두 선생님이나 선배로부터 배우는 것이라고 생각한다. 그러나 검도에서는 "제자 또한 스승의 스승이 된다"는 말이 있고 "나 이외에는 모두가 스승이다"라는 가르침도 있다. 또한 "함께 배우고 함께 나아간다"라든가 "스승과 제자는 같이 간다"는 교훈도 있다. 옛날부터 일본의 예도(藝道)에서는 "네 가지로부터 배운다"고 하는 말이 중요하게 쓰였는데, 그것은 "스승에게서 배우고, 친구에게서 배우고, 자기 자신에게서 배우고, 경험에서 배운다"는 것으로 모두 각각 의의도 있고 목적도 있다. 스승에게서 배운다는 것은 모든 예도와 무도에 통하는 중요한 것이다. 특히 무도에서 스승의 가르침을 받는 것은 유파의 진수를 물려받는 것이다. 그것은 수행자에게는 최고의 목적이고 더할 수 없는 기쁨이다. 옛날에는 그 비전비법을 가르쳐 줄 때는 한밤에 몰래 다른 사람이 못 보게 스승과 제자 단 둘이서 전수할 정도로 엄숙했다.

야규 다지마가 "나는 쇼군(將軍)의 스승이지 가신이 아니다"고 말해 스승의 존엄을 밝히고 스승과 제자의 도(道)를 명백히 했던 것처럼 사제간의 예(禮)는 실로 엄격했다. 또한 옛날에는 "스승의 그림자를 밟지 않도록 일곱 자는 떨어져 걸으라"고 말했고 입문의 서약 또한 엄격했다. 야규류에 입문할 때의 아라키 마타에몽의 서약서에는 "스승에 대해 소홀하거나 겉과 속이 다른 행동을 하거나 다른 마음을 먹어서는 안 된다"는 조항이 있는데, 여러 가지의 입문규정 가운데 스승에 대한 예절이 가장 엄했다. 요즈음 그렇게 엄격히 가르치면 "꼰대가 뭔데" 등등 하면서 선생님의 멱살을 잡기라도 할 듯 덤벼드는 불손한 학생이

나올지도 모른다. 중국에서는 스승을 선성(先醒)이라고 쓴다. 먼저 태어났다는 뜻이 아니라 '먼저 눈뜬 사람'이라는 것으로 도의 선각자라는 의미이다. 어쨌든 ❶스승의 가르침을 받을 때 우선 스승을 존경하고 스승에 대해 마음으로 복종하지 않으면 안 된다. 그래야만 스승의 헛기침 소리만 들어도 굉장한 감명을 받고, 얻기 어려운 교육을 받을 수 있는 것이다.

친구에게 배운다는 것은 ❷같이 배우고 같이 나아간다는 정신이다. 함께 손을 잡고 서로 도와가며 배우는 것이다.

자기 자신에게 배운다고 하는 것은 ❸스스로 배우고 스스로 익히는 자기 연마이다. 옛날에는 혼자서 수련하고 혼자서 연구하고 공부했다. 특히 혼자서 하는 이미지 트레이닝은 어떤 스포츠에서도 효과가 있다고 하는데, 검도처럼 머리로 승부하고 1 대 1로 맞붙어 하는 스포츠에서는 혼자서 하는 수련이 눈에 뜨이게 현저한 효과가 있다. 단독수련의 필요성은 수없이 반복했으므로 생략하겠다.

다음으로 중요한 것은 "경험으로 배운다"는 것이다. 그것이 ❹이른바 실전훈련인데, 일체의 배움이 모두 들어 있는 것이다. 검도기술 가운데 자기 머리 속에서는 잘 알겠는데 실제로 해보면 전혀 안 되는 것이 많다. 바로 실전경험이 부족하기 때문이다. 스모에서는 "연습 챔피언"이라는 말이 있다. 수련장에서는 단연 센 사람이 정작 시합에 나가면 맥없이 지는 것을 뜻하는 말로, 이는 "경험으로 배운다"는 실전훈련이 모자란 때문이다. "자꾸 해봐야 한다"든가 "경험을 늘려라"고 하는 것은 평소 수련한 실력을 유감없이 발휘하기 위해서는 실전경험을 쌓아야 한다는 말이다. 그것은 검도뿐만 아니라 인생을 영위하는 데 있어서도 매우 중요한 것이다.

천군만마를 움직이는 장군 역시 실전에 참가하여 생긴 담력과 경험의 축적 때문에 노련한 용사가 된 것이다. 정계나 실업계도 언제나 그 역전의 용사들이 앞장서 리드한다. 어떠한 경우라도 네 가지로부터 배운다고 하는 것은 실로 중요한 것이다. 인생의 모든 분야에서 가져야 할 마음가짐이며 인생의 조건이다.

● 지도자의 마음가짐

미야모토 무사시는 "스승은 바늘이고 제자는 실"이라고 했는데, 제자는 반드시 스승의 뒤를 더듬어 나아가는 것이다. 그것만이 아니라 스승은 제자가 잘못되지 않도록 올바른 방향으로 인도해 주지 않으면 안된다. 그것이 지도자의 책임이자 마음가짐이다.

로마에는 "스승은 양초이다. 스스로 몸을 태워 주위를 밝게 해주는 것"이라는 가르침이 있다. 페스탈로치는 "스승은 봉사자이다. 스스로 모든 것을 다 바쳐 제자를 가르치는 것이 교육자로서의 의무"라고 했다. 표현은 각각 조금씩 달라도 어떤 나라에서나 지도자가 솔선 수범해서 제자를 올바로 가르쳐야 한다는 정신에는 차이가 없다.

검도에서도 그것은 그대로 통하는 것이다. 아이들은 엄하지만 상냥하게 그리고 솔선 수범해서 가르치지 않으면 안 된다. 지도자의 권리를 휘둘러 그저 꾸짖기만 하고 단세포적으로 심하게 훈련만 시키는 것은 결코 잘 가르치는 것이 아니다. 옛날 검도교육은 결점이나 잘못된 습관을 발견해 그것을 크게 꾸짖는 것이 일반적 교육방법이었지만 오늘날에는 그렇게 해서는 아무도 도장에 나오지 않는다. "교육은 세 번 꾸짖고 일곱 번 칭찬하는 것"이라는 말이 있는데, 세 번 꾸짖는 것도 까닭

없이 꾸짖어서는 안 된다. "두 번 타이르고 세 번 칭찬하고 다섯 번 가르쳐야 좋은 아이가 된다"는 것이 가장 현명한 교육방법이다. "두 번 타이르고 세 번 칭찬한다"의 두 번 타이른다는 것에는 '잘 말해서 납득시킨다'는 뜻이 함축되어 있다. 지극한 묘미를 느낄 수 있는 말이다.

옛날 해군에서조차 "시범을 보여라. 말해서 들려주고 나서 시켜 보라. 칭찬하고 시키면 누구라도 할 수 있다"는 교육방법을 썼다. 그것은 야마모토 이소로쿠의 가르침이다. 소박한 표현 가운데 실로 훌륭한 점이 모두 들어 있다. 먼저 스스로 해 보이고 모범을 보여 그 이론을 이해하기 쉽게 설명하고 나서 실제로 시켜보고 칭찬해 주면 누구라도 진심으로 하지 않을 수 없다는 것이다. 실로 사람의 마음을 잘 꿰뚫어낸 가르침이다.

사람을 가르치는 데는 그저 꾸짖기만 해서도 안 되고 그렇다고 칭찬만 해서도 안 된다. 자주 그러한 이치를 설명해 주고 납득시켜 잘못됐으면 그 잘못을 타이르고 고쳐주어 스스로 나아갈 의지를 길러주지 않으면 안 된다. 검도지도도 그와 똑같은 심리교육이다.

"너는 머리만 때리는데 왜 손목공격은 전혀 하지 않느냐. 그렇게 해서 어떻게 시합에서 이긴단 말이냐"하고 약점을 찾아 꾸짖으면 학생은 그 말이 마음에 걸려 손목치기 연습만 죽어라고 한다. 그런데 잘하지 못하는 기술은 그렇게 간단히 자기 것이 될 수 없어서 "나는 역시 안 돼"하면서 손목치기에만 신경 쓰다 머리치기도 안 되고 결국 시합에서도 져 재미를 잃어버린다. 그러면 "아! 이젠 검도는 싫어"하고 포기해 버린다. 그것이 오늘날의 검도가 멀어져 가고 있는 하나의 원인이 되고 있다. 반대로 "자네의 머리치기는 대단해. 천하일품이야. 그 머리치기만 갖고도 어떤 시합에서든 반드시 승리할 걸세"라고 격려해 준다. 그러면 학생은 자신을 갖게 되고, 자신은 용기가 되고, 머리치기는 더욱 예리해진다. 머리치기가 예리해지면 상대는 머리를 막아내려고 신경 쓰다 손목을 들어올리게 돼 별 힘들이지 않고 손목치기나 허리치기도 자유롭게 할 수 있게 되는 것이다. 그것이 지도의 요령인 것이다. 말하자면 현대검도의 지도는 단점만 지적해서는 안 되고 그 장점을 치켜세워 주고 좋은 점을 자꾸 키워 나갈 수 있게 해주어야 한다는 것이다. 좋은 점을 찾아 칭찬해 주어 뻗어 나갈 수 있게 하는 것이다.

묘한 것은 장점을 키워 주면 단점은 자연스럽게 없어져 간다는 것이다. 그 장점을 키워 나갈 수 있는 방법을 생각하는 것이 지도법의 연구이다. 그것은 검도 쪽에서 본 기술지도이지만 일반 어린이교육이나 학생교육에도, 나아가 사원연수에도 어디에나 바로 적용되는 인재양성의 교과서이다. 미국의 부호 카네기는 "아홉 가지의 단점을 꾸짖는 것보다 한 가지 장점을 칭찬하라"고 가르치고 있다. 일본에서도 "크게 칭찬하고 적게 타일러라"는 말이 있고 "욕하지 말고 칭찬해 주라"는 교훈이 있다. 일찍이 야마오카 뎃슈가 시미즈노 지로초에게 "귀하는 3천 명의 부하를 거느리고 있으니 참으로 대단합니다. 어떻게 그 많은 부하를 마음대로 다루는 겁니까"하고 물었다. 그는 "별로 어려운 게 없습니다. 단지 부하에게 어떤 잘못이 있어도 다른 사람들 앞에서는 절대로 꾸짖지 않습니다"라고 간단히 대답했다. 그 짧은 말 속에 지로초의 두목다운 도량과 사람을 다루는 비결이 모두 들어 있는 것이다. 아무리 두목이라 하더라도, 상사라 하더라도 사람을 대접하는 데는 반드시 도리로써 하고 상대의 인격을 인정하지 않으면 안 되는 것이다.

앞서 지도하는 데 있어 중요한 것은 솔선 수범이라고 했다. 선생님은 트레이닝복 차림에 호주머니에 손을 찔러 넣은 채 턱으로 학생들을 시키려고 한다면 절대로 학생들은 움직이지 않는다. 부모가 자식을 가르치는 것도 그와 똑같아서 부모가 생생한 모범을 보여줘야 한다. 부모가 자기 자식을 똑바로 키우려고 한다면 먼저 스스로 똑바로 행동하고, 자식을 훌륭하게 키우려면 먼저 스스로 훌륭한 태도로 모범을 보이지 않으면 안 되는 것이다. 아버지가 책상다리를 하고 앉아서 밥을 먹으면서 자식에게는 "무릎꿇고 똑바로 앉으라"고 해보아야 소용없다. 어머니는 엎드려 누워서 TV를 보면서 아이들에게는 "빨리 네 방으로 올라가 공부해라"고 아무리 소리질러봐야 소용없는 일이다.

옛날부터 "용장 밑에 약졸 없다"고 한 것은 바로 그런 말이다. 대장이 맨 앞에서 돌진한다면 많은 부하는 대장에게 지지 않으려고 돌진한다. 나폴레옹은 언제나 최전선에서 직접 진두지휘를 했다. 그 솔선 수범의 뛰어난 용기 때문에 유럽을 석권할 수 있었던 것이다.

회사에서 상사가 빨리 출근하면 아랫사람들도 자연히 출근이 빨라지고, 학교에서 교장 선생님이 진지하면 교사들도 학생들도 모두 진지하게 되려고 노력하게 마련이다.

그와 같이 모두 윗물이 맑으면 아랫물도 반드시 맑게 마련이다. 위에 있는 사람의 지도정신이 뛰어나면 모두가 뛰어나게 되고 위에 선 사람의 마음이 편향돼 있으면 전체가 기울어져 잘못된 길로 빠지게 되는 것이다. 검도시합에서도 그것은 똑같이 적용된다. 최고지도부에 있는 사람이 무조건 이겨야 한다는 식이 되면 선수들도 승리만을 생각한다. 오직 이기기 위해 마음에 없는 부정한 짓도 하게 되는 것이다. 제일 높은 분이 우리 고장의 명예에 관계되니 반드시 이겨야 된다며 마구 기합을 주면서 독려하면 담당자도 검도사범도 싫든 좋든 그저 이기기 위한 방법만을 찾게 되는 것이다. 학교에서 교장 선생님이 "전통을 더럽히지 말라" "하늘이 두 쪽 나도 이기고 와야 한다"고 격려하면 선수는 중압감을 느끼게 되어 비겁하게 속임수를 써서라도 꼭 이기지 않으면 안 된다는 일념으로 도를 망각한 어설픈 시합을 해 많은 사람들로부터 비판을 받게 되는 것이다.

현대검도가 이렇게 어지러워진 이유 중 하나는 그러한 윗사람의 승리지상주의에 화를 입어 검도가 왜곡된 때문이다. 윗사람의 이해와 격려는 참으로 고마운 것이지만 그것도 도가 지나치면 "지나침은 모자람보다 못하다"는 결과가 되어버리는 것이다. 학교나 경찰이나 검도교육은 어때야 하는가를 모르는 사범은 한 사람도 없을 터이지만 너무나도 승리에만 급급한 분위기가 생기고 절대로 우승해야만 한다는 명령이 내려지면 교육보다 오직 이기겠다는 데 전념하게 되는 것이다. 그것이 오늘날 검도 황폐와 연계되어 검도가 사회로부터 경원시되는 커다란 원인을 만들고 있는 것이다.

'올바른 검도'와 '이기는 검도'는 사실 종이 한 장 차이의 관계이다. 그 접점을 잘 찾아내야만 할 것이다.

일찍이 미쓰하시 슈조 선생님은 제녕관의 고단자 선발대회에서 우승했는데, 1회전에서 너무나도 승부욕이 강해 보여 은사인 다카노 스케사부로 선생님이 미쓰하시 선생님을 별실로 불러내 "꼭 이기려고 할 필요는 없네. 배운 대로 올바르게 하면 돼"라고 타일렀다고 한다. 그 한마디에 미쓰하시 선생님은 확 깨우쳐 원래 실력을 발휘해 강호들을 꺾고 보기 좋게 우승했던 것이다. 다카노 선생님의 "이기려고 할 필요는 없다……"라는 가르침 덕에 미쓰하시 선생님은 승패를 초월해 올바른 검도의 길로 돌아갈 수 있었던 것이다. 나는 최근 경찰이나 대학의 시합을 보면서 왜 다카노 선생님의 말과 같은 그 한마디가 윗사람의 입에서 나오지 않을까 생각한다. 그 한마디야말로 검도를 좌우하는 키워드이자 검도의 명운이 걸린 하늘의 소리이기 때문이다. 시합의 결과보다 그 내용을 평가하는 기운이 배양된다면 검도는 참으로 멋있게 되고 검도인은 더욱 고매한 자리에 이를 수 있으리라.

나는 "이기려고 하지 말고 훌륭한 검도를 하라"고 하는 우리 대학 학장 훈시를 헤아려 다른 대학도 모두 그렇게 됐으면 하는 바람을 갖는다.

에디 다운젠트의 죽음으로 보여준 훌륭한 행동

에디 다운젠트는 오랫동안 일본에 체류하며 시라이 요시오를 필두로 8명의 세계 챔피언을 길러낸 프로복싱의 세계적 명코치이다. 그후 위암으로 쓰러져 오사카에서 열린 애제자 이오카 히로키의 세계선수권을 직접 볼 수 없게 되었는데 너무나 걱정이 돼 그 몸으로 도쿄에서 오사카까지 가게 되었다.

나는 그 모습을 TV로 보았는데 열차에 탈 수 없어 트럭을 개조해 침대를 만들어 타고 갔던 것이다. 건강한 몸으로도 도쿄에서 오사카까지 트럭으로 간다는 것은 보통 일이 아니다. 하물며 거의 죽게 된 환자가 그랬다는 것은 그야말로 지옥으로 가는 여행이다. 개조한 트럭을 TV로 보았을 때 나는 나도 모르게 흐르는 눈물을 주체할 수 없었다. 정말로 소리내어 엉엉 울고 싶은 기분이었다. 아무리 사랑하는 제자의 선수권전이라고 해도 자기는 하루 앞도 내다볼 수 없는 목숨 아닌가. 암으로 인해 정신적으로도 얼마나 고통스러웠을까. 그러한 빈사상태를 누르고 그야말로 결사적으로 간 것이다. 아무리 부탁을 해도, 백 번 절을 해도 정말 갈 수 없는 상태였을 것 같은데 스스로 나서서 자기가 가르친 제자의 결전을 직접 보지 않으면 안 된다고 고집을 부렸다는 것이다. 그러한 사제 간의 사랑이 어디에 있을까. 그러한 사제 간의 정은 전 세계 어디를 찾아봐도 없을 것 같다.

다운젠트는 사력을 다해 오사카에 당도했으나 어느새 의식불명이 되어 이오카가 세계챔피언 벨트를 맸을 때는 이미 숨을 거둬 그 자랑스러운 모습을 볼 수 없었다. 어쩌면 제자가 세계최고가 된 모습을 꿈에서 보며 숨을 거두었을는지도 모른다. 그러한 비장한 제자 사랑은 없을 것이며 그러한 숭고한 행위는 아무도 흉내낼 수 없을 것이다. 나는 모든 교육자가 다운젠트같이 마음속 깊은 곳에서 우러나오는 제자 사랑과 목숨을 걸고 가르친다면 이 세상에서 못할 일은 하나도 없을 것이라고 생각한다. 새삼 다운젠트의 정신을 되새기고 그 숭고한 교육적 신념에 두손을 모아 고개숙여 감사를 드린다. 감히 그의 정신적 작은부분을 배워야 한다고 온 세상의 교육자의 양심에 간절히 호소하는 것이다.

다이마쓰 감독

다이마쓰 히로후미는 닛보가이즈카(日紡貝塚) 배구팀 감독이다. 그는 사람들이 "악마 같은 감독"이라고 할 정도로 지독한 훈련을 시켜 닛보 배구팀을 세계최강팀으로 만든 희대의 명감독이다. 나는 그의 온순한 사람 됨됨이에서 어떻게 그런 날카로운 기백과 왕성한 지도력이 나올 수 있을까 불가사의하게 생각된다. 선수강화를 위해 어떻게 했는가에 대해서는 여러 책에 자세히 나와 있으므로 나는 여기서 그 얘기까지 손대고 싶지는 않다. 내가 말하고 싶은 것은 정신훈련과 솔선수범의 놀라운 기백이다. 닛보 배구팀은 오사카 중앙체육관으로 자주 연습하러 왔는데 그 행동 하나하나가 실로 멋지고 훌륭하여 옛날 군대 이상의 생동감을 주었다. 무엇 하나 버릴 것 없는 그들의 행동 하나하나에 고개가 숙여질 지경이었다. 모두가 탄 트럭이 중앙체육관 앞에 도착하면 전원이 일제히 뛰어내려 각자 맡은 자리로 간다. 감독은 맨 앞에 내려 체육관 중앙에 서서 꼼짝 않고 전원의 행동을 지켜볼 뿐이다.

선수들은 미리 정해둔 포지션 대로 체육관을 청소하는 사람은 청소를 하고, 공을 옮기는 사람은 정해진 위치에 가지런히 놓는다. 그것도 다른 팀처럼 한 곳에 쌓아놓지 않고 엔드라인에 한 줄로 똑바로 놓아 조금도 비뚤어지지 않게 한다. 모든 준비가 끝날 때까지 채 10분도 걸리지 않는다. 그렇게 되기까지에는 말할 수 없을 만큼 대단한 정신적 훈련이 있었을 것이다.

중국의 주은래 총리가 다이마쓰 감독을 중국으로 불러 중국선수를 지도해 달라고 간청했다고 한다. 단지 기술지도보다는 정신지도를 해 달라고 했다는데, 그것은 아마도 주변에서 흘러나온 얘기일지도 모른다. 정신훈련에 중점을 둔 다이마쓰 감독도 위대하지만 그를 알아보고 금방 그 지도력에 매료된 주은래의 혜안도 실로 대단한 것이라 할 만하다. 그후 중국이 일본에서 배운 탁구에서도 배구에서도 모두 일본을 능가해 세계최고까지 도약하게 된 데에는 주은래의 지혜와 실천을 위한 노력에 힘입은 바 크다 할 것이다.

그러한 닛보 배구팀은 1백 몇십 승이라고 하는 전인미답의 성적을 자랑하고, 올림픽에서도 강적 소련을 깨 뜨거운 감격의 눈물을 흘리게 했던 것이다. 나는 그 순간을 지금도 기억하고 있다. 단 한 사람 다이마쓰 감독의 일거일동을 눈동자를 고정시키고 지켜보고 있었다. 대개의 사람들이라면 뛰어내려와 선수들을 끌어안고 카메라 플래시가 터지는 앞에 폼재고 서서 한껏 뽐내고 싶은 순간일 것이다.

그런데 다이마쓰 감독은 그 감격의 소용돌이 속에서도 미동도 하지 않았다. 가정을 희생하고 모든 것을 벗어 던지고 최선을 다한 과거 10여 년의 고생이 꽃을 활짝 피우고 있었던 것인데 누군들 가만히 참고만 있을 수 있을까. 누군들 소리내 울지 않을 수 있을까. 미칠 듯한 기쁨의 절규를 꾹 참으며 조용히 눈을 감고 있던 다이마쓰 감독의 그 늠름한 모습을 봤을 때 나는 정말이지 옛날 무사가 저랬을 것 같은 깊은 감동을 받았다.

국화를 심고 국화꽃을 보는 것은 어떤 사람이 애쓴 덕분.

자기가 심고 자기가 열심히 가꾸고 기른 탐스러운 국화가 올림픽 경기장에서 활짝 핀 것이다. 그 세계 최고의 꽃을 스스로 끌어안고 싶어도 참고 조용히 스탠드 한 구석에서 지켜보던 다이마쓰 감독의 그 마음이야말로 정말 세계에 자랑할 만한 일본의 꽃이요, 옛날 무사의 정수라 할 만하다.

모진 비바람을 이겨낸 국화의 눈부신 흰색이여.

검도와 올림픽

검도의 스포츠론은 충분히 오랫동안 논의되어 왔으나 아직도 확실한 결론은 없이 모두 나름대로 해석하고 있다. "검도는 스포츠가 아니다"라고 말하는 사람들은 검도는 도를 구해 덕을 연마하는 것인데 지금처럼 오직 승부에만 빠져서는 안 된다는 점을 강조한다. 그 주장하는 바는 잘 알고 있고 나 또한 대찬성이다. 그러나 그것이 탁상공론이 되고 헛되이 검도를 과시하는 것일 뿐 다른 스포츠의 가치를 인정하지 않는 데에 문제가 있다.

스포츠의 어원은 "놀다" "즐기다"이지만 현대 스포츠는 실질적으로나 관념적으로나 매우 약진하여 어원과 실제와는 전혀 다른 양상을 보이고 있다. 그 내용에 이르러서는 실로 치열한 정신이 도입되어 그 본질까지 변질된 느낌이다. 현대 스포츠를 대표하는 것은 올림픽일 것이다. 올림픽을 보면서 "저것은 놀이다. 심심풀이다"라고 할 사람은 한 사람도 없을 것이다. 현대 올림픽은 "무기 없는 전쟁"이라고 하고 혹은 "국력을 배경으로 한 한 나라 문화의 척도"라고까지 표현한다.

한편 검도는 어떤가. 그 발상은 목숨을 걸고 시작된 진검승부였다. 그러나 시대의 추이에 따라 본질은 바뀌었고, 그 정신은 사라지고, 발상과 현실과는 현저한 시대적 거리가 생겼다.

결국 검도인이 "검도는 스포츠가 아니라 무도"라고 소리 높이 외치는 까닭은 스포츠의 '놀이'와 검도의 '진검승부'의 감각이 상충되기 때문이다. 그러한 관념론은 오늘날 너무나도 현실과 동떨어진 착각에 지나지 않는다.

스포츠 헌장에 "스포츠라는 것은 규칙에 지배되어야 하는 모든 경기를 말한다”고 정의되어 있는 이상 현대검도가 분류적으로 스포츠의 범주에 들어가는 것은 당연하고, 그러한 표현상의 문제에 대해 언제까지나 무의미한 말초 신경적인 논란을 반복할 필요는 없는 것이다. 단지 내가 유감스럽게 생각하는 것은 오늘날의 검도계는 검도 본연의 좋은 점을 보이려는 노력도 없고 검도의 타락 쇠망에 제동을 걸지도 못하면서 그저 입으로만 탁상 공론한다는 점이다. 1989년에 문부성이 격투기로부터 무도에로 특별히 명칭변경을 해주었는데, 그 동안 검도를 스포츠가 아니라 무도라고 목놓아 외쳤던 분들이 도대체 무엇을 해왔는가. 몇 년이 지난 오늘까지도 아무런 움직임도 없고 무엇 하나 개혁한 것도 없다. 참으로 부끄럽기 한이 없고 유감을 금할 수 없다. 검도인은 밖을 향해 무언가를 말하려면 그 이론적 배경을 갖고 해야 하고 그에 따른 행동을 수반하지 않으면 안 된다.

검도의 올림픽 참가에 대해서도 마찬가지다. 검도를 세계로 뻗어가게 하고 올림픽에 참가해서 청소년의 마음에 희망의 불을 지펴주겠다는 정신은 참으로 훌륭한 것이지만 유감스럽게 검도의 올림픽 참가는 어쩌면 절망적인 것 같다. 이유는 크게 두 가지가 있다. 첫째는 참가국의 문제이다. 전세계에서 몇 나라가 검도를 하며 검도인구가 얼마나 있는가 하는 점이다. 만일 그것이 통과되더라도 마지막 난관은 승부를 결정하는 규칙의 문제이다. 다른 스포츠는 1백 분의 1cm를 다투고, 1천 분의 1초를 다투는 치열한 경기인데 그것을 엄정하게 재는 측정기가 있고 전자시계가 있다. 그러나 유감스럽게도 검도에는 ‘이것이 한판’이라는 절대적 기준이 없다. 검도의 ‘한판’은 정말로 심판의 주관이며, 점수를 주어도 되고 주지 않아도 된다고 하는 애매한 경우가 아직도 너무 많다.

이처럼 가장 중요한 판정에 '절대성'이 없는 경기가 가장 과학성을 존중하는 올림픽에 채택될 수는 없다. 그러므로 나는 개인적으로는 올림픽 참가 등은 바라지 않는 편이 옳다고 생각한다. 올림픽은 '승부를 겨루는 장'이지만 검도는 '도를 추구하는 것'이다. 다른 경기는 이기는 것이 주목적이지만 검도는 인간형성이 그 목적이다. 그 목적이나 내용이 이토록 다른데 올림픽 깃발 아래서 같이 겨룬다는 것은 합당치 못하다.

나는 유도에 대해서는 잘 모르지만 문외한으로서 생각해 보면 유도도 올림픽 종목이 되어 시합내용도 많이 바뀌고 선수들의 태도에도 많은 변화가 있을 것이라고 생각한다. 옛날에 "20관 나가는 사람에 명인 없다"는 말이 있듯이 20관에도 못 미치는 작은 사람이 덩치 큰 사람을 집어던지는 매력도 있고 교육도 있다. 그러나 최근에는 동물적 힘이 강한 쪽이 이기게 되어 기술의 예리함도 없고 해서 조금씩 시들해지고 있다. 그러한 유도계의 변화와 인심의 변화 속에서 검도인으로서 반성해야만 하는 것이 하나 있다. 현재의 검도는 올림픽이 아니라 먼저 발등의 불을 끄지 않으면 안 된다. 국내 검도가 어디를 향하고 있는지도 모르는 마당에 올림픽 참가를 운운할 계제가 아닌 것이다. 검도를 정상궤도로 올려놓기 위해서는 모든 대회를 근본부터 고칠 생각을 해야 한다. 국내 검도의 근본은 중학교와 도장에서의 교육이므로 거기에 중점을 두고 그 뿌리를 넓혀 나가는 크나큰 노력을 해야만 하는 것이 가장 중요하다. 일에는 경중이 있고 완급이 있다. 어느 쪽이 먼저이고 무엇에 중점을 두어야만 하는가를 차분히 생각해 그 취사선택을 잘 해야만 한다.

그러고 나서도 올림픽에 참가하고 싶다면 검도와는 별도로 격검단체를 만들어 승부본위, 흥미본위로 하는 점수제를 채택하면 어떨까 한다.

펜싱도 '플뢰레' '에페' '샤브르'의 세 가지로 나뉘어 있고 활도 궁도와 양궁으로 나뉘어 있다. 어느 쪽이든 활을 쏜다는 점에는 다를 것이 없으나 궁도는 예법이나 심법(心法)을 중시하지만 양궁은 단지 '명중'에 중점을 두고 올림픽에도 참가한다. 나는 두 가지 어느 쪽이나 각각의 의의가 있고 존재가치도 있다고 생각한다.

다도(茶道)에 "넓으면 소용없다"는 말이 있는데, 그야말로 지당한 말이다. 넓으면 넓은 만큼 그 본질과는 멀어지고 알맹이는 엷어진다. 아무리 전세계로 퍼져 나가고 아무리 경기인구가 늘어난다 해도 그 본질을 잃어버리고 그 목적을 망각하면 아무런 소용이 없고 결과 역시 제로이다. 지도자는 그 점을 깊이 마음속에 새기지 않으면 안 된다.

외국에서 일본으로 검도를 배우러 온 외국인은 처음에 먼저 센카구지를 참배하거나 혹은 아카호의 오이시 신사에 참배하고 나서 도장으로 향한다. 그러한 것은 도대체 무엇을 말하는 것일까. 검도를 배우려는 것은 기술이 아니라 정신을 배우려는 것이다. 외국에는 없는 무사정신을 배우려고 그 먼 곳에서 일본을 찾아오는 것이다. 그러한 정신이 귀하고 그러한 목적이 고마운 것이다. 외국인으로서 무도를 배우려는 마음은 바로 그 정신이다. 검도의 본가이자 본산임을 자부하는 일본 검도인에게 과연 그러한 정신은 있는 것인가. 검도수행의 목적을 그르쳐서도 안 되고 헛되이 올림픽의 '오륜(五輪)'을 동경하여 검도의 중요한 '오륜(五倫)'을 잃어버릴 수는 없는 것이다. 오늘날 검도지도자가 마땅히 하지 않으면 안 될 일은 비행기를 타고 세계를 돌아다니는 것이 아니라 검도의 기반인 중학생과 도장에 나가는 어린이들을 소중하게 생각하고 그들을 맑고 올바르게 가르치는 일이다.

그 어린 꽃망울을 잘 기르고 키우면 이 다음에 아름다운 꽃이 피고 검도의 세계도 더욱더 크게 피어나게 될 것이다.

● 선수의 마음가짐
시합

원래 검도는 진검승부를 했고 목숨을 건 '죽음의 결투'였다. 오늘날 시합은 평소 단련한 정신이나 기술 수련을 통해 얻은 예절과 태도 등을 총체적으로 겨루어 비교해 보는 것이다. 물론 시합 자체로 특별한 의의도 있고 효과도 있지만 시합이라는 것은 어디까지나 검도를 장려하는 수단이지 결코 검도의 목적은 아니라는 것을 깊이 새기지 않으면 안 된다. 최근에는 타이틀을 건 시합이 너무나 번성하고 우승한 사람이 최고의 평가를 받고 있다. 검도가 오직 시합위주로 흘러가는 것은 참으로 수단과 목적을 잘못 알고 있는 것이다. 검도가 한쪽으로 너무 기울어 변질돼 가고 있다고 할 수밖에 없다. 현대검도가 이대로 변해 간다면 결국 커다란 장벽에 부딪치게 되고 사회로부터 경원시될 때가 반드시 오고 말 것이다. 검도가 이런 꼬락서니로 버림받고, 배우려는 어린이들이 점점 줄어드는 것도 그간의 실정을 잘 말해 준다. 검도인 모두 한결같이 크게 각성하지 않으면 안 될 중대한 긴급사항이다.

그렇다면 검도시합은 어떻게 해야 하는가. 어디에 중점을 두고 어떻게 지도해야만 하는가가 당면의 문제가 된다.

옛날 진검승부의 시대에도 "검도는 사람을 베는 것이 아니라 나의 나쁜 마음을 베기 위한 것"이라고 가르쳤다. 야규류에서도 "병법은 다른 사람을 이기려는 것이 아니라 악을 죽이기 위한 것이다. 한 사람의 악을 베어 만인을 살리려는 것이다"라고 말해 일살다생(一殺多生)의 검, 활인검을 강조했다.

더 알기 쉽게 얘기하자면 야마오카 뎃슈가 "검도는 다른 사람에게 맞지 않고 내가 때리지 않고 그저 무사해 마지않아야 함을 알라"고 노래했다. 그것만으로는 오늘날 우리들의 시합관으로 도무지 이해할 수 없다. 그러나 나는 옛사람들은 공격해 들어간다는 현상 자체만이 아니라 그 내면적 심중에서 해석했던 것이 아닐까 생각한다. 나도 요즘에는 비로소 그 진의가 어디에 있는가 조금씩 알게 될 것 같은 느낌이다. 결국 검도시합이라고 하는 것은 마음의 틈을 서로 공격하고 마음의 허점을 파고드는 것이지 오늘날같이 단순한 타격 위주는 아니라는 것이다. 그러나 그런 이야기를 해도 오늘날의 젊은이들이 정확하게 그 내용을 알기는 무리이다.

가장 알기 쉽게 설명하자면 미아모토 무사시가 말한 '때리다'와 '맞히다'이다. "맞히는 것도 강하게 맞힌 것이 있겠지만 그것이 진짜 때린 것은 아니다"라고 말했듯이 아무리 강하게 때렸어도 마음의 틈을 때리지 않으면 그것은 소용없다. 눈에 보이는 맞힘보다 마음의 빈곳을 공격하는 데 철저해야 하는 것이 진짜 검도이며 검도의 참다운 의의임을 가르쳤던 것이라고 생각한다. 따라서 나는 수련할 때 상대로부터 공격당하여 내 마음이 흔들리면 맞지 않았어도 진 것이라고 생각하여 마음속으로 머리를 숙인다. 공식시합에서 또한 정확히 맞히지 못했어도 마음의 빈틈이나 겨눔의 허점을 때렸다면 그것은 명백히 '한판'이다. 그러한 마음의 허실을 공격하는 것이야말로 부동심을 배양하고 인간형성에도 도움이 될 것이다. 오늘날 고단자들이 검도는 스포츠가 아니라고 말하는 것은 바로 그 진의가 그런 데에 있다. 다른 스포츠는 규칙에 어긋나지 않으면 어떠한 것이든 점수가 되는데, 검도는 맞히는 부위나 때리는 강약에 의해서 점수가 결정되지 않는다. 이치에 들어맞고 법에 맞지 않으면 '한판'이 될 수 없다. 무사시가 말한 '맞히다'가 아니라 '때리다'에 중점적 비중이 놓인다는 점에서 다른 스포츠와 큰 차이가 있으며 관념의 차이가 있는 것이다.

다카노 선생님은 "신문지를 말거나 젓가락으로도 할 수 있는 검도가 아니면 안 된다"고 자주 말했는데 나는 지금에 와서 그 말뜻을 알 것 같은 기분이 든다. 결국 현대검도의 목적은 "유형의 기(技)로서 무형의 마음을 바로잡는다"는 것이다. 시합은 그 목적에 합치하도록 하지 않으면 안 된다. 그것이 검도의 전통적 시합정신이며 앞으로도 지향해야 할 검도시합의 큰 방향성이다.

시합자의 마음자세

"검도는 유형의 기(技)로서 무형의 마음을 바로잡는다"는 말은 실로 한마디로 잘라 정의할 수 있는 검도의 정신이다. 물론 자기 자신의 마음은 아무에게도 보이지 않고 자기 자신도 알 수 없는 것이다. 밖에서 볼 수 없는 마음을 어떻게 바로잡을 수 있는가? "기는 마음의 춤"이라고 하듯이 그 사람의 기는 그 사람의 마음 그대로 마루 위에 그려지는 것이고, 마음 그대로 공격하는 순간 구체적으로 나타나는 것이다. 그러므로 그 사람의 검도를 보면 성격, 마음, 교양 등 모든 것이 잘 나타난다. 말하자면 인격이 그대로 검에 반영된다. 거기서 보이지 않는 마음이 잘 보이게 되어 그 단점을 찾아 올바로 고쳐주고, 그 움직임을 보고 미혹에 빠진 것을 제대로 찾아주는 것이다. 그것이 현대검도의 목적이다.

인간은 진지해지면 정말 그 본성을 드러낸다. 검도에서도 수련보다 시합, 시합보다 진검승부 쪽이 훨씬 그 본성을 노골적으로 드러내게 마련이다. 검도에서 시합을 하는 것은 사람의 성격을 알고 그 단점을 잡아주는 것이 목적이지 다른 스포츠처럼 이기고 지는 것만을 가리는 것이 목적이 아니다. 따라서 시합을 하는 사람은 언제나 그러한 마음가짐으로 전심전력을 다해 몰두하지 않으면 안 된다.

마주서 있는 상대는 신이고 절대다.
나는 혼신의 힘을 다해야 한다.

시합에서도 수련에서도 상대가 강하다거나 약하다거나 스스로 상대의 힘을 마음속으로 정해서는 안 된다. 상대는 절대적 존재라고 하는 마음가짐으로 몸을 던져 목숨을 걸고 상대해야만 한다. 그래야만 두려움이나 미혹에 빠지지 않고 최선을 다할 수 있는 것이다.

때려도 좋고 맞아도 좋다.
나의 자세와 마음은 변함없노라.

그러한 심경이 되면 몸도 마음도 깨끗해져 실로 상쾌한 시합을 할 수 있게 된다. 나는 학생이 시합에 나갈 때 "상대를 상수라든가 하수라든가 스스로 단정하지 말라. 상대는 신이다. 신을 상대로 수련하는 것"이라고 말한다. 신을 상대로 올바르게 검을 휘두를 수 있다면 신은 그 마음을 가상히 여겨 맞아줄 것이지만 그렇지 않고 정당치 못한 마음을 가지고 속임수를 쓰려고 한다면 신의 노여움을 사 참패한다. 나는 또 결과를 따지지 않고 혼신의 힘을 다 짜내어 지도한다. 여기에 덧붙여 "검도 시합은 점수를 따는 것만이 승부가 아니다"고 말한다.

이전에도 썼던 것처럼 '자세와 태도' '기세와 기백' '그 도장과 선수의 매너' 등 검도로서 평가할 수 있는 것은 그 밖에도 많이 있다. 그래서 만일 점수에서 져도 다른 요소에서는 이길 수 있는 것이다.

따라서 "점수에서는 졌어도 검도에서는 이길 수 있다"고 격려한다. 나는 그것이 좋다고 생각한다. 물론 호랑이와 개와는 싸움이 되지 않지만 지고 도망치는 개처럼 비굴한 정신이 되어서는 안 된다. 그러므로 상대가 사자가 됐든 호랑이가 됐든 한 발짝도 물러서지 않고 당당하게 싸우도록 한다.

만일 지더라도 다이라노 아쓰모리처럼 모든 이들로부터 칭찬 받는 장렬한 전사를 하면 그것으로 뛰어난 무사의 체면은 서고 그야말로 젊은 무사로서 부끄러움 없는 전사가 아니겠는가라고 말한다. 그러한 정신으로 싸우고, 그러한 혼을 잊지 말라는 것이다. 나는 현대검도의 시합은 단지 점수만을 따져서는 안 되고 종합적 평가를 해야 한다고 생각한다. 그런데 우리 대학도 실제로는 그러한 무욕(無欲)의 정신으로, 실력으로는 발바닥에도 못 미치는 강호들을 물리친 적도 있고 실력 이상으로 뛰어난 시합을 한 적도 여러 번 된다.

"점수에서는 져도 검도에서는 이긴다면 그것으로 만족한다."

마음을 가라앉혀 주어야만 지고서도 억지를 쓰지 않는다. 학생들의 얼굴을 보며 저절로 생기는 나의 느낌이다.

땀을 흘리고 창피를 당하면서도 수련을 하누나.

땀도 흘리고 창피도 당하고 그러한 모든 힘든 일을 극복하고 열심히 수행한다면 흘린 땀도, 다른 사람들 앞에서 수치를 느꼈던 것도 모두 응집되어 그 사람의 피가 되고 살이 되고 빛나는 정신이 될 것이다. 그 것이 수행을 쌓아 얻는 보람이고 검도 수행자가 다다를 빛나는 시련의 길이다.

●심판의 마음가짐
심판

'심판'은 자세히 조사하여 판정한다는 의미지만 검도에서는 올바른 타격인가 아닌가, 어느 쪽이 정확한 타격을 했는가를 틀림없이 판정하는 것이 사명이다. 문제는 정확한 타격이라는 것은 무엇인가 하는 점이다. 기술적으로 말하면 여러 가지 요소와 조건이 있겠으나 그 밖에도 요구되는 중요한 문제가 많이 있다. 옛날의 무덕회는 승부를 판정하는데 '자세와 태도' '기세와 기백' '적법한 타격'의 세 가지 조건을 설정했다. 그것은 단순한 승부판정의 기준이 아니라 검도의 목적달성을 위한 대전제이다. 어느 하나라도 올바로 시행되지 않으면 안 되었고 그것을 엄정하게 판정하는 것이 심판이다. 다른 스포츠의 심판은 단지 결과만을 틀림없이 판정하면 그만이지만 검도는 그런 점에서 다른 스포츠와 근본부터 다르다. 결과보다는 내용을 중시하고 현상보다는 정신을 존중하는 점에서 판정의 어려움이 있지만 그 어려운 점이 인간형성과 연결된 중요한 대목인 것이다. 그렇다고 그 중요한 점을 피한다면 검도가 오늘날 살아있을 존재가치는 없게 되는 것이다. 극단적으로 말하면 단지 죽도가 타격부위에 맞았는가 안 맞았는가를 판단하고 결정하는 것이 아니라 정신을 모아 상대의 마음을 때렸는가 아닌가를 판정하지 않으면 안 되는 것이다. 그것이 검도 심판이 가져야 할 가장 중요한 정신이다.

본디 심판이라고 하는 것은 지도하는 과정도 방향규정의 제도도 없다. 그러나 현실적으로 가장 중요시되고, 모두가 심판의 손이 올라가는 쪽으로 따라갈 수밖에 없다. 결과적으로 가장 중요한 지도가 되는 것이 틀림없다. 그것만으로도 심판의 사명은 크고 책임은 막중하다. 심판의 공정성과 자질이야말로 검도의 장래를 좌우하는 것이라는 강한 자각과 시대적 사명감 아래 엄정한 판정이 크게 요망된다.

심판의 마음자세

첫째, 심판은 선수의 검도생명을 맡은 사람이라는 것을 크게 자각해야 한다.

선수도 지도자도 항상 쉬지 않고 승리를 위해 뼈를 깎는 노력을 계속했을 것이다. 그 오랜 노력이 심판의 깃발 하나로 순간적으로 결정된다고 하면 심판된 사람으로서 그 깃발의 중요함과 책임감을 더욱 강하게 인식하지 않으면 안 된다. 다른 스포츠는 심판 문제로 많은 관중 앞에서 여러 가지 말썽을 일으키지만 검도에서는 그런 일은 절대로 없으며 판정에 대해서는 항의조차 허용되지 않는다. "심판은 절대적이다" 라는 한마디로 모두가 해결되고 있기 때문이다. 그러나 그 '절대' 라고 하는 안이함에서 오는 판정 미스가 너무나 많다. 거기에는 규칙의 연구가 모자라거나 심판경험의 부족 등 여러 가지 원인이 있겠지만 근본적인 것은 안이함에서 오는 '타격' 과 '맞힘' 의 엄밀한 연구가 부족하기 때문이다.

어떠한 타격도 똑같은 감각으로 똑같은 척도로 재려고 하는 안이한 행동이 잘못됐기 때문이다. 검도에는 가벼워도 문제삼을 수 없는 타격이 있고 강해도 받아들일 수 없는 타격이 있다. 그러한 차원에서 연구를 깊이 하지 않으면 검도는 점점 경박해지고 추구하는 길에서 멀어져 버릴 것이다.

"심판은 신성하다"라는 말은 사사로운 감정을 끼워넣지 말고 어디까지나 공정을 기해야 한다는 마음가짐을 가르치는 것이다. "심판은 절대"라는 말은 심판의 결정은 절대 불변이라는 데서 조금도 틀림이 있어서는 안 된다는 심판 자신에 대한 계율이다. 그것을 거꾸로 "심판은 절대적이니까 어떻게 판정을 내려도 왈가왈부하지 말라"고 하는 것은 참으로 본말이 전도된 것이며 심판 타락의 원흉이다.

최근의 시합은 구제불능이라 보러 가지 않는다는 고단자들의 말에 모두가 엄숙히 반성하지 않으면 안 된다. 검도의 황폐나 심판의 혼란도 근본을 밝히자면 고단자들의 태만에 있고, 심판으로서의 책임감 결여에 있다. 시합은 선수나 감독이나 한 덩어리가 되어 그야말로 목숨을 거는 일대 결전이 아닌가. 그 검도생명을 맡고 있는 심판이야말로 그 깃발 하나에 자기의 목숨을 걸고 수정 같은 마음으로 책임을 다해야 할 것이다. 그러한 정신이 심판으로서의 상식이며 절대 완수해야 할 책임인 것이다.

둘째, 검도 심판의 어려움을 자각해야 한다.

세상에는 시합의 종류가 많지만 검도만큼 번잡하고 어렵고 미묘한 것은 없다. 그것은 '한판의 절대성'이 없기 때문이다. 더욱이 기회라든가 간격이라든가 존심이라든가 모든 검도의 요소를 통합적으로 짧은 순간에 결정하지 않으면 안 되기 때문이다. 다른 스포츠에는 스톱워치가 있고 측정기가 있다. 아무리 작은 차이라도 정확히 판정할 수 있다. 체조경기나 다이빙 등의 감각경기에서는 감점규정이 아주 확실하고 심판 숫자도 여럿이어서 큰 문제는 일어나지 않는다. 그런데 검도에는 스톱워치도 없고 측정기도 없다. 단지 심판 스스로의 신념뿐이다. 그러므로 그 신념이 단호하고 근거가 확실한 판정을 내리지 않으면 혼란에 빠지게 된다. 검도 심판의 가장 큰 어려움은 '받아들여도 되고' '받아들이지 않아도 되는' 애매한 타격이 지나치게 많다는 것이다. '한판'이라는 내용이 너무나 복잡다단해서 어느 선까지를 '한판'으로 해야 하는가를 확실하게 판정하기 어렵다는 것이다. 그 미묘한 기술을 확실하게 판단해 주는 것이 심판의 신념이며 평소의 연마에서 나오는 번뜩이는 양심이다. 검도처럼 미묘한 경기의 심판은 단지 규칙을 알고 있는 것만으로는 완벽을 기할 수가 없다. 요는 연구하는 가운데 실전경험을 많이 쌓지 않으면 안 된다. 그래서 심판의 정신은 다른 스포츠와 마찬가지로 모두가 '엄정'이란 단어에 일관한다.

세계축구연맹의 공식 심판인 버치는 3C를 말한다. Correct(정확),

Confidence(자신), Courage(용기)의 이니셜을 딴 것인데, 이는 심판의 가장 중요한 근본적 정신을 나타낸 것이다. 검도 심판은 '정확, 자신, 용기'의 3대 지주를 중심에 세워 그것을 상징물로 삼아 오류가 없도록 해야 한다. 어떠한 심판도 정확한 판정을 내리는 것이 가장 중요하다. 정확을 기하기 위해서는 신념이 필요하고 결국 그 신념의 결단을 내리기 위해서는 용기가 필요하다. 백 마디의 말이 한 번의 행동에 미치지 못한다. 진실로 검도의 장래를 생각한다면 즉시 그 정신을 살려 지금 바로 그것을 실행해야 한다. 심판의 용단을 거듭 바라 마지않는 바이다.

셋째, 심판 수련의 필요성을 자각해야 한다.

검도 심판만큼 힘든 것은 없겠지만 거꾸로 검도만큼 심판을 소홀히 하고 수련을 게을리 하는 것도 없다. 다른 경기단체에는 모두 공인심판제도가 있다. 이들은 언제나 진지하게 연구를 한다. 하지만 가장 어렵다는 검도에는 공인심판제도도 없고 평소 수련도 없는 채 그저 방임하고 있는 상태이다. 심판은 검도의 방향을 규정하는 직접적이고 실제적인 지도를 하는 것인데 그것을 소홀히 하면 검도는 혼란에 빠져 수습할 수 없게 돼 버린다. 선수는 예외 없이 심판의 깃발이 올려진 쪽에 따라가게 마련이다. 아무리 뛰어난 지도자가 아무리 엄격하게 지도를 한다 해도 심판의 깃발 한번의 위력에 필적할 수 없다. 말하자면 이론보다 심판이 우선하는 것이다. 따라서 심판은 그 깃발을 흔드는 것이 얼마나 중요한 의미를 갖고 있는가를 새삼 깨닫지 않으면 안 된다. 검도계에는 다행인지 불행인지 단위 칭호라는 제도가 있어 지도자나 심판이나 모두 그 제도에 지배된다. 고단자만큼 뛰어난 심판이 있을 수 있는 것이다. 그러나 고단자가 반드시 명심판이 되는 것은 아니다. 고단자 중에도 부적격자는 많다. 연구도 하지 않고 수련도 쌓지 않는 고단자는 심판으로서는 낙제다.

세상에서 대중을 상대로 하거나 혹은 위험성을 동반하는 직업에 면허를 요하지 않는 것은 하나도 없다. 의사가 그렇고 운전사도 그렇고 모두 그 책임의 한계를 명확하게 하는 것이다. 마찬가지로 검도 심판 역시 선수의 '검도생명'을 맡은 중요한 역할을 한다. 그와 같이 재판관처럼 생살여탈권을 갖고 있다면 당연히 심판의 면허를 갖고 있어야 하는 것이 사회의 상식이고 제도상의 의무일 것이다.

미국에서는 야구심판학교가 있어서 연구수련을 시킨다고 한다. 검도와 비교하면 실로 간단하다고 생각할 수 있는 야구도 그 정도로 정성을 다해 진지하게 연구하고 있다. 그것을 생각하면 검도 심판에 관한 사고방식은 너무나 느슨하고 지나치게 무책임하다고 하지 않을 수 없다. 똑같은 무도인데도 스모는 심판에 대한 사고방식이 참으로 엄정하다. 본받을 만한 점이 많다. 교지(行司)라고 부르는 전문직 심판을 세워, 만일 진 사람을 이긴 것으로 잘못 판정하면 당일로 진퇴에 대한 청원을 낸다. 게다가 교지는 지금도 단도를 허리에 차고 있는데, 그것은 만일 심판을 잘못 보았다면 즉각 할복해 사죄하겠다는 결의를 나타내는 것이다. 검도도 그 정도의 마음가짐과 진지함을 갖고 대응해 나가지 않으면 안 된다.

검도 심판에 관해서는 이전에도 여러 번 썼으므로 전문적인 것은 생략하겠다. 심판이야말로 검도에서 가장 중요한 방향 지시자이다. 검도의 명줄을 쥐고 있는 가장 중요한 재판관이다. 그러한 자각과 책임감 아래 연구노력을 게을리 하지 않기를 염원하는 바이다.

검리(劒理)의 전개

"검의 길은 인간의 길"이며 "검의 가르침은 인생의 가르침"이라는 교훈을 현대사회에 살려 일상생활에 적용하고 가정에서부터 모두가 실천해 나가지 않으면 안 된다.

검도에 대한 철학적 교훈

검도계에는 인생과 연관된 교훈이나 철학이 헤아릴 수 없을 만큼 많이 있다. 그 정신을 섭취하여 인생에서 살려나가고자 함이 현대검도의 목적이다. 그러한 귀중한 교훈을 망각하고 그러한 가르침이 현실과 동떨어진 채 어떤 기능도 하지 못한다는 데 현대검도의 크나큰 비극이 존재하는 것이다. 다쿠앙 소호가 말한 "검의 길은 인간의 길"이며 "검의 가르침은 인생의 가르침"이라는 교훈을 현대사회에 살려 일상생활에 적용하고 가정에서부터 모두가 실천해 나가지 않으면 안 된다. 그저 헛된 거짓말이나 하고 말로만 떠들어서는 머리 속도 비게 되고 인간성을 기르는 데도 소용이 없다. 옛날의 귀중한 말씀을 잘 음미하고 되새겨 선비혼이 담긴 인간을 만드는 것이 현대검도의 목적이며 사명이다.

● 검도의 네 가지 병

인간에게는 404가지의 병이 있고 108가지의 번뇌가 있다고 한다. 사람의 마음속에는 그러한 여러 가지 욕망이나 미망이 언제나 가득 들어 있는데, 그 가운데서도 검도로 말하면 '공(恐)' '경(驚)' '의(疑)' '혹(惑)'의 네 가지가 가장 직접적인 병이다. 그것이 올바른 검의 정신적 장애를 낳고 그것이야 말로 참으로 '검도의 죽을 병'이라고 하지 않을 수 없다. 검의 4계(四戒)는 즉, 인생의 4계이다. 그것을 불식하고 해소하는 것이 검도수련의 목적이며 인간형성의 안목이다. 검의 네 가지 병은 별개로 존재하는 것이 아니라 서로 나쁜 연쇄반응을 일으킨다. 두려움은 의심으로, 놀라움은 망설임이라는 결과로 나타난다. 그러한 마음의 동요가 검의 품격을 떨어뜨리고 인격을 손상시키는 원인이 된다. 모름지기 그러한 정신적 병을 극복하고 청신한 검도의 뜻을 세우고 독실한 인격형성에 노력해야만 할 것이다.

두려움(恐)

상대방의 체격, 실력, 혹은 과거의 전적을 보고 아무래도 이길 수 없다는 두려움을 갖고 떤다면 심신이 위축되어 자기가 가진 모든 능력을 발휘할 수 없다. 일찍이 나고야에 가시마 기요다카라는 분이 있었다. 나이는 나보다 몇 살 많고 체구는 야무진데 키는 작았다. 그 가시마 선생님은 머리치기가 특기였다. 뉴우이 선생님을 필두로 당대의 내노라 하는 분들도 모두 가시마 선생님의 시합을 보는 것만으로도 큰 공부가 된다고 말할 정도였다. 물론 승부를 겨루는 게 아니라 시범시합이지만 '가시마의 머리치기'는 가는 곳마다 그 위력을 발휘했다. 가시마 선생님은 문자 그대로 파죽지세로 이기고 올라와 결국 다카노 히로마사 선생님과의 한판 승부가 벌어졌다. 한쪽은 무가적통(武家嫡統)의 기품 있는 다카노 히로마사요, 한쪽은 도카이(東海)의 실력자 가시마, 교토 검도대회의 최고 하이라이트였다. 나는 다카노 선생님이 '가시마의 머리치기'를 과연 피할 수 있을까 없을까 목을 빼고 지켜보고 있었다. 일어서서 얼마쯤 있으니 과연 가시마 선생님이 정면에서 머리를 가격했다. 다카노 선생님은 발을 왼쪽으로 빼내 거꾸로 허리치기를 했다. 과연 어느 쪽이 먼저였을까. 나로서는 잘 알 수 없었다. 가까이서 본 사람도 잘 알 수 없을 것 같았다. 나중에 다카노 선생님에게 물었더니 "그쪽은 타이밍이 빗나가게 하는 것이 훌륭하지"라고 그저 한마디 하셨는데, 나는 지금까지 그 진의를 정확하게 파악하지 못하고 있다. 가시마 선생님은 손목치기나 허리치기는 절대로 하지 않는다. 누구와 붙어도 반드시 머리치기 한판이다. 선생님이 머리치기만 한다는 것을 모두 알면서도 모두 그 머리치기에 당하는 것은 참으로 불가사의한 일이다. 아마도 머리에만 온통 신경을 쓰기 때문에 그것이 지심(止心)이 되고 그래서 타이밍을 놓치면 그 머리치기가 성공하는 것일지도 모른다. 배구의 시간차 공격이 그러한 요령일 것이다. 가시마 선생님과 붙으면 머리치기를 경계해야 된다는 것이 일반적인 정설이 되고, 그러한 경계심이 긴장이 되고, 결국 두려움이 되어 스스로 자승자박하는 결과가 되는 것은 아닐까 생각된다.

전쟁에서도 그렇다. "나폴레옹은 강하다"는 선입관을 갖고 마음속으로 두려워했기 때문에 "나폴레옹 군대가 온다"는 얘기만 들어도 적군은 위축되어 전의를 잃어버린다. 나폴레옹은 "나의 사전에는 불가능이란 단어가 없다"고 호언하고 더욱이 "우리를 막을 알프스가 겨우 이 정도란 말이냐"라는 기개를 갖고 주변 4개국을 정복했다. 그러나 "운명아! 비켜라. 내가 간다"고 말하는데 이르러서는 하늘을 두려워하지 않는 지나친 자신감으로 결국 워털루 전투에서 패해 세인트헬레나로 유배되어 달을 쳐다보며 죽었다. 어떤 상황에서라도 두려워하지 않는 기개는 필요하지만 하늘을 두려워하는 겸허함만은 절대로 잃어버려서는 안 된다. 그것이 참으로 용기 있는 자이다.

놀람(驚)

'놀람'은 전혀 예상치 못한 상대방의 겨누기, 혹은 기량 등에 경악하여 평상심을 잃어버리고 당황해서 허둥대는 것이다. 평상심을 잃으면 반드시 지는 법이다. 나는 이러한 교훈을 받은 적이 있다. 1954년쯤이었던 같다. 오사카에서 전일본학생검도대회가 열렸을 때였다. 중앙체육관 입구에 장기의 마스다 명인이 서 있었다. 나는 마스다 명인을 만난 적도 없고 얘기를 나눈 적은 더더욱 없었지만 그 풍모를 보고 단박에 그를 알아봤다. 나는 당일 경기의 책임자였기 때문에 그를 중앙석에 안내하여 함께 관전했다. 그는 선수가 공격을 할 때면 "에이, 시원치 않아" "에이, 신통치 않아"라며 혼자 중얼거렸다. 옆에서 지켜보니 경기를 보는 눈이 참으로 진지하여 시합을 집어삼킬 듯했다. "에이, 그게 아니야"라고 하는 것도 저절로 나오는 소리지 결코 만들어내는 말이 아니었다. 나는 그가 너무나 진지한 것에 놀라 "명인께서도 검도를 좋아하십니까"라고 물었다.

그랬더니 "나는 검도를 좋아해서, 실은 검도 선생님이 되려고 했는데 자전거에서 떨어져 크게 다쳐 한쪽 발이 부자유스럽게 됐습니다. 그래서 할 수 없이 장기 두는 놈이 된 겁니다"라고 말했다. 그 얘기를 듣고 오히려 내가 거듭 놀랐다. 그러고 보면 "에이! 그게 아니지"라고 중얼거리는 것은 검도와 장기를 하나로 보고, 같은 차원에서 보는 데서 나오는 탄식인지도 모른다. 우리들은 여기서 언제 어떤 일과 조우해도 마스다 명인이 장기와는 어울리지 않는 검도를 통해 장기의 전략을 연구하던 그런 자세를 배워야 한다. 옛날 사람이 "천지자연을 장검으로 벤다는 마음으로 수행하라"고 가르친 의미를 현실적으로 잘 이해할 수 있게 된다. 검도에서 어떠한 크나큰 변화를 갑자기 만나도 절대로 흔들리지 않는 마음은 실로 귀중하다. 일상적인 행동 속에서 그 부동의 마음자세를 얻을 수 있는 경지에 올라서는 것이 중요하다.

모리 란마루는 오다 노부나가가 가장 아끼던 부하였는데 혼노지(本能寺) 사태를 아즈치(安土)로 전할 때 그 비서에게 "급할수록 마음을 가라앉혀야 한다"고 격려했다. 보통 사람이라면 "빨리 써라. 급하다 급해"라고 다그칠 텐데 란마루는 그렇지 않았다. 조급할수록 더욱 마음을 가라앉혀 정확하게 틀림없이 쓰게 한다는 것은 실로 얄미울 정도로 침착한 일이다. 큰일이 닥쳐도 조금도 놀라지 않는 부동심을 우리들의 마음속에 깊이 새겨야 할 것이다.

벤케이도 그렇다. 도카이에게 검문을 당할 때 마음이 크게 동요됐을 텐데 "그때 벤케이는 조금도 허둥대지 않았다"는 유명한 연극 대사에 나오는 것처럼 침착하게 무사히 큰 난관을 뚫고 나올 수 있었던 것이다. 어떠한 큰일이 닥쳐도 놀라지 않는 벤케이의 부동심이 미나모토노 요시쓰네 일행을 구해낸 것이다. 유명한 후지카와 전투에서는 미나모토노 요리토모가 많은 새의 날개를 자른 뒤 야밤을 틈타 한꺼번에 풀어놓고는 몰이꾼들이 큰소리를 지르면 날아오를 수 없는 새들이 소리를 지르며 난리를 피우게 했다. 그 소리를 듣기만 하고도 다이라노 고레모리는 "이크! 대군이 쳐들어온다"며 싸움 한번 하지 않고 도주해 버렸다. 새소리에 놀라 패주한 비겁함과 한심스러운 모습은 후세에까지 이야깃거리가 되고 있다. '놀람'이라는 단어가 얼마나 엄청난 화를 불러오는 것인가, 거꾸로 아무리 큰일을 당해도 조금도 흔들리지 않는 부동의 신념이 얼마나 귀중한 것인가를 잘 알지 않으면 안 된다.

의심(疑)

'의심'이라는 것은 상대방의 마음이나 행동을 수상하게 생각해 스스로 마음이 안정되지 않는 것이다. 검도에서 상대방이 겨누는 자세에 빈틈이 있으면, 일부러 빈틈을 보이는 것이 아닐까 하고 의심하고 상대방이 자세를 바꾸면 어디부터 치고 들어오려는 걸까 하는 의심을 갖게 돼 결국 마음의 갈피를 못 잡아 스스로 조금씩 흔들리게 된다.

"여우의 의심"이라는 말이 있다. 여우는 쏜살같이 도망가다가도 반드시 한 번은 멈춰 서서 뒤돌아보는 습성이 있다. 사냥꾼은 그때를 놓치지 않고 여우가 뒤돌아보는 것을 겨냥하여 쏘아 죽인다. 검도에서도 과감히 머리치기를 하면 될 것을 혹시 상대가 나오는 손목치기를 하려는 게 아닐까, 허리치기를 끌어내려고 하는 게 아닐까 하고 의심함에 따라 그것이 '여우의 의심'이 되어 되돌아보고 망설이다가 검코가 무뎌져 거꾸로 당하게 되는 경우가 흔하다.

유명한 등산가 우에무라 나오미가 "어떠한 위험을 만나도 절대로 자신을 갖지 않으면 안 된다. 혹시 실패하지 않을까 하고 조금이라도 의심한다면 반드시 실패한다"고 말했다. 장기 명인 오야마도 "지지는 않을까라고 조금이라도 마음속 밑바닥에 의심이 생기면 절대로 이길 수 없다"는 승부사의 마음을 이야기한 바 있다.

1935년 국왕이 지켜보는 어전시합에서 우승한 노마 히사시는 상대방이 가나가와의 세시다 선수라는 것을 알고부터 그에 대한 전술을 연구했다. 세시다는 손목치기의 명수이고 어떠한 강호도 모두 그의 손목치기에 패했다. 노마가 세시다의 손목치기를 연구한 것은 당연하다. 모든 사람에게서 그의 수법을 듣고, 많은 심판들에게 대응방법을 묻고 연

구했다. 그런데도 시합에서 뛰어난 손목치기를 한판 당했는데, 다행히
도 결과적으로는 상대를 누르고 우승한 적이 있다. 중요한 이야기는 지
금부터다. 그후 노마는 기회가 생겨 세시다와 맞붙는 수련회가 있었는
데 참으로 놀랐다. 그만큼 무섭고 그만큼 경계했던 상대였는데 상대해
보니 전혀 예상과는 달리 때리면 맞고, 치고 들어가면 밀리고, 상대의
기술은 전혀 이쪽에 통하지 않았다. 그때 노마는 곰곰이 생각했다. 참
으로 이것이 네 가지 병 가운데 바로 그 '의심'에 대한 가르침이로구
나. 이 생각 저 생각, 마음은 천 갈래 만 갈래로 흔들려 의심의 마귀가
생겨 스스로 정기(正氣)를 막아버린 것이다. 국왕이 지켜보는 시합에서
여러 가지를 배웠지만 그만큼 뼈에 사무치는 절실한 교훈은 없었다는
노마의 술회였다. 의심하자면 한이 없고 망설이면 망설인 만큼 한없이
빠져들어가 결국에는 출구도 입구도 알 수 없게 되어버리는 것이다. 미
나모토노 요리토모는 의심이 많아 아무도 믿지 않았다. 의심은 악귀를
만들고 악귀는 야차가 되어 친동생인 요시쓰네를 죽이고 결국엔 자신
도 망하는 원인이 되었다.

검도에만 국한된 게 아니라 어떤 사회에서도 사람을 의심하는 것은 죄악이
고, 자신도 망하는 원인이 된다. 맑은 하늘에 먹구름은 없는 법이고 청명한 마
음에 의심하는 마음은 생겨나지 않는 법이다. 항상 가슴을 펴고 하늘을 향
해 휘파람을 부는 낭랑한 정기가 있다면 인생의 행복도 사회의 기쁨도
거기에서 생겨나올 것이다.

망설임(惑)
'망설임'은 마음의 갈피를 잡지 못하고 상대방에 대해 어디를 공격할까 어

떻게 대응할까 하고 주저하는 것으로, 결단을 내리지 못하는 것을 말한다. 망설이면 주저하고 머뭇거려 과감한 공격을 할 수 없게 되며 깨끗한 승리를 얻을 수 없는 것이다. 쇼군(將軍) 도쿠가와 이에미쓰는 데쿠라고 부르는 원숭이를 예뻐해서 언제나 끌어안고 쓰다듬어 주었다. 짐승이라고는 해도 태어나자마자 죽도를 쥐고 야규 도장에서 가르친 데쿠는 아주 지혜롭고 행동도 민첩하여 누구에게도 잡히지 않았다. 어느 날 이에미쓰가 야규에게 "데쿠를 한번 때려 보라"고 했다. 야규는 부채를 들고 때리려고 했지만 벌써 눈치를 채어 도무지 때릴 수가 없었다. 그때 옆에 있던 다쿠앙 소호 스님이 "그러면 제가 한번 해볼까요"라고 말하고 별로 힘도 들이지 않고 때려 버렸다. 쇼군의 검도 스승의 솜씨로도 안 되던 것을 검도를 모르는 스님에게 맞을 수는 없는 일이다. 참으로 해석하기 힘들지만 그 원리는 단 한 가지다. 야규는 만일 잘못해서 쇼군의 무릎이라도 때리면 큰일이라는 망설임과 머뭇거림이 있어 그것이 두려움이 되어 제대로 때릴 수가 없었던 것이다. 그러나 다쿠앙 스님은 쇼군의 무릎을 때리더라도 할 수 없다는, 두려움이나 망설임 없는 신념으로 일격을 가했던 것이다. 거기에 무념무상의 검의 진리가 있었으니, 아무리 영리한 원숭이라도 피할 도리가 없었던 것이다.

인간이라면 누구나 그러한 이치를 알고 있지만 설마 하다 보면 생각이 혼란스러워져 쉽게 결단을 내릴 수 없게 되는 것이다.

이야기를 바꿔 노일전쟁 때인데 동해해전의 전환점이 될 발틱 함대가 아무리 기다려도 나타나지 않았다. 도고원수 이하 해군장성들은 혹시 쓰가루 해협으로 돌아서 올지도 모른다는 생각에 빠지게 되었다. 결국은 해군을 둘로 나누어야 한다는 말까지 나왔다. 그러나 아키야마 중좌는 "발틱 함대는 반드시 동해 쪽으로 온다. 며칠 늦더라도 반드시 쓰시마에 나타날 것"이라고 단언했다. 과학적으로나 정보를 통해서도 그쪽으로 올 수밖에 없다고 절대적으로 믿었지만 여기에 이르기까지의 도고 원수 이하 전군의 두려움, 놀람, 의심, 망설임이 뒤섞인 마음의 고통과 고뇌는 얼마나 심했을까. 바야흐로 일본이 흥하느냐 망하느냐가 그 일전에 달려 있었는데 도고 원수는 아키야마 참모의 진언을 굳게 믿고 결단을 내려 결국 일본을 구했던 것이다. 실로 아슬아슬한 곡예였다. 만일 아키야마 참모를 조금이라도 믿지 못하거나 망설였다면 한 나라의 명운이 걸린 그러한 결단을 쉽게 할 수 없었을 것이다. 도고 원수에게 망설임 없이 부하를 믿는 그 결단이 없었다면 세기의 대해전도 어쩌면 역전된 결과를 낳았을지도 모른다는 생각이 든다. 실로 무서운 생각이 들기도 하고 어떤 일에 부딪쳤을 때 네 가지 병을 없애는 것이 얼마나 중요한 것인가를 새삼 깨닫게 해주는 일화이다.

● 삼운일체(三運一体)

'한판' 의 타격을 분석하면 '선(先)', '일도양단(一刀兩斷)', '존심(存心)' 의 세 가지인데, 그 세 가지가 하나가 되고 일원적 기능을 해야 비로소 완전한 '한판' 이 될 수 있다. 검도에는 '기·검·체(氣·劍·体)' 라든가 '심·기·도(心·氣·刀)' 라든가 하는 여러 가지 표현이 있는데, 그 지향하는 바는 대동소이하다. 일도류(一刀流)에서는 '로(露)의 위(位)' '석화(石火)의 위(位)' '범종(梵鐘)의 위(位)' 를 귀중하게 여기는데, 그것은 삼운일체(三運一体)와 똑같은 것이다.

'露의 位' 라는 것은 나뭇잎에 떨어진 이슬방울이 모여 기가 가득 차

면 똑 하고 떨어지는 것처럼 결코 무리한 타격을 하지 않고 기가 가득
찼을 때 타격을 가하는 선(先)의 정신을 말하는 것이다.

'石火의 位' 는 부싯돌을 때리면 불똥이 튀는 것처럼 지체없이 날카
로운 타격을 하는 것이다. 일도양단의 타격이다.

'梵鐘의 位' 라는 것은 타격을 하고 난 후 원상태로 돌아오는 것이다.
때리면 범종소리처럼 여운을 남기는, 존심(存心)을 감돌게 하는 것이다.

검도에는 삼운일체를 지극히 중요하게 여기는데, 사회에서나 어떤 일을 이루
는 데도 그 정신이 실리지 않는다면 그 일을 완결할 수 없다. 서도에서는 붓을
일으켜(起筆), 막힘 없이 써 내려가(送筆), 힘주어 끝낸다(終筆)는 세 가지가 기본이
되어 "술술 써 내려가도 끝은 똑바르게"라는 가르침이 있다는데, 그 역시 삼운
일체의 정신이다.

미야모토 무사시는 "병법의 도로써 행한다면 온 세상의 것들이 다
스승이다"라고 말해 글씨도 그림도 조각에서도 발군의 솜씨를 발휘했
다. 사물의 원리는 모두 한 가지이다. 무사시는 아니지만 검도의 가르
침을 인용해서 말한다면 자기 자신에게나 그 어떤 것에도 적용할 수 있
기 때문이다. 그런 생각으로 나 자신의 글씨를 살펴보면 참으로 검리에
거슬리는 것만이 가득하다.

첫째 '거리' 와 '간격' 을 잡는 법을 알 수 없다. 엽서 한 장을 써도 처
음에는 큰 글씨로 폭넓게 써 내려가다가 나중에는 점점 글씨도 작아지
고 글자 사이의 간격도 좁아져 질식해 버릴 것 같은 느낌이다. 글자는
'중심과 조화가 중요하다' 고 하는 것을 어딘가에 쓴 적이 있는데, 글자
의 중심을 잡는다는 것은 검도로 말하자면 중묵(中墨·먹줄 긋기)이다. 조
화라는 것은 검도에서 말하는 변화이다. 그렇게 생각해 보면 검도나 습

자나 결국 그 깊은 의미는 똑같은 것이다. 옛날 검도 선생님 모두의 붓글씨가 대단했던 것도 과연 수긍이 간다.

몇십년 전 얘기인데, 미에현에 미야자키라는 분이 있었다. 그 분은 매년 연하장을 인쇄하지 않고 한 자 한 자 정성껏 붓으로 써서 보냈다. 너무나 황송해서 언젠가 선생님을 뵈었을 때 "이제 그런 정성을 들이는 연하장은 그만두시지요"라고 했더니 "아닙니다. 그것은 이노우에 선생님에게만 특별히 그렇게 하는 것이 아니라 누구에게든 다 그런 식으로 써서 보냅니다. 사실 나는 연하장이 나오기 시작하면 그날 바로 사서 한 장 한 장 최선을 다해 정중하게 씁니다. 실은 그것은 나의 즐거움이며 연하장으로 글씨 쓰기 수련을 하고 있는 겁니다"라고 하는 것이었다. 미야자키 선생님이 서도 선생님이고 붓글씨의 대가라는 말을 듣고 놀랐다. 서도의 전문가가 연하장을 쓰면서까지 글씨 쓰기 수련을 한다는 것은 놀라운 일이다. 그야말로 우리 같은 우매한 사람들이 배우지 않으면 안 될 미학이라고 생각한다. 그 일이 생각나서 아흔이나 된 나이지만 이제라도 붓글씨 쓰기를 시작해야겠다는 기분이 든다. 한 장의 엽서도 쓰는 내용, 거리와 간격, 나아가 중묵과 조화를 중심으로 생각하면 참으로 죽도를 펜으로 바꿔 잡은 진검승부의 심정이다.

역시 미야모토 무사시는 위대하다. 실로 좋은 것을 가르쳐 주었다. 정말로 이 세상의 모든 것이 삼운일체로 이루어지지 않은 것이 없다는 생각이다. 아버지가 회사에 가는 것도, 어머니가 부엌에서 일하는 것도, 어린이가 학교에 가는 것도 참으로 삼운일체의 반복이다. 어린이가 학교에 가기 전에 예습을 하는 것이 선(先)이고, 학교에서 열심히 공부하는 것이 일도양단의 정신이다. 집으로 돌아와 복습하는 것이 존심(存

心)이다. 그 세 가지 중 어느 하나라도 빠뜨리면 우등생이 될 수 없다.

군함이 항구에 들어오면 반드시 뱃머리를 바다 쪽으로 향하게 정박 시켰다고 한다. 언제라도 출항할 수 있는 태세를 갖추기 위함이라는 것이다. 그것은 바로 존심이며 선의 정신과 잇닿아 있다. 도장에서 신발을 가지런히 놓는 것도 똑같은 정신이다.

"훌륭한 농부의 괭이는 언제나 반짝인다"고 하는데, 그것은 사용하고 난 후에 잘 닦아 손질을 해두는 존심이 빈틈없기 때문이다. 목수는 그날 일을 마치면 대패를 갈고 톱날을 세워놓고 내일을 준비한다.

"오늘을 매듭지어야 내일의 능률이 있다" 인생은 선과 존심의 반복이다. 그 마음가짐이 멋있는 일도양단을 할 수 있게 한다. 검도를 배우는 사람들은 마땅히 이 삼운일체의 실천을 일상생활에서 잊어서는 안 된다. "알고도 행하지 않으면 모르는 것만 못하다" 아무리 좋은 것을 배워도, 아무리 머리 속에 잘 이해되고 있어도 그것을 실행하지 않으면 그것은 아무런 소용이 없다. "검의 리(理)는 천리(天理)이며 인륜의 대본(大本)"이라고 야규류에서는 가르치고 있다. 그 이치를 끊임없이 실천하여, 품위 있고 늠름한 인간을 만드는 것이 현대검도의 목적일 터이다.

●삼무(三無)의 검

야규류에는 '삼마(三磨)의 검'이 있고 경신명지류(鏡新明智流)에는 '삼무(三無)의 검'이라는 비법이 있다.

막부 말기 3검사 가운데 "힘은 사이토, 기술은 지바, 품세는 모모이 아키토모"라고 부를 만큼 경신명지류는 품격을 존중하고 품세를 중시하는 유파였다. 그러면 명지류의 그 품세는 도대체 어디서부터 생겨난 것일까. 그것은 "무리 없고, 낭비 없고, 무법(無法)이 아닌(검법에 따르는)"이라는 3무의 비법에서 나온 것이다. 그 3무의 정신은 단순히 검의 비법만이 아니라 인생의 중요한 비법이며 사회의 질서이며 나아가 국가 흥성의 원천이다. "검의 길은 인간의 길"이라는 야규의 가르침을 빌려 인생과 연계된 윤회와 "3무의 검"에 대해 조용히 생각해 보자.

무리하지 말라

검도에서는 "이기는 데는 법이 있고 지는 데도 이유가 있다"는 가르침이 있다. 이기든 지든 이법(理法)에 들어맞는 타격이 아니면 안 된다. 무리한 타격, 무리한 검법은 절대로 안 된다는 것이다. 무리는 파탄의 원인이고 무리 없는 공격은 검의 법도이다. 옛날 교토에 한나절에 2백 리를 가는 건각이 있었다. 그 사람에게 비결을 물으면 "나는 아버지가 '물웅덩이를 뛰어넘지 말라. 자갈을 밟지 말라' 고만 가르쳐 주셨다. 나는 그것을 충실히 지키고 있을 뿐"이라고 대답했다. 그렇게 잰걸음을 걷는 사람이 아니더라도, 누구나 아침에는 원기가 넘치기 때문에 물웅덩이를 뛰어 건너고 언덕길도 힘 안들이고 종종걸음으로 달릴 수 있다. 그러나 그래서는 안 되는 것이다. 그러한 무리가 나중에 탈이 나서 속도도 줄어들고 결국 지치게 되는 것이다. "물웅덩이를 뛰어넘지 말라"고 하는 것은 결코 무리해서는 안 된다는 것이고, "자갈을 밟지 말라"는 것은 발 밑을 조심하고 한눈 팔지 말라는 것이다. 옛날 사람들은 간단한 말 속에 실로 의미 있는 가르침을 많이 주고 있다.

벤케이와 요시쓰네가 풀을 쑤는 이야기에도 교훈이 있다. 벤케이는 힘이 닿는 대로 많은 쌀을 한꺼번에 짓이겨 풀을 쑤려고 했으나 알맹이가 다 부서지지 않아 좋은 풀을 만들 수 없었다. 그러나 요시쓰네는 한 알 한 알을 정성 들여 이겨 아주 좋은 풀을 만들었다. 무리하게 힘만 믿는 것은 결코 통하지 않는다는 것을 가르쳐 주는 것이다. 세상일은 모두 벤케이와 요시쓰네의 이야기처럼 절대로 무리는 이로울 게 없다. 한 알 한 알 정성을 다하는 노력이야말로 마지막 승리를 만들 수 있음을 알아야 한다.

낭비하지 말라

고생하고도 보람없는 것을 헛수고라고 한다. 검도에서는 아무리 공격해 봐도 '한판'이 되지 않는 것이 헛 공격이다. 낭비 없는 일격을 일도류(一刀流)에서는 일심일도(一心一刀)라고 하고 신음류(神隱流)에서는 신묘검(神妙劍)이라고 한다. 단칼에 모든 것을 걸고 헛손질을 하지 않게 하여 그 위력을 발휘하는 것이다. 그것이 검의 진수이고 활인검인 것이다. 따라서 일상의 수련에서도 그러한 일격필살을 소홀히 하지 말고 사소한 타격 하나에도 정신을 모아 절대로 낭비하지 않는 타격을 할 수 있는 마음가짐이 가장 중요하다. 과소비나, 배불러 일어나기 힘들 정도로 먹는다든가, 생각해 보면 우리 사회에는 쓸데없는 낭비가 참으로 많이 있다. 시간절약은 중요한 일이다. 모임에 20분 30분씩 늦는 것이 당연한 것으로 생각하는 사람도 있다. 기다리고 있는 사람의 시간을 합치면 참으로 엄청난 낭비일 것이다.

시간도 그렇지만 일본인의 식사낭비 또한 지나치다. "일본요리는 눈으로 먹고 서양요리는 냄새로 먹고 중국요리는 맛으로 먹는다"는 말이 있는데 참으로 딱 들어맞는 말이다. 일본요리는 멋있는 그릇에 흡사 그림처럼 기가 막히게 차려 먼저 눈을 즐겁게 한다. 서양요리는 깨끗한 은 포크를 가지런히 놓고 향기 좋은 음식을 차례로 내온다. 그런가 하면 중국요리는 맛이 뛰어나다. 둥근 테이블 위에 맛있는 요리가 빙글빙글 돌아 좋아하는 음식을 가려서 먹을 수 있다. 모두 만족해 하고 어느 것 하나 낭비가 없다. 남아서 버릴 일도 없다. 게다가 최근 큰 중국 요릿집에서는 음식을 남기면 결혼식 선물처럼 싸준다. 일본의 고급 요리는 보기에는 화려하지만 너무나 네 것 내 것이 확실해서 다른 사람의 음식에 젓가락을 댈 수가 없다. 그래서 남은 요리는 그대로 돼지우리로 들어가 버린다. 나는 규슈의 농촌에서 태어나 어린 시절부터 물건을 소중히 여기도록 배워왔다. 그래서 "그런 짓을 하면 벌을 받는다" "그런 것을 가지려고 해서는 안 된다"는 말을 들으며 커왔다. 그래서 요즘처럼 남았다고 금방 버리고 조금만 딱딱해지면 금방 쓰레기통에다 쑤셔 넣는 '버리는 철학'은 도무지 정이 들지 않는다.

검도에서는 "쓸데없이 마구 공격만 하는 이는 하수"라고 한다. 낭비가 많은 공격은 하수가 하는 짓이고 하급무사들이 하는 짓이라고 해서 가장 무시했다. 인생에서도 쓸데없이 말이 많고 먹는 것만 밝히는 것은 상놈 근성이라고 좋은 대접을 받지 못한다. 일상생활에서 낭비 없는 행동이야말로 그 성역으로 가까이 갈 수 있는 유일한 왕도라는 것을 마음 속에 깊이 새겨야만 한다.

법을 어기지 말라

야규류에는 "이(理)를 숭상하고 법을 따른다"는 것을 병법의 첫 번째로 삼는데 그것은 인생에서도 가장 숭상해야 할 인륜의 근본이다. 법은 모범이며 규정이다. 마땅히 사람이 지켜야만 할 도인 것이다. 그러한 법을 무시한다면 사회는 성립될 수 없다. 검도는 옛날에는 검법이라고 하고 혹은 병법이라고 했는데, 그것은 검을 다루는 법과 인생의 법의 접점을 말한 것이며 이치를 가르친 것이다. 권력을 믿고 뻐기는 벼슬아치도 있고 어쩔 도리가 없는 무법자도 있다. 그러한 못된 벼슬아치나 무법자를 물리치는 것이 '일살다생(一殺多生)의 검'이며 활인검의 진수였다. 오늘날 검도를 숭상하려면 먼저 그 정신을 살리고 그 정신을 생활 속에서 실천해야 한다.

사토 아이코의 노래가 있다.

"모두들 휩쓸려 간다. 뒤에 남아 처지는 자는 빠져 죽으리라. 함께 휩쓸려 가는 것이 살아남기 위한 지혜라는 것을 어린이들에게 가르쳐 주어야 하지 않을까."

참으로 현대사회의 맹점을 찌른 귀한 경구이다. 이 논지처럼 모두가 안이하게 나쁜 쪽에 휩쓸려 가고 있다. 그 가운데서 "그것은 틀렸다. 그것은 무법이다"하고 방향전환을 하려 하면 혼자만 남아 도태되어 버리고 만다. 그것이 요즘의 세태이지만 혼자 남아서 휩쓸려도, 빠져죽어도 정의를 지키고 법을 수호하는 것이 인간에게 가장 중요한 일일 터이고 검도는 그 검리검법에 따라 법을 지키는 것이 얼마나 인생에서 중요한 것인지를 단적으로 가르쳐주는 것이다. 경신명지류에서 "무리하지 말고, 낭비하지 말고, 법을 어기지 말라"고 하는 것은 인생의 근본을 말한 것이다. 그 3

무의 검'을 인생의 '3무의 법'으로 실천해 가는 것이 현대검도가 도착해야 할 목표라고 해도 되지 않을까.

● 지켜야 할 네 가지

첫째, 무사도에서는 뒤를 보여서는 안 된다.

인간은 누구나 다른 사람에게 지지 않으려고 한다. 하물며 무사라면 언제나 앞을 다투어 선두에 서야 하는 것이다. 남에게 뒤를 보이는 것은 무사로서는 더할 수 없는 치욕이다. 검도시합에서 "져도 좋으니까 멋있게 싸우라"고 하는 것은 지는 것이 좋다는 뜻이 아니라 비겁하고 비열하게 이기는 것보다 져도 상관없으니 당당하게 겨루라는 데 중점을 둔 가르침이다. "점수에서는 져도 검도에서는 이겨라"하는 교훈이다. 인간이면 누구라도 이기고 싶어한다. 가위바위보를 하더라도 이기고 싶은 것이 인간이다. 그러나 거기에 무사도가 있고 법의 규정이 있는 것이다. 비겁한 행동은 무사도에 어긋나는 것이고 법의 규정에 반하는 것이다. 정당한 승리야말로 의의가 있고 참다운 가치가 있는 것이다.

옛날 사쓰마의 고사라는 무사는 할복이라는 말만 들어도 얼굴이 파랗게 질렸다. 그런데 남에게 뒤져, 살아서 수치를 받아서는 안 된다고 깊이 생각하고 있었다. 아침저녁으로 밥을 먹을 때마다 젓가락을 단도라고 생각하고 할복하는 흉내를 냈다. 그러는 동안 젓가락을 단도로 바꾸어 쥐어도 조금도 움직이지 않고 언제라도 할복할 수 있다는 마음가짐이 되었다. 다른 사람에게 뒤져선 안 된다는 무사의 순결한 일념이 그렇게 시켰던 것이다.

또 히고의 도코 다헤이란 무사는 죽음을 두려워하지 않도록 하기 위해 진검의 시퍼런 날을 뽑아 천장에 걸어놓고 칼이 머리 위에 떨어지더라도 움직이지 않는 마음의 수련을 쌓았다. 그러한 죽음을 두려워하지 않는 부동심을 길렀기 때문에 무술은 변변찮았지만 미야모토 무사시의 눈에 띄어 호소카와로부터 파격적인 총애를 받았다. 다시 말하자면 "다른 사람에게 뒤져서는 안 된다"고 하는 책임감에서 나온 자기수련을 해야 한다는 것이다. 현대사회에서도 결코 그러한 마음가짐을 잃어버려서는 안 될 것이다. 다른 사람에게 이기고 자기 자신에게 이기기 위해서는 날마다 수련한다는 마음가짐이 첫째이다. 그러한 정신을 절대로 잊어서는 안 된다.

둘째, 주군을 위해 나서야 한다.

무사의 사명은 '주군을 위해 나서는 것' 오직 그것뿐이다. 주군을 위해 나서기 위해서는 평소 마음을 바르게 하고 무술을 연마하고 다른 사람에게 뒤지지 않겠다는 각오를 하지 않으면 안 된다. 현대사회에서도 회사는 사장을 중심으로, 학교에서는 교장 선생님을 받들어 몸을 바친다는 각오가 있지 않으면 회사는 쓰러지고 학교는 황폐해진다.

전전에는 귀일정신(歸一精神)이라는 것이 존중되었다. 귀일정신은 여운은 나쁘지만 알맹이는 참으로 뛰어난 것이다. 모든 것이 중심은 하나라는 것이며 따라서 하나뿐인 주군을 위해 나선다는 것이다. 요즘처럼 상사에게 대들고 제멋대로 행동하는 것은 하극상이요, 나라가 망할 징조라고까지 할 수 있을 것이다. 나는 학교일밖에는 알지 못하지만 학교도 단지 선생님과 학생만으로 존립하는 것이 아니라 많은 학부모들과 졸업생이 있다. 그 풍요로운 토양 위에서 학교라고 하는 아름다운 배움의 집이 자라날 수 있는 것이다. 팽이가 한 알의 구슬이 밑에 있기 때문에 잘 돌고 부채도 조그만 못 한 개가 있어서 펴고 접을 수 있어 시원한 바람을 보낼 수 있는 것이다. 만일 그 못 하나가 없다면 부채는 분해되어 떨어져 쓸 수 없게 된다. 집안에서는 가장이 기둥이고 학교에서는 교장 선생님이 중심이다. 거기에서 핵심을 찾아간다면 집안은 번창하고 학교는 발전할 것이다.

"한 나라의 장래를 알려면 그 나라의 청년을 보라"는 말이 있는데 오늘 어린이들의 모습이 내일 우리 나라의 모습이다. 어린이들을 가르치고 기르는 것은 학교 선생님이다. 선생님을 존경하고 소중하게 여기는 것이 나라를 소중하게 여기는 것이고 결국은 나라를 번영시키는 원동력이 되는 것이다. 그러한 자각이야말로 가장 중요한 마음가짐의 하나이고 어린이를 가진 부모에게 있어서는 더없이 중요한 것이다.

셋째, 부모에게 효도해야 한다.

"효는 모든 행동의 근본"이라고 하듯이 부모에게 효도하는 것이 가장 중요하다고 삼강오륜도 가르치고 있다. "자식은 효도하고 싶어도 부모가 기다리지 않는다"는 말이 있다. 나도 이제와 보니 왜 부모를 좀 더 잘 모시지 못했을까 하는 것이 가장 후회가 된다. 부모를 잃은 자식의 마음은 누구라도 똑같을 것이다. "언제까지나 있을 것 같은 것이 부모와 돈"이라는 말은 참으로 가슴에 와 닿는다. 어느 어머니나 똑같을 테지만 자식을 낳아 기를 때까지의 어머니의 노고는 실로 글이나 말로 다할 수 없을 것이다.

또한 그런 만큼 어머니를 생각하는 자식의 마음은 한층 더 애틋하다. 어머니의 볼에 흐르는 눈물을 분석하면 극히 소량의 수분과 염분에 지나지 않겠지만, 그 가운데는 과학으로도 분석할 수 없는 애정의 눈물 방울이 감춰져 있다고 하는 것처럼 어머니의 사랑은 실로 무한한 것이다. 전쟁 중에 많은 젊은 병사들이 전사했는데 죽을 때는 반드시 "어머니"를 부르며 죽었다고 한다. 그것이 부모를 생각하는 자식의 참다운 애정이라고 할 수 있을 것이다. 부모에게 효도하는 것은 결코 어려운 일이 아니다. 그저 부모에게 걱정을 끼치지 않으면 되는 것이다. 아무리 호화스러운 집에 살고 아무리 맛있는 요리를 먹어도 부모에게 걱정을 끼치면 효도가 아니다. "돌아가시고 나서 묘에 방석을 깔면 무슨 소용이랴"라는 경구처럼 부모가 돌아가신 후에 아무리 후회해 본들 소용없다. 부모에 대한 효도는 살아 있을 때 해야 하는 것이다. 부모가 기운이 남아 있을 때 부모가 좋아하는 것을 해 드려야 하는 것이다. 그것을 가르치는 것이 요즘 학교교육의 사명이고 그것을 실천할 수 있도록 하는 것이 현대 검도교육의 책임이다.

부모의 말씀과 가지꽃은 하나도 버릴 게 없다.

부모의 말씀과 차가운 술은 지금은 해롭지만 나중에는 이롭다.

넷째, 자비로운 마음으로 다른 사람을 위해야 한다.

자비심이라는 것은 다른 사람을 가엾게 여기고 배려하는 마음이다. 무슨 일을 하더라도 다른 사람의 마음을 살펴, 스스로 제멋대로 행동하지 않는 것이다. 요즘 "두꺼워진 것은 낯가죽이고 얇아진 것은 인정"이라고 자주 말하는데 그러한 사고방식을 완전히 뒤집어서 사람 사는 세상의 인정이야말로 더욱더 두터워지고 서로 위로하는 것이야말로 점점 더 깊어지지 않으면 안 된다.

교토에 잇도엔(一燈園)이라는 종교단체가 있다. 이 종교단체 교의(敎義)의 중심은 "맨 뒤에(끝자리에) 앉아라"이다. 그것은 다른 사람이 싫어하는 것을 스스로 나아가 하라는 것이다. '도로를 청소한다. 시궁창 청소를 한다. 이웃집 화장실을 청소한다' 그런 다른 사람들이 하기 싫어하는 것만을 하는데 대가를 바라지 않는 것이 잇도엔의 정신이라고 한다. 잇도엔이라는 명칭은 "어둠을 한탄하지 말고 등불 하나를 켜 구석진 곳을 밝히라"고 한 가르침에서 딴 것인지도 모른다. 누구라도 다른 사람보다 위에 앉고 싶고, 다른 사람보다 쉬운 것을 하고, 손을 더럽히지 않는 일을 하고 싶어한다. 그러나 언제나 다른 사람보다 밑에 앉고 다른 사람이 싫어하는 더러운 일을 자진해서 한다. 그것은 말은 그렇게 할 수 있어도 좀처럼 할 수 없는 일이다. ≪하가쿠레≫에 나오는 '지켜야 할 네 가지'나 오하라의 가르침을 실제로 행한 것이다. 현대인은 마땅히 그 정신을 철저하게 실천하고 실행해야만 한다. "다른 사람을 받들어라. 그러면 너 또한 받들어질 것이다"라는 말이 있는데 언제나 말석에 앉는다는 그 정신을 본받아 다른 사람을 아껴 주고 소중히 한다면 다른 사람도 또한 나를 소중하게 여기고 추켜세워 줄 것이다.

≪하가쿠레≫에는 금방 식을 듯한 신심을 가진 사람들을 위해 매일 아침 불상 앞에서 염원하면 두 사람의 힘이 되어 결코 뒤로 처지지 않게 되고 자벌레처럼 조금씩 앞으로 나가게 된다고 가르치고 있다. 현대인의 약점을 여지없이 질타한 가르침이다.

검성(劍聖)의 교훈

● 일도삼례(一刀三禮)

일도삼례는 원래 불교용어이다. 불상을 조각할 때 칼을 한 번 대는데 세 번 기도를 드리고 나서 새긴다고 하는 진지한 자세와 진지하게 기원하는 마음을 나타내는 것이다. 미토 미쓰쿠니는 은거한 후에 매일 반야심경을 옮겨 썼다고 한다. 여기에서 일필삼례(一筆三禮)라는 말이 전한다. 이처럼 옛날의 구도자들은 불상을 조각하거나 글자 한 자를 쓰는 데도 간절한 기도를 올리고 혼신의 정성을 다했던 것이다.

검도는 사람의 마음을 새기는 것이다. 거듭 말하거니와 일도삼례의 진지한 반성 위에서 가르치지 않으면 안 된다. 야구에는 "방망이 한 번 휘두르는 데 마음을 깨끗이 하고, 공 하나 던지는 데 혼을 불어넣어야 한다"는 가르침이 있고 조정경기에는 "배는 한 척이지만 혼자서는 안 된다"는 격언이 있다. 무도에서나 스포츠에서나 예도에서나 모두 그러한 정신이 중요하다. 특히 초심자를 지도하는 데는 그러한 진지한 교육 태도가 중요하다. 야규류에서도 "처음에 잡아주는 것이 중요하다"고 말하고 초심자 지도야말로 일도삼례의 진지한 자세를 가지고 그릇되지 않도록 하라고 가르치고 있다. "때린 손으로 쓰다듬어 주라"는 가르침이 있는데 단지 잘못된 습관이나 결점만을 지적하여 꾸짖기만 하는 것은 최하급 교육이다. 이치를 설명하고 올바른 길을 가르치고, 머리를 쓰다듬으면서 함께 배우고 함께 나아가는 기쁨을 갖고 지도해야 하는 것이다.

고단자가 되고 난 뒤부터의 수련도 마찬가지이다. 건성으로 대수롭지 않게 수련에 임하지 말고 기를 집어넣고 마음을 새롭게 하여 그야말로 일심일도의 정신이 들어간 수련을 해야 하는 것이다. "타격하고 나서 반성하고, 맞고 나서 감사하라"고 하는데 때리거나 맞거나 간에 강한 반성과 감사하는 마음으로 수련해야 한다. 이러한 태도야말로 진정한 의미의 수행이라고 해도 될 것이다. 이러한 진지한 마음가짐이 있어야 실력도 늘고 늠름한 인간이 되는 것이다.

● 먹줄긋기

한가운데에 먹줄을 친다는 것은 각파 각류가 모두 공통적으로 갖고 있는 겨누기 비법이다. 고노(小野)파 일도류(一刀流)에서는 특히 그 점을 강조한다.

원래 먹줄을 친다는 것은 검도용어가 아니라 목수가 먹줄로 선을 긋는 것을 말한다. 검도에서는 상대방의 콧날부터 내려와 몸의 중앙을 일직선으로 관통하는 선으로 "먹줄을 친다"는 것은 상대방의 얼굴 정가운데서부터 아래로 일직선을 그어 중심선에서 검코가 벗어나지 않는 것을 말한다. 검도에서 상대방에게 맞는 것은 자신의 검코가 상대방의 중심선에서 벗어난 때이다. 상대방의 공격에 대해 자신의 검코를 올리거나 내리거나 옆으로 방향을 틀거나 간에 나에게 빈틈이 생긴 때이다. 따라서 극단적으로 말하자면 검코가 상대방의 중심을 겨냥하고 있다면 절대로 맞지 않는 것이다. 만일 맞더라도 검코가 상대방의 중심을 제압하고 있으면 그것은 유효타가 되지 못하는 것이다. 격검경기는 상대방의 공격이나 타격에 대해 죽도로 막고 죽도로 대응하는 것이다. 생각 없이 빈틈이 생겨 상대방에게 맞는 것이다. 상대방의 기술에 맞설 때 검코는 중심을 겨누고 몸놀림으로 피해야 하는 것이다. 그것이 응수 기술의 비결이다.

미야모토 무사시는 "잠깐 동안이라도 끝까지 눈을 떼지 마라"고 하고, 야규류에서는 "두 치의 격차"라고 가르치고 있다. 나는 다카노 선생님으로부터 '삼각 겨누기'와 '먹줄긋기'의 중요성을 항상 엄격하게 지도 받았는데 요즈음이 되어서야 겨우 그 중요성을 알 수 있을 것 같은 정도이다.

야마오카 뎃슈는 삼각규(三角規) 혹은 삼각거(三角矩)의 겨눔이라고 썼는데 다카노 선생님은 '삼각 겨누기'라고 했다. 내용은 마찬가지라고 생각한다.

고노파 일도류의 '정안(正眼)의 겨눔'은 상대방 왼쪽 눈에 검코를 겨누는, 이른바 '靑正眼'으로 검코와 자기 자신의 오른쪽 눈, 배꼽을 연결하는 삼각형을 만드는 것으로 그 삼각형을 허물어뜨리지 않는 것이다. 나는 이제 아흔 살의 고령이 되는데 그런데도 그럭저럭 수련을 하는 것은 참으로 삼각 겨누기와 먹줄긋기 수련의 덕분이다. 삼각 겨누기나 먹줄긋기나 문자로 써 보이기는 어렵기 때문에 각자가 스스로 수련을 통해 터득해야 할 것이다. 이처럼 실제로 검도를 할 때 먹줄긋기가 쉽지 않지만 인생에서 행동의 먹줄긋기는 더욱 어렵다. 신념의 먹줄을 긋고 좌로 기울지 않고 우로 쏠리지 않고 언제나 똑바른 행동을 한다는 것은 참으로 어려운 일이며 가장 귀중한 인륜의 기본이다.

나는 오랜 세월 전검련의 마음에 들지 않는 이야기만을 계속 써왔다. 그것은 전검련에 대항하는 것도 아니고 감정적으로 비판하는 것도 아니다. 검도계가 절대로 잘못되어서는 안 된다는 단 한 가지 일념 때문이었다. 그러나 여러 가지 생각해 보면 그 정도로 심한 소리를 한 것도 아니고, 이치에 닿지 않는 이야기를 한 것도 아니다. 다시는 절대로 말하지 말아야지, 다시는 결단코 쓰지 말아야지 하고 몇 번이나 생각했는지 모른다. 그러나 나라도 그렇게 하지 않으면 누가 할 것인가. 아무도 이야기를 하지 않는다면 검도가 황폐해 간다. 맵고 듣기 싫은 이야기일 테지만 나는 나 나름대로 신념을 가지고 해왔다. 그것은 '정의의 먹줄긋기'를 하지 않으면 안 된다는 검도의 교훈이 나로 하여금 그렇게 하게 했던 것이다.

언제나 내 머리 속에 들어 있는 것은 니치렌과 야마가 소코에 대한 것이다. 니치렌은 "국난이 온다"고 말해 돌팔매를 맞고 투옥되어 불로 지지는 고문을 당하면서도 절대로 "국난이 온다"는 가두설교를 멈추지 않았다. 야마가 소코는 ≪성교요록(聖敎要錄)≫을 썼다. 그것을 세상에 내놓으면 머리를 베어 내거나는 형벌에 처해지거나 외딴섬으로 유배되는 형벌을 면할 수 없다고 가까운 사람들이나 제자들이 그렇게도 말했지만 "우리 나라의 장래를 나는 보고만 있을 수 없다"고 출판해 결국 체포되어 아카호에 9년 동안 유배되었다. 니치렌이나 야마가 소코나 모두 목숨을 걸고 나라를 생각하는 신념의 먹줄긋기를 절대로 피하지 않았다. 참으로 장하고 경탄할 일이다. 현대검도인이 배워야 할 살아있는 본보기라고 생각한다.

요즘 세상에는 정의도 신념도 없다. 보신을 위해서 절개를 꺾고, 영달을 위해서는 아첨을 한다. 모처럼 도장에서 배운 먹줄긋기의 교훈은 도장에서 쓰이는 용어일 뿐 사회에서 살려내지도 못하고 생활 속에서 실천하지도 못한다. 그저 그대로 어느 한 구석으로 묻혀버린다. 참으로 애석해 마지않을 일이다. 그러한 혼미 속에서 먹줄긋기의 귀중함을 다시 생각하고 그러한 교훈을 실천하는 것이 가장 중요한 때라는 생각이다.

어떠한 압력에도 굴하지 않고 어떠한 유혹에도 흔들리지 않고 언제나 똑바른 행동을 취하는 것이 검을 잡는 사람의 몸에 배어야 하고 인간이 취해야 할 행동이라고 확신한다. 검도에는 사회에 살릴 만한 명언이나 교훈이 많지만 이 '인생의 먹줄긋기'라는 철리를 놓치지 않고 실행할 수 있다면 그것만으로도 검도를 배운 가치가 있다고 말할 수 있다. 그러면 온 세상이 얼마나 밝고 얼마나 맑아질 것인가.

●지심(止心)

'지심(止心)'이라고 하는 것은 한 가지에 마음이 멎는 것이다. 마음을 멈춘다는 것은 갈피를 못 잡거나 망설이는 것이다. 마음은 천지사방으로 넓게 해 어떤 식으로든 움직이는 것인데 한 가지에 집착하면 다른 일은 전부 놓치게 되어 아무것도 할 수 없게 된다.

그 '지심'을 강하게 경계한 것은 선승 다쿠앙이다. 다쿠앙은 "멈춰 있지 않은 마음은 색이나 향으로도 변하게 할 수 없다. 그 변하지 않는 마음상태를 신(神)이라고도 하고 불(佛)이라고도 해 받들고 선심(禪心)이라고도 하고 지극(至極)이라고도 말하는 것"이라고 말해 검도의 깊은 의미는 한군데 집착하지 않는 마음이며, 그 마음은 신이라고도 하고 불이라고도 해 받들어 세상에서 가장 중요한 길이라고 가르치고 있다. 그러한 가르침에서 인용한 것이 천수관음(千手觀音)의 이야기다. 천수관음은 그 이름처럼 1천 개의 손을 가지고 있으나 손 하나에 마음이 멈추어 있으면 나머지 9백99개의 손은 모두 아무런 역할을 못한다. 한 개의 손에 마음을 멈추지 않으면 1천 개의 손은 그야말로 무엇이든 다 할 수 있는 기능을 발휘할 수 있다.

선(禪)에서 가장 귀하게 여기는 것은 '멈추지 않는 마음'이다. 화두에 대한 답의 맞고 틀리고 보다 멈추지 않는 마음의 순수함을 중요하게 여기는 것이다. 아무리 오랫동안 생각한 후에 아무리 기가 막힌 대답을 한다 해도 그것은 아무런 가치도 없기 때문이다.

만일 틀려도 확실하게 대답할 수 있는 멈추지 않는 마음의 절대 가치를 인정하는 것이다. 멈추지 않는 마음은 항상 물처럼 거침없이 흘러 마실 수도 있고 손발을 씻을 수도 있다. 그러나 그것이 한 점으로 뭉쳐 굳어져 버리면 얼음처럼 딱딱해져 마실 수도 씻을 수도 없게 된다. 사람의 마음도 그와 같이 평상심을 갖는다면 무슨 일이든 대응할 수 있지만 한 점으로 굳어져 버리면 마음이 얼음처럼 굳어져 쓸모없게 된다는 것을 가르친 것이다.

야규 다지마의 지심

야규 다지마가 말을 타고 가다가 길가 우물에서 빨래하는 여자를 만나게 되었다. "그 함지박에 있는 물은 한 번 흔들면 몇 번이나 파문이 일어납니까"라고 물었다. 여자는 바로 "여든 여덟 번 일어납니다"라고 대답하는 것이었다. 그러더니 "어르신이 여기까지 오시는데 말 발자국은 몇 개 찍혔습니까"라고 묻는 것이었다. 잠시의 틈도 없이 되묻는 바람에 그 유명한 야규도 쩔쩔매다가 대답이 궁해져 금방 말이 나오지 않

았다. 대충 대답해 버리면 무승부가 될지도 모르지만 대답할 말이 궁해
졌다는 것은 '지심(止心)'이다. 검객이 가장 부끄러워하는 말이다. "내
가 졌다"고 중얼거린 것은 본심이고 마음에서 우러난 것일 것이다. 그
후 야규는 그 규수의 영민한 지혜와 '멈추지 않는 마음'의 아름다움에
끌려 소실로 삼아 평생 아껴줬다. 그녀의 이름을 따서 '후지의 우물'
이야기가 지금도 남아 있다.

나의 지심(≪정안(正眼)의 문화≫에서)

전후에 도쿄에 왔더니 오쓰카의 메이케이 회관은 기적적으로 말짱
했다. 그 메이케이 회관 바로 옆에 조그만 사진관이 있었는데 사진관
간판에 '현상소주(現象燒酎)'라고 써 있었다. 사진관에서 소주를 파는
것이 이상하다는 생각이 들었지만 그때는 합성소주가 많은 시대여서
무슨 약품을 섞어 특이한 합성술을 만들어 팔고 있는 것이라고 생각했
다. 가게에 들어가 "소주 주세요"라고 했더니 주인이 묘한 얼굴로 "소
주 같은 건 없는데요"하고 퉁명스럽게 대답하는 것이었다. "간판에 다
있다고 써 있잖아요"하고 떨떠름한 표정으로 말하면서 자세히 봤더니
'현상소부(現像燒付)'라고 써 있는 것이었다. 야키스케(燒付)와 쇼추(燒酎)
가 다르다는 것을 모를 정도의 멍청이는 아니었다. 전쟁이 끝난 직후에
는 술은 말할 것도 없고 쌀도 간장도 없을 때였다. 술이 없어서 메틸알
코올을 마시고 죽는 일도 자주 있을 때였다. 그 정도로 물자결핍의 시
대였기 때문에 소부(燒付)가 소주(燒酎)로 보여 순간적으로 '지심'이 되
어버려 그대로 소주로 읽어버릴 수밖에 없었던 것이다. 사진관으로 소
주를 사러 간 나 자신이 창피해서 다른 사람들 앞에서는 말도 꺼낼 수

없었던 지심으로 인한 실패담이다.

지심으로 인한 큰 실수담이 또 하나 있다. 1939년 여름쯤의 일이다. 당시 나는 오사카 기타노 중학교에 봉직하고 있었다. 학교 가까이에 조그만 영화관이 있었는데 1층은 10전, 2층은 15전의 입장료를 받았다. 요즘 사람들에게는 10전이나 15전이라고 하면 전혀 상상도 할 수 없는 화폐가치일지 몰라도 당시 내 월급이 95엔 정도였다. 회식비가 대개 1엔 정도로 1엔이면 먹고 마시고 노래하고 떠들 수 있는 돈이었다. 영화는 활동사진이라고 했는데 영화관에는 물론 냉방이 안 돼 큰 선풍기가 2층 한가운데 딱 한 개 돌아가고 있었다. 아래층은 크게 혼잡했지만 2층은 15전이기 때문에 휑하니 비어 아무도 없었다. 조금 있으니까 4~5명의 여자들이 우르르 올라왔다. 나는 선풍기 바로 밑에 자리잡고 있었기 때문에 그 여자들도 자연스럽게 선풍기 밑으로 모였다. 조금 있으니까 한 여자가 내 발 밑에 넓적다리를 올려놓는 것이다. 난처해 얼굴이 빨개져 발을 뺐는데 빼면 뺀 만큼 그 여자는 밀고 들어오는 것이었다. 실로 야들야들한 넓적다리여서 뜨거운 피가 흐르는 것까지 느껴질 정도였다. 땀을 훔치면서 머뭇거리고 있는데 여자들이 급히 일어나더니 돌아가 버렸다. 그런데 이상하게도 그 여자의 넓적다리만은 남아 있는 것이었다. 그럴 리가 없다고 생각했지만 도저히 옆을 보고 확인할 용기가 나지 않았다. 그렇지만 너무나 이상해서 살짝 손을 발 밑에 대보았더니 이게 웬일인가. 거기엔 내가 쓰고 온 맥고모자가 있는 게 아닌가. 그러고 보니 그 여자의 넓적다리가 이 맥고모자였던가. 얼굴이 빨개지고 화가 나서 정말로 스스로 한심한 놈이라는 생각이 절로 났다. 맥고모자라고 하면 요즘 사람들은 본 적도 없고 상상도 안 될 터이지만 보릿짚으로 만든 단단한 햇빛가리개 모자이다. 도대체 그 딱딱한 맥고 모자가 여자의 넓적다리처럼 부드러울 턱도 없고 하물며 뜨거운 피가 전해 올 까닭도 없다. 그런데 그렇게 느껴 얼굴이 달아오르고 가슴을 두근거리게 한 것은 참으로 지심의 조화라고 말할 수밖에 없는 일이다.

그것을 여자의 넓적다리라고 느낀 순간 이미 그렇다고 생각해 버렸기 때문에 의식의 전환을 할 수가 없었던 것이다. 지심이라고 하는 것은 그렇게 무서운 것이다. 꼭 그렇다고 믿어버리는 것은 그렇게 크나큰 잘못을 불러일으키는 것이다. 다쿠앙 스님의 말이 아니라도 지심이야말로 검도에서나 일상생활에서나 가장 중요한 마음가짐이다. 결코 물이 얼음이 되지 않도록, 맥고모자를 여자의 넓적다리로 착각하지 않도록 언제나 명심해야 할 인생의 중요한 요체이다.

● 삼나무와 장목나무

옛날부터 "장목나무는 천년을 산다"고 말했듯이 전국 어느 곳에나 큰 장목나무가 있다. 신사나 절 등에는 정말로 수령이 천년이 넘는 장목나무가 하늘을 찌를 듯 치솟아 있다.

검도에서 삼나무와 장목나무가 대칭적으로 평가되는 것은 기술과 정신의 문제이다. 삼나무는 하늘로는 쭉쭉 뻗지만 중요한 뿌리가 옹골차게 뻗지 않기 때문에 조금만 강한 바람이 불어도 쉽게 쓰러져 버린다. 그러나 장목나무는 하늘로 한 치 뻗으면 뿌리도 한 치를 뻗어 뿌리와 줄기가 똑같이 크기 때문에 어떤 태풍이 불어도 결코 쓰러지지 않는다. "삼나무가 쓰러지면 대나무가 일어선다"는 이야기도 실로 똑같은 말이다. 삼나무는 뿌리가 얕기 때문에 약한 바람에도 금방 쓰러져 버리지만 대나무는 뿌리가 뻗어 있어서 웬만한 폭설에도 쓰러지지 않는다는 강한 정신력을 말하는 것이다.

검도도 그와 똑같아서 기술이 느는 것과 정신수양은 꼭 나무의 뿌리와 줄기와의 관계와 같다. 기술에만 의지하는 것은 반드시 좌절하지만 마음의 수양을 쌓으면 아무리 어려움이 닥쳐도 반드시 이겨낼 수 있는 것이다. 요즘의 검도계를 보고 절실히 느낀 것이 바로 이것이다. 그저 손목치기 흉내나 내는 검도, 단순한 공격에 능한 숙련공이나 양성하는 데 편향되는 것은 아닌가. 대지에 깊이 뿌리를 내려 기초를 튼튼히 하고 사방으로 뿌리를 뻗는 정신적으로 강한 인간을 길러내지 않으면 안 된다. 그것이 참다운 의미의 문무겸비의 구체화이다.

예전에 우리 집 뜰 한쪽에 검정대나무 밭이 있었다. 매년 장마철이 되면 그야말로 우후죽순으로 어린 대나무는 쭉쭉 자라서 늙은 대나무를 추월해 버리는 것이다. 얼마나 자랄까 하고 생각하고 있으면 벌써 여름이 오고 껍질이 벗어지고, 가지가 나오기 시작하면 어디서 돋아 나왔는지조차 알 수 없어져 버린다. 나는 대나무가 자라는 것을 보면서 검도의 성장과정도 똑같은 것이 아닐까 생각한다.

20~30대쯤의 한창때에는 굉장한 세력으로 성장하여 점점 강해지다가 전성기를 지나면 차츰 그러한 모습이 엷어져 역시 노련한 선생님들에게는 못 당하게 되는 것이다. 검도의 성장과정을 생각해 보면 20~30대에는 젊은 힘의 아름다움이 있고, 40~50대에는 수련에서 나오는 아름다움이 갖춰지고, 60~70대에는 꾸밈없고 담백한 원숙미가 느껴진다. 그리고 팔순이 되면 인생의 여운을 즐기는 '梵鐘의 位'와 같은 품격이 있지 않으면 안 된다. 그것은 아흔 살의 나이가 가까운 내가 과

거를 회고하면서 느낀 검도관이지만 나이와 상응하는 기술을 동반한 마음의 아름다움이 없으면 안 된다. 그 마음의 넉넉함이 검도라고 생각한다. 삼나무와 장목나무의 교훈이나 어린 대나무의 성장에 대한 것이나 모두 인생의 좋은 교훈이다. 그것을 수행의 계율로 삼아 사회에서 생생한 교훈으로 언제나 반성하고 실천해야 한다.

●우뚝 선 자세

야규 효고는 "무사는 그저 조용히 우뚝 서 있는 것만으로도 아름다움이 있고 품격이 있지 않으면 안 된다"고 강조했다. 그 침묵의 품격은 어디에서 오는 것일까. 날마다 단련하고 축적된 아름다움의 표현이며 인품의 향기라고 해도 될 것이다. 예능계에는 "첫눈에 천냥짜리 서 있는 모습"이라는 표현이 있다. 그저 말없이 한마디도 하지 않고 서 있는 모습에 천냥짜리 아름다움이 감춰져 있다고 하는 이야기겠지만 무도인의 겨눔이나 천냥짜리 배우의 서 있는 모습도 모두 궁극적으로는 마찬가지다.

오랫동안 갈고 닦은 예(藝)의 극한을 표현한 것이리라. 무사는 다만 우뚝 서 있는 모습에도 품격이 있다. 앉아 있으면 앉는 자세와 앉는 격식이 있다. 걸을 때는 흔들림 없는 아름다움이 요구된다. 조금의 방심도 하지 않고 찰나의 정신적 해이도 허용되지 않는 무사의 마음가짐만큼 숭고한 것은 없다. 현대사회에서 정치가가 연단에 서거나 학교선생님이 교단에 올라서거나 그 '품격'이 중요한 것이다. 그러한 마음가짐을 잃어버려선 안 된다. 검도에서 품위와 품격이 존중되는 것처럼 인생에서도 존중되어야 한다. 장기 왕으로 유명한 사카다 산키치가 처음으로 세키네 긴지로 7단을 격파하고 떠들썩한 축하회 자리에서 17살 된 딸 다마에가 아버지에게 다음과 같이 말했다.

"아버지의 장기는 비열하다. 기품도 없고 품격도 없다. 거기에 비해 상대였던 세키네 7단은 과연 대가의 풍모가 있고 명인을 이어갈 만한 도량 있는 사람이다. 앉아 있는 태도하며 장기를 두는 모습하며 실로 당당하여 조금도 흔들림이 없다. 우리 아버지는 딱딱 큰소리가 나게 장기 알을 두드리는데 세키네 7단은 손가락 끝의 장기 알이 자연스럽게 반상에 빨려 들어가는 느낌이 들었다. 아버지는 이겼다고 생각하고 있을지 모르지만, 승부에서는 이겼는지 모르지만 장기에서는 진 것이다."

어쩌면 그렇게 준엄하게 충고할 수 있을까. 어쩌면 그렇게 탁월하게 표현할 수 있을까. 장기를 검도와 바꿔 놓으면 한층 가슴에 와 닿는 것을 느낄 수 있다. 똑같은 장기 명인 오야마는 마스다 명인과 대국하면 그저 시작하기도 전에 그 앞에 앉기만 해도 귀기가 닥쳐옴을 느끼고 기(氣)의 압력을 느낀다고 쓴 적이 있는데 기성이나 명인이 싸운다고 하는 것은 그만큼 심리적 부담이 있는 것일까.

미야모토 무사시와 야규 효고의 결투나 오야마와 마스다의 대국이라고 하면 무언중에 공통적인 심리전을 느낄 수 있다. 무언의 대결, 침묵의 대치에서 기(氣)의 우열을 알고 전인적 기량의 상하를 판단하는 데서 검성(劍聖)이나 장기고수의 숭고함이 한층 강하게 느껴진다. 바둑에는 "싸움바둑에 명국 없다"고 하는 이야기가 있는데 검도에서도 또한 "싸우려는 마음이 있으면 훌륭한 마음도 없다"는 교훈이 있다. 어떤 도(道)에도 마음의 축적을 중시하고, 싸우려는 마음은 금물이라는 것을 깨우치고 있다. "기수(奇手)는 정식경기에선 통하지 않고, 묘수(妙手)는 심혼을 때릴 수 없다"는 기훈(棋訓)은 그 진수를 말하는 것이리라. 꾸밈 없는 마음, 있는 그대로의 모습에서 자연스럽게 스며 나오는 인품이야말로 진정 수행의 자취임을 말해 주는 불후의 검혼일 것이다.

● 노력정진

"나가거나 집에 있을 때나 앉거나 눕거나 밥을 먹을 때나, 언제나 조용히 공부를 게을리 하지 마라."

이것은 병법수행의 중요함을 다쿠앙이 야규 무네노리에게 가르친 말이다. 병법수행이라고 하는 것은 단순히 도장에서 수련하는 것만이 아니라 잠잘 때나 깨어 있을 때나 서 있을 때나 앉아 있을 때나 밥 먹을 때나 언제나 게으름을 피우지 말고 연구하고 공부하라는 가르침이다. 그것은 검도수행의 진수를 말한 것이며 현대인이 특히 명심해야 할 중요한 것임을 가르치는 것이다. 요즈음의 검도수련자들은 도장에서는 열심히 하지만 도장을 나가면 이미 검도와는 담을 쌓고 반성도 하지 않고 공부도 하지 않는다. 그러한 행동이나 사고방식으로는 절대로 고수도 되지 못하고 실력도 향상되지 않는다. 다쿠앙이 말했듯이 언제나 연구공부하고 그 성과를 도장에서 시험해 보고, 시험해 본 결과를 반성하고, 잘 마무리하여 자기 기술을 만들어 나가지 않으면 안 된다. 검도계의 옛 고수들이 얼마나 피가 배나올 정도의 고행을 쌓았던가는 잘 알고 있을 테지만 어떤 도(道)라도 다른 사람 갑절 이상의 노력과 연구 없이는 이룩할 수 없는 것이다.

세계의 발명왕으로 불리는 에디슨은 희대의 천재라고 생각하지만 사실은 귀가 나쁘다는 등의 핸디캡을 갖고 있었다. 그의 자서전에는 "나의 오늘이 있는 것은 99%의 땀과 1%의 영감이다"라고 쓰고 있다. 땀은 노력이다. 그의 수많은 발명은 모두 오랜 연구와 노력으로 이룩된 것이다.

석학 아라이 하쿠세키는 "나를 천재라고 하는 사람은 나를 모르는 사람이다. 나를 굉장히 노력하는 사람으로 알고 있는 사람은 나를 잘 아는 사람"이라고 했다.

괴테도 "천재라는 것은 노력의 다른 이름이다"라고 노력과 천재의 상관성을 설파했다. 가까이는 마쓰시타 고노스케나 혼다 소이치로 등 학력이 별 것 없는 실학자(實學者)가 일본 재계를 리드하고 있다. 노력이라고 하는 것이 얼마나 귀한 것인가를 여실히 보여주는 것이다.

나는 여성으로서는 다케하라 한 씨를 존경하고 있다. 다케하라 씨는 나보다 세 살이나 네 살 연상이니까 벌써 아흔 살이 넘었을 텐데 수행태도가 참으로 대단하다. "무대는 나의 전쟁터이다. 언제 죽어도 상관없게 속옷에다가 반야심경을 직접 써서 금강신녀무보살(金剛信女舞菩薩)이라고 써넣고 다닌다"고 했다. 무사들도 이르지 못할 대단한 수행태도에 머리가 숙여진다. 지금도 무용을 할 때 부채를 들고 한쪽 발로 춤을 출 정도인데 한 치의 오차도 없고 조금의 흔들림도 없다. 노력을 한다는 것은 그렇게 귀한 것인가 하고 마음속 깊이 느껴지는 바가 있다.

검도 선생님은 "평생 스포츠다. 평생 현역이다"라고 말하지만 나이 70이 되면 다리나 허리가 아파 다리를 질질 끌면서 엇비슷한 늙은이들끼리 수련하게 된다. 나는 언제나 다케하라 씨를 본받아서 그 정진하는 자세와 근성에 지지 않으려고 스스로 타성에 젖은 마음을 채찍질한다.

또 한 사람 존경하는 여성으로 모리시타 요크 씨가 있다. 그녀의 자서전에는 이렇게 쓰여 있다. "얼마나 물집이 생기고 발톱이 빠지고 토슈즈가 피로 물들었는지 모른다. 1년에 3백 켤레의 토슈즈를 닳아 없앴다" 그러한 노력이 그녀를 세계 제일로 만들었던 것이다. 그 화려한 발레의 뒤에는 그러한 피눈물나는 노력과 참혹할 만큼의 정진이 이어졌던 것이다.

그 밖에도 굉장한 노력과 고행으로 대성한 사람은 셀 수 없을 것이지만 놀라운 정진으로 걸출한 분이 또 한 사람 금방 눈앞에 떠오른다. 그분은 돌아가신 핫타 이치로 씨이다. 핫타 이치로 씨는 일본 레슬링의 개척자이며 일본레슬링협회 회장이었다. 핫타 회장에게는 저절로 머리가 숙여진다. 그 열정이 일본 레슬링을 세계 제일의 수준으로까지 끌어올려 놓은 것이기 때문이다. 내가 핫타 회장을 만난 것은 종전 후이다. 전후 격검경기가 사사모리 선생님이나 노다 선생님의 노력으로 간신히 햇빛을 보려고 하던 시절의 이야기이다. 문부성에서는 격검을 학교에 도입하려고 하면 체육협회 가맹이 우선되어야 한다고 했다. 그런데 검도연맹에서는 문부성이나 체육협회에 별로 안면이 없으므로 나보고 가보라고 했다. 나도 싫었지만 사사모리 선생님이 다행히 체육협회 간부 가운데는 내가 아는 사람도 많았다. 거기까지는 좋았으나 핫타 회장이 가장 골칫거리였다. "뭐라고! 격검? 그런 모방은 안 돼"하며 격검은 검술의 모방이지 스포츠가 아니라고 해 아예 이야기가 안 되었다. 그러나 사람 사는 세상 어디 가나 인정은 있는 것이어서 체육협회 이사이자 전국체전 위원장이었던 야마구치 규타 씨가 핫타 회장과는 대단히 친한 사이여서 큰 도움이 되었다. 야마구치 씨는 고등사범학교 1년

후배인데 하코네 역전 마라톤에서는 나와 같이 뛰었던 사이이다. 참으로 형제처럼 지냈는데 그런 야마구치 씨를 통해 조금씩 핫타 회장과 가까워졌다. 그후 격검경기에 얽힌 과정에 대해서는 여기서 더 쓸 여유가 없지만 핫타 회장과의 진짜 친교는 뜻밖에도 검도에서 시작됐다. 그 무렵 나는 매주 두 번쯤 왕궁 안에 있는 제녕관에서 수련을 하게 되었다. 그런데 어느 날 느닷없이 핫타 회장이 도장에 와서 "이제부터 검도를 하고 싶으니 가르쳐 달라"는 것이었다. 나는 놀랐으나 핫타 회장은 그 전의 일은 까맣게 잊어버리고 전혀 개의치 않는 것 같았다. 수련을 지켜보니 대단히 뛰어났다. 도대체 초심자라고는 생각할 수 없을 만큼 뛰어나서 오히려 내 쪽에서 깜짝 놀랐다. 그 무렵 미시마 유키오 씨도 제자를 2~3명 데리고 왕궁 수련에 나왔기 때문에 도장은 참으로 활기가 넘치고, 따라서 수련도 즐거웠다.

　서론이 너무 길었다. 내가 정말로 하고 싶은 얘기는 지금부터다. 그러는 동안 뮌헨올림픽이 시작되어 핫타 회장은 일본 선수단 단장으로, 나는 올림픽시찰단의 일원이 되었다. 뮌헨에서는 핫타 회장과 같은 호텔에서 있었는데 핫타 회장은 단장이어서 큰 방에서 혼자서 묵었고 나는 둘이서 조그만 방을 쓰게 돼 불편했다. 핫타 회장은 호방한 것인지 작은 일에 구애받지 않는 것인지 체육협회에서 있었던 일은 잊어버리고 검도에 관한 이야기만 했다. 그러다 보니 어느새 내가 "선생"이라고 불리게 되었다. 어디서 만나도 "이노우에 선생, 잠깐 와주세요"라고 반드시 자기 방으로 데리고 가는 것이었다. 핫타 회장 방에는 떡갈나무 목검이 두 자루 갖춰져 있었다. 그것을 보고 참으로 놀라서 다음 말이 나오지 않았다. 누구라도 비행기를 탈 때는 조금이라도 짐을 줄이려고 필요한 것까지도 버리고 가는 게 상식인데 핫타 회장은 특별히 목검을 두 자루나 준비해 뮌헨까지 갖고 온 것이었다. 도저히 아무도 상상할 수 없는 집념의 행위인 것이다. 그리고 계단에서 만나거나 식당에서 얼굴을 마주치면 "이노우에 선생, 잠깐만요"하고 검도에 관한 것만 묻는 것이다. 그러고 나서 자기 방으로 데리고 가 목검을 잡고 실습을 하는 것이었다. 나는 그 열성에 정말 놀랐다. 참으로 핫타 회장의 그러한 열정이 있었기에 일본 레슬링이 이만큼 강해질 수 있지 않았을까 생각한다. 핫타 회장은 결코 검도를 싫어했던 것이 아니었다. 다만, 전쟁 중에는 군부 중심으로 외래 스포츠는 전부 배제되고 검도와 총검도(銃劍道)만이 가장 중요시되었기 때문에 거기에 대한 반발로 검도와 총검도를 미워했던 것이다. 그런데 무슨 바람이 불었던지 전쟁이 끝난 뒤에는 스스로 검도에 열중하여 나중에는 비난을 받으면서도 전일본총검도 연맹 회장을 했으니, 핫타 회장이라고 하는 분은 참으로 보통 사람이 아닌 분이었다. 핫타 회장은 레슬링 선수에게 보통 사람 이상의 투지를 끓어오르게 하기 위해 도사의 투견, 우와지마의 투우, 가와치의 투계 등 무서운 싸움이나 생살을 찢는 처참한 광경을 보여주고, 게다가 도쿄에서는 우에노 동물원에서 사자와 눈싸움으로 노려보기를 시키는 등 사람의 힘이 미치는 한 노력을 해서 사자에게도 지지 않는 투혼을 기르고 한층 늠름한 선수를 기르는 데 전념했던 것이다.

앞서간 선생님들의 노력에 대해 여러 가지로 이야기했지만, 요즘 사람들은 모두 인스턴트식이어서 진짜 고통스러운 노력이 무엇인지 잘 모른다. 그러나 지옥의 밑바닥을 본 사람이 아니라면 결코 천하에 쓸모 있는 사람이 되지 못하고 인간으로서도 뛰어난 사람이 될 수 없다. 옛날부터 "온실에서는 큰 나무가 자라지 못하고 양어장에서 잡은 고기는 맛이 없다"고 하는데, 그것은 대자연의 엄한 시련을 겪은 사람이 아니라면 재미가 없고, 모진 시련을 겪어보지 않은 사람은 쓸모가 없다는 가르침이다. 똑같은 도미라도 수족관의 도미는 크고 살은 쪘지만 맛이 없다. 인간의 비만도 마찬가지로 어떤 고통도 겪지 않고 맛있는 것만 먹고 빈둥거리고 놀기 때문이다.

일본에서 가장 맛있는 도미는 겐카이 도미와 아카시 도미라고 한다. 현해탄이나 아카시나다의 험한 파도에서 시달린 것이기 때문이다. 그 가운데서도 나루토의 소용돌이치는 조수 속에서 잡히는 머리가 세모난 도미 맛이 최고라고 한다. 그것도 2월에 잡힌 것이 최고로 맛있다고 하는 것은 겨울에 잡은 방어와 겨울에 잡은 붕어가 맛있다는 것과 같다. 2월의 혹독한 추위와 파도를 견뎌낸 것이 아니라면 최고의 맛이 나지 않는다는 것이다.

인간도 또한 마찬가지이다. 스포츠계에서는 헝그리 스포츠에 대한 논란이 있지만 그것은 철저하게 고생스러운 것이다. 최선의 노력을 해 만일 목표가 이루어지지 않더라도 기울인 노력은 반드시 자기 것이 되는 것이다. 그것은 얻기 어려운 보약으로서 그 사람의 인간성을 고아하게 해주는 것이다.

교육자는 돌을 갈아서 옥을 만드는 노력을 하지 않으면 안 된다. 스스로 노력해서 갈고 닦아 윤이 나는 구슬의 영롱한 빛의 귀함을 알지 않으면 안 된다. 그래서 일상교육 가운데 구슬 빛의 거룩함을 구하기 위해 끊임없이 갈고 닦아 쉼 없는 노력을 하지 않으면 안 된다. 그것이 교육자의 사명이다.

●순간마다 생기는 일에 마음을 빼앗기지 말라

인생은 햇빛 비치는 날도 있고 구름 끼는 날도 있다. 비오는 날도 있고 바람 부는 날도 있다. 폭풍이 불고 난 뒤에는 반드시 잔잔해지는 법이다. '인간만사 새옹지마' 라는 고사는 널리 알려진 것이지만 그때그때 일어나는 일에 마음을 빼앗겨 기뻐하지도 말고 걱정하지도 말라는 가르침이다. 나도 오랜 인생 동안 희비가 교차하고, 파란만장한 생활이 계속됐지만 참으로 구사일생으로 목숨을 건진 적이 두 번 있었다.

나 자신도 알 수 없는 신의 신비이며 참으로 검도적 결단이 있었기에 목숨을 건졌다고 생각하면 지금도 기분이 이상하다. 그런 생사의 갈림길에서 살아난 것을 보면 인간의 운명이라고 하는 것은 참으로 알 수 없다는 생각이 든다. 인간만사 새옹지마라는 운명론에도 깊이 수긍하게 되었다. 인생에는 어디에 행복이 있는지 알 수 없고 어디에 함정이 있는 것인지 전혀 알 수 없는 것이다. 오늘의 기쁨이 내일의 비극이 되기도 하고 오늘의 슬픔이 내일의 행복으로 이어질 수도 있다.

예전에 일본항공기 참사 때 전 스모 선수 이세가하마는 예정 비행기에 늦어 가족과 헤어지게 됐다. 그때는 유감스럽고 속상했지만 그 비행기가 추락하는 바람에 혼자만 목숨을 건졌다. 취소되는 표를 기다리다가 이세가하마의 비행기표를 손에 넣은 사람은 그 순간 기뻤겠지만 결과적으로는 그 비행기표가 저승 가는 표가 됐으니 기쁨은 순식간에 비극으로 변해 버린 것이다.

나의 중학교 때 친구 가운데는 택시회사 사장이 있었는데, 그의 운전사가 1백만 엔짜리 복권에 당첨됐다. 복권이 나온 지 얼마 안 된 초창기 무렵의 1백만 엔이라면 지금은 1억 엔 정도 되는 금액이다. 1백만 엔짜리 복권이 당첨됐다고 신문에 나자마자 여기저기서 돈 좀 빌려 달라고 난리가 나고, 견디다 못해 신경쇠약에 걸리고, 가족은 뿔뿔이 흩어지고, 행운은 금세 비극의 씨앗이 되어 가족이 모두 죽는 비운을 맞았다.

그와 똑같은 일이 외국에서도 있었다. 멕시코의 마루터 세다라는 사람은 약 54억 원의 복권에 당첨되어 신문과 TV에 대대적으로 보도됐는데, 그 다음날 그의 장남이 유괴되어 몸값을 요구당했다. 기쁨의 절정에서 비극의 구렁텅이로 떨어져 버렸다. 그의 가족은 어디로 갔는지 전혀 알 수 없다.

어느 나라에도 있는 일이고 어디에서나 일어날 수 있지만 역시 '인간만사 새옹지마'이다. 길흉화복이 꼬아 놓은 새끼줄처럼 번갈아 오는 것이 인생이다. 그래서 나는 요즘에는 무슨 일이 있어도 놀라지 않게 되었다. '울지 않으면 울지 않는 대로 그 또한 두견새'라는 마음이다.

유명한 '두견새 이야기'는 오다 노부나가는 울지 않는 새는 필요없다고 죽여버리겠다고 했고, 도요토미 히데요시는 어떻게든 울게 해보라고 권세를 과시하고, 도쿠가와 이에야스는 울 때까지 기다리겠노라는 참고 견디는 정신을 가리킨 것인데, 아무튼 울게 하려고 하는 것은 '지심' '집착'이다. 그러나 누가 말했는지 "울지 않으면 어떠랴. 그 또한 두견새인 걸"이라고 한 것도 참으로 기가 막히게 잘 표현한 것이다. 틀림없이 그 표현으로 봐서 다쿠앙류일 것 같다. 검의 깊은 의미가 더 없이 잘 표현된 빼어난 가르침이다.

그래서 나는 최근 모든 일이 "그것도 또한 좋다"는 마음으로 일을 처리하게 되었다. 안달해 봐야 어차피 안 되는 일은 안 되는 일이 세상일이다. 모두가 그렇게 생각하는 게 좋지 않을까. 만일 시합에서 지더라도 다음에는 이기면 된다는 새로운 희망을 불태운다. 자식이 중요한 입학시험에 떨어져도 내년에는 하느님이 훨씬 좋은 학교에 넣어주려고 하는 걸 거야 하고 고쳐 생각한다. 인생을 모두 밝은 쪽으로 생각하고 무슨 일을 하더라도 낙천적으로 생각하는 것이 중요하다. 복권 같은 것은 처음부터 사지 않는 것이 낫다. "걸지 말고 벌어라"는 말이 있다. 요행에 기대를 걸지 말고 부지런히 벌어야 한다는 말이다. 열심히 버는데도 가난에서 벗어나지 못한다면 하느님도 가만히 있지 않을 것이다. 나는 젊은 시절부터 복권을 사본 적도 없고 마권에 돈을 걸어본 적도 없다. 장기 두는 법도 모르고 바둑을 둘지도 모른다.

"바둑을 두느니 밭을 일궈라" "장기를 두느니 묘목을 심어라"는 말 때문은 아니다. 그저 나는 멍텅구리 벽창호일 뿐이기 때문이다. 학생 때 마작이라는 것이 유행했는데 깊이 빠지면 운동하는 데 지장이 될 것 같아 단호하게 딱 끊어버렸다. 그후로 취미도 없지만 오락도 할 줄 아는 게 없다. 나이를 먹어 분재를 만지작거리자니 그렇고 그저 유일한 즐거움은 학생들과 함께 검도를 하는 것이다.

맹자는 "천하의 수재를 모아 가르치는 것이 인생 최고의 즐거움"이라고 했는데 나도 거기에 가까운 심정이다. 학생들의 얼굴을 보면 즐겁고 학생들의 머리를 쓰다듬으니 좋은 것은 초야에 숨어사는 선비가 가위를 들고 분재의 가지를 잘라주는 심경일지도 모르겠지만 분재는 말라죽어도 학생들은 자란다.

벌써 60년 전의 오사카 기타노 중학교 검도부 학생들이 지금도 매년 '이노우에 선생님과 함께 하는 모임'을 갖고 있다. 옛날엔 양가집 도련

님과 같아 귀여워하던 아이들이 모두 백발이 되어 회사 간부를 그만두고 나보다 훨씬 관록이 붙은 노신사들이 되어 있다. 맹자가 말한 수재를 길러낸 사람의 행복이다. "백년을 꾀하려면 사람을 기르라"고 하는 가르침이 절실히 몸에 파고드는 요즈음이다. 결국 요즈음 나는 '울지 않아도 그것대로 또한 좋은 두견새'의 마음이다. '이루지 못하면 못한 대로 그 또한 좋다'는 것이 인생관이다.

생각한 것이 생각대로 되지 않아도 '그 또한 좋다'고 생각한다. 생각한 것이 생각대로 되지 않는 것 또한 인생이라고 생각한다. '저 남자 이 남자 하다가 늙어버려' 이젠 혼기를 놓쳐버려 가망 없다고 생각해도 "뒤늦게 꽃가마 탄다"는 말도 있다. 인생의 행복은 어디서 바뀔지 알 수 없는 것이다. 앞에서도 썼지만 인생은 돌고 도는 것이다. 눈 앞에 벌어지는 일에 일희일비하면 목숨은 몇 개가 있어도 모자랄 것이다. 그렇다고 체념해서는 안 된다. 체념은 비겁한 것이고 그대로 추락해 버리는 것이다. 체념이 아니라 달관해야 한다. 작은 일에 구애되지 말고 사소한 일에 신경 쓰지 말고 검도에서 말하는 '집착하지 않는 마음'으로 행동하는 것이 가장 중요하다. 그런 마음으로 행동하면 인생에 스트레스도 없고 노이로제도 생기지 않는다. 새로운 꿈을 가지고 자유로운 생애를 보낼 수 있다면 그것으로 인생은 즐거울 것이다.

내가 어째서 이렇게 검도의 본론과 동떨어진 이야기를 하는가 하면 요즘의 검도지도자는 너무나 이기고 지는 데 얽매어, 패배한 선수를 꾸짖는 데 환멸을 느끼게 되고, 교육이라는 측면을 생각하지 못하고 있는 것은 아닌가 하는 마음에 씁쓸하고 아픈 마음이 들기 때문이다. 이기라고 격려했는데 진 선수가 나쁜 것이 아니라면 올바른 마음으로 심판을 본 심판이 죄가 있는 것도 아니다. 승부라는 것은 모두 그때 그때의 운이고 이기고 지는 것은 하느님에게 달려 있는 것이다. 만일 지더라도 '실패는 성공의 어머니' 라는 생각으로 다음을 바라보며 반성하면 되는 것이다. 그것이 발전이고 향상이고 인간수양이다.

야규류에서는 "마음을 되돌리라"고 가르치고 있다. 열심히 했는데도 성과가 좋지 않을 수도 있는 것이다. 그렇다고 "지심"은 금물이다. 지금 이 순간에도 지구는 돌고 물은 흘러가고 있다. 언제까지나 시위를 떠난 화살을 쫓아갈 수는 없는 것이다. "꽃이 지는 것을 서러워하지 말라. 떠오르는 달을 기다리면 되지 않는가"하는 심경이다. 그것이 맑고 밝은 검도인의 마음가짐이고 무도인의 늠름한 마음자세이다.

● 생각했을 때가 바로 치고 들어갈 때이다

야규류에서는 "이때다라고 생각하면 그때가 벨 때다. 그 기회를 놓치면 안 된다"고 가르치고 있다. 곤도 이사미는 "샥하고 검을 빼는 소리가 사라지기도 전에 벌써 베어 버린다"고 진검승부의 요체를 말하고 있다. 어쨌든 앗 하는 순간에 벌써 베어 버린다는 것이다.

인생에서도 마찬가지로 모든 일을 하더라도 나중에 한다고 하지 말고 지금 바로 해야 한다. 언젠가 해야 될 일이라면 바로 지금 하지 않으면 안 된다. 벤저민 프랭클린도 "내일 하려는 일은 오늘, 바로 지금 하라"고 말했다. 언제라도 할 수 있다고 내버려두는 것은 언제까지도 할 수 없다고 하는 것과 마찬가지다. 그러면 녹슬어 버리는 원인이 된다. 옛날 사람들은 "강을 건너가서 숙박하라"고 가르치고 있다. 강을 건널 수 있을 때 건너지 않으면 밤새 큰 비가 와서 건너지 못할지도 모른다고 경계하는 말이다. 편지 답장도 '아무 때나 쓰지' 하고 차일피일 미루고 있다가 결국 답장을 못하게 된다. 여행 준비쯤이야 간단하다고 내버려두고 있다가 출발시간이 되면 그때서야 시계가 없네, 면도기가 없네 하면서 온 집안을 뒤집어 놓고 난리법석을 떤다.

모든 것은 '있어야 할 곳에 있어야 하듯이' 잘 정돈해 놓고 한 번 확인하고 두 번 점검해 아무리 사소한 것이라도 세심한 주의와 틀림없는 준비가 중요하다. 검도에서 말하는 '선(先)'의 정신이다. 그것을 잊어버리면 기선을 제압 당해 어떻게 해도 경기가 잘 풀리지 않는다.

나도 한번 '선(先)'의 정신과 확인 점검을 하지 않아 큰 실패를 맛본 적이 있다. 2~3년 전에 조그만 책을 썼을 때 주변사람들의 호의로 출판기념회가 열렸다. 나는 그런 쑥스러운 짓은 하기 싫다고 극구 사양했으나 책을 쓰는 것이 이번이 마지막일지도 모르니까 그냥 한번 모르는 척하라는 바람에 출판기념회를 열게 됐다. 그런데 하필이면 그 무렵 치아상태가 나빠 의치가 덜렁덜렁하는 것이었다. TV에서 본 적이 있는 의치를 고정시키는 뭐라고 하는 약을 미리 사 놓았다. 그럭저럭 기념회 당일이 되었는데, 아무래도 치아상태가 이상해서 사 놓았던 약을 발랐다. 약을 바른 게 나빴는지 분량이 너무 많았는지 입 속이 끈적끈적하고 아무래도 이상했다. 장소는 데이고쿠 호텔이었는데, 화장실은 널찍한데도 사람들의 출입이 많았다. 남의 눈을 피해 의치를 넣다 뺐다 해 보았으나 아무래도 제대로 되지 않는 것이었다. 벌써 시작시간은 다되고 내가 주빈인데 더 이상 우물쭈물할 수 없어 "에이 모르겠다"하고 의치를 빼내버렸다. 입 속의 끈적끈적한 것은 없어졌지만 이번에는 가장 중요한 말을 쉽게 할 수 없게 됐다. 그야말로 치아가 없으니 말이 새나

가고 발음이 제대로 나오지 않는 것이었다. 이것저것 하려고 했던 말은 하나도 생각이 나지 않고 해서 도중에 "고맙습니다"하고 물러나 버렸다. 중간에 인사하고 내려온 뒤 스스로 반성한 것은 어째서 일찌감치 그 약을 써보지 않고 점검하지 않았는가 하는 것이었다. 한 번 약을 써봐야지 하고 생각은 했지만 나중에 해보지 뭐 하고 대수롭지 않게 생각한 것이 실패의 원인이었던 것이다. 한 번 사용해 보면 좋은지 나쁜지 금방 알게 되고, 그렇게 많은 사람 앞에서 망신당하지 않았을 텐데 절실히 반성하고 있다. 그것도 역시 '선'의 정신이 결여되어, 생각났을 때 실행하지 않아 받은 벌이다. 세상일은 모두 "생각났을 때가 바로 그때"이고 "내일의 백 개보다 지금의 오십 개가 낫다"는 것이다. 여자들도 "내일의 사랑보다 오늘의 그리움"이라고 한다.

현실 그대로 바로 지금 이 순간이 승부를 걸 찬스다. 모두가 야규류의 '직도즉결(直刀卽決)'이며 '일도양단'으로 결단을 내리지 않으면 안 된다.

● 버려야 할 세 가지

검도에서 상대방의 "기(氣)를 죽여라" "큰칼을 죽여라" "기술을 죽여라"하는 3살법이 있는데 죽인다는 것은 다툰다는 것이고 표현 자체로서는 온당하지 않다. 지바 슈사쿠는 그것을 "세 가지의 꺾어 누르기"라고 했는데 그쪽이 표현적으로 더 타당하고, 도리에 맞고, 승리를 얻을 수 있는 정신에도 합당하다. 죽인다는 것은 활동을 막는다는 것이고 기능을 정지시킨다는 것인데 그것은 '고양이의 묘술'이 가르치고 있는 것처럼 단순히 기나 힘을 죽인다는 것만으로는 실제로 상대를 제압할 수 없는 것이다.

옛날부터 검날은 상대방을 향하지 않고 자기 자신의 마음을 향하는 것이라고 가르쳐 왔는데 그것은 "내 마음속의 불순한 기를 죽인다" "나의 법도에 어긋나는 큰칼을 죽여라" "나의 올바르지 못한 기술을 죽여라" 그것이 자신의 마음을 상대로 한 버려야 할 세 가지이다. 나는 그것을 "삼잠(三箴)의 검"이라고 부르고 있다. 삼잠의 검이라는 것은 나 자신의 반성의 거울이다. 표현은 다르지만 지향하는 바는 한 가지이다. 나는 요즘 사람들이 나쁜 길에 빠져 갈피를 못 잡는 것은 '사심' '보신' '맹신'의 세 가지 때문이라고 생각한다. 맑고 명랑한 마음으로 돌아가는 것이 일상의 검도수행이 뜻하는 바라고 생각한다.

사심(私心)

야마가 소코는 사심을 버리고 정의를 지키려는 정신이 무사도라고 했으며 ≪하가쿠레≫에서는 주군의 은혜에 감사하고 자기 자신을 낮추고 사리사욕을 버리고 주군을 위해 죽음을 각오하는 마음이야말로 가장 중요하다고 가르치고 있다. 사심은 이기주의이며 사리사욕에 눈이 먼 사람들의 비겁한 마음이다.

돌아가신 기무라 선생님은 생전에 '일원삼류(一源三流)'라는 휘호를 자주 썼다. 그것은 원류관 도장의 교훈으로 "식구들을 위해 땀을 흘려라" "다른 사람을 위해 눈물을 흘려라" "나라를 위해 피를 흘려라" 하는 고귀한 봉사정신을 이어받은 것이다. 일원삼류에는 공공을 위해 자신을 버리고, 국가를 위해 나를 버리는 지고지순의 정신이 들어 있다. 이러한 멸사봉공의 정신이야말로 요즘 세상에 가장 부족한 것이다.

보신(保身)

보신이라는 것은 자기의 입신출세를 위해서는 어떤 비열한 행동도 마다하지 않는 부끄러움을 모르는 행동이다. 출세를 위해 눈웃음을 팔고 이름을 얻기 위해 절개를 굽히는 비겁한 행동을 말하는 것이다. 학교 선생님은 학생을 무서워하고, 자기 보신을 위해, 못된 행동을 보고도 못 본 척하는 것으로 가르침을 게을리 한다. 정치가는 유권자의 감정을 무서워해 올바로 싸우지 못한다. 그래서 혼란이 생기고 악으로 기울어진다. 어느 유대인이 쓴 ≪일본인은 망한다≫라는 책에 "일본인은 정의감을 잃어버리고 보신을 위해 도를 찾지 않는다. 그래서 어떤 일이 생기면 다른 사람의 탓으로 돌리고 어쩔 수 없다는 말로 끝내 버린다. 그러나 '어쩔 수 없다'는 철학으로는 절대로 일본은 부흥할 수 없다"고 쓰고 있다. 보신은 이기주의이다. 이기주의로 입신출세한 사람도 없고 천하를 얻은 사람도 없다. 전방위 외교라고 하는 것은 어느 누구와도 사이 좋게 지내려는 아름다운 정신이지만 그것이 최근에는 그러한 미명에 숨어서 마음에도 없는 아첨을 떨고 애교를 부리는 보신술로 변해 버렸다. 그것은 머지 않아 신념도 없고 정의감도 없다는 것을 간파 당하여 신뢰를 잃고 경원시되어 결국에는 사면초가가 된다. 전방위 외교(全方位 外交)가 아니라 '전포위 외구(全包圍 外寇)'가 되지 않을까 걱정된다.

검도에서 말하는 손목치기 기술이나 걸기 기술 같은 잔재주는 세상에서 통하지 않는다.

일도류에서 말하는 일심일도(一心一刀)의 '자기 자신을 던지는 정의의 검'이어야 한다. 신념의 행동이 아니라면 다른 사람도 신용하지 않는다. 일의 성취도 확실치 않다.

맹신(盲信)

부화뇌동이라는 말이 있다. 주의나 주장이 없고 확실한 신념도 없다. 그저 다른 사람이 하는 대로 따라가고 많은 사람이 하는 대로 행동한다. 요즘에는 민주주의라고 해서 다수결로 일이 결정되는 경우도 많지만 그저 단순한 맹신맹종이라면 그것은 무서운 결과를 초래할 수도 있다. 여러 사람이 모여서 하는 회의가 혼란스럽고 사회가 황폐해 가는 것도 어쩌면 줏대 없는 맹종 탓일지도 모른다.

우뢰와 같은 함성 속에도 공허한 여운이 있고, 보잘것없는 박수 속에도 진실의 메아리는 있다는 것을 잊어서는 안 된다. "가혹한 정치는 호랑이보다 무섭다"는 말이 있지만 "이유 없는 맹종은 우리 없는 맹수보다 무섭다"고 한다. 한 사람의 잘못된 말에 열 사람이 쏠리게 되고 백 사람이 동조하면 그것이 여론이 되고 한 나라의 정치에 반영되는 것이다.

검도 차원에서 말하자면 이론(理論)이 없는 맹검(盲劍)이다. 마구 휘두르는 검에 맞는다는 것은 아무런 가치가 없는 것이다. 게다가 어쨌든 때렸으니까 이겼다고 하는 생각은 큰 잘못이다. 요즘에는 역풍에 맞서 혼자 우뚝 설 수 있는 사람이 없고 남의 눈치를 보고 발언하는 사람이 많아졌다. 신념 없이 지나치게 맹종하고 영합하여 권력에 기생하는 사람들을 보면 한심하다는 생각이 든다.

'신(信)'이라고 하는 것은 '사람 人'과 '말씀 言'으로 만들어진 것이다. 말한 것을 실천하는 언행일치의 행동이야말로 요즘 세상에 가장 바람직한 인생의 지표일 것이다.

현대검도의 위기를 초래한 것은 '사심' '보신' '맹신'의 세 가지 악이라고 해도 과언이 아니다. 그 세 가지를 버리지 못하는 데서 검도의 가망이 없어지고 얼이 빠지게 되는 것이다. 전체는 부분에서 시작된 것이다. 검도인이 각자의 위치에서 현실을 직시하고 죽음을 무릅쓰고 도를 추구하는 각오를 한다면 검도계의 정화는 말할 것도 없고 사회윤리의 확립에도 기여할 것이다. '사심' '보신' '맹신'의 세 가지 악을 몰아내어 검도계에 맑고 환한 새벽이 오기를 기대해 본다.

● 세상을 중시하고 자기 자신을 가볍게 여겨야 한다

이 짧은 말 속에 실은 더없이 중요한 것이 함축되어 있다. 자기 자신보다 이 세상을 위해, 다른 사람을 위해 애쓰라는 미야모토 무사시의 신념이 들어 있다.

≪하가쿠레≫에서는 "밤낮없이 죽어라 하고 배우라"고 가르치고 있다. 무사라는 것은 하루 24시간 자기 자신을 희생하여 세상을 위해, 주군을 위해 노력해야 한다는 것이다. 현대사회가 황폐해지고, 인심이 사나워진 것은 결국은 세상과 다른 사람을 생각하지 않고 그저 자기 것밖에는 모르는 보신과 이기주의가 만연해 있기 때문이다. 그러나 그러한 속에서도 무사시의 말처럼 세상을 중시하고, 자기 자신을 돌보지 않는 독실한 사람이나 자기 자신을 희생하고 봉사하는 사람 또한 결코 적지 않다.

가장 가까운 예는 검도도장을 갖고 아침저녁으로 직접 어린이들을 가르치는 선생님들이다. 옛날부터 도장을 운영하는 선생님은 양초를 켜는 돈까지 자기 돈을 썼다고 하는데 아무리 청소년을 위해 하는 일이라고는 하지만 보이지 않는 곳에서 남몰래 덕을 쌓고 의로운 행동을 한다는 것은 말하기는 쉽지만 행하기는 쉬운 일이 아니다. 나의 고향에 다누시마루라고 하는 부유한 동네가 있다. 거기에는 내가 태어나기 전부터 다누시마루 무덕관이라는 좋은 검도도장이 있어서 많은 검사와 명사들을 길러냈다. 그 도장에서는 나카노 소스케, 다나카 도모가즈 등의 검호가 나오고, 나카무라 도키치, 에가미 고로라고 하는 검도계의 큰 인물이 배출됐다. 그 밖에도 많은 유력자를 길러낸 것은 오로지 기치세 선생님의 공덕이며 나라를 생각하는 순수한 마음 때문이었다.

청년이여! 돈을 쓰려고 하지 말고 죽도를 써라.

청년이여! 붉은 깃발을 흔들지 말고 죽도를 흔들어라.

모두 알기 쉽고 소박한 가르침 속에 아이들을 생각하고 나라를 생각하는 마음이 잘 표현돼 있다. 도쿄 나카노에는 수도관이라는 훌륭한 도장이 있다. 나카무라 쓰루지 현 관장의 아버지가 창설한 것인데 사립도장으로서는 드물게 시설이 완비돼 있고 오랜 세월 동안 검도에 공헌한 바도 더없이 크다. 나는 초대 관장 나카무라 히코타 선생님을 만난 적은 없지만 그 인격이나 우국지사와 같은 공적에 대해서는 기타가와 노부요시 선생님에게서 자세히 들어 알고 있다. 참으로 독실하고 청렴한 선비이고 "국가 흥륭의 기본은 강건한 청소년 육성에 있다"는 불후의 교훈을 만들어내, 흔들림 없는 검도교육을 시켰다.
　초대 나카무라 히코타 관장이 얼마나 희생정신이 대단한 우국지사였는지는 다음의 시에서도 금방 상상할 수 있을 것이다.

검술을 사용하는 자만큼 바보는 없네.
머리를 때려 예(禮)를 말하게 하네.

바보가 살고 있기에 나라가 견디네.
나라를 망치는 것은 약삭빠른 사람들이라네.

　나카무라 선생님의 평소 뜻도 기치세 선생님과 똑같이 참으로 소박하고 알기 쉽다. 자식을 생각하고 나라를 걱정하는 진실의 토로와 지도자로서의 넘치는 희생정신이 우리들의 심혼을 강하게 때린다.

　검도 선생님은 자기 자신이 맞아가며 중요한 머리를 타격대로 삼아아이들을 가르친다. 그만큼 귀하고, 그만큼 봉사정신이 큰 행위가 또어디 있을까. 도장의 선생님은 돈을 내주고, 땀을 흘리고, 머리를 대주고 일체의 것을 다 내놓고 오로지 늠름한 어린이가 되게 하고 정의의 기풍을 배양시켜 준다. 그 정신과 혼이 사회에 나가서 모든 문화의 꽃으로 피어나고 모든 행동의 핵심이 되어 세상을 이끌어 가는 것이다.

　현 관장 쓰루지 선생님은 자랑스러운 아버지의 피를 받고 정신을 이어 전일본검도도장연맹 부회장을 겸하고, 수도관 관장으로서 최선을다하는 격무에 시달리면서도 무도의 메카인 가시마에 신무전(神武殿)이라는 수련장을 설립해 무도 인재교육에 전념하고 있다.

　일본 검도가 고난의 길을 걸으면서도 그럭저럭 본래의 면목을 잃지않고 있는 것은 이러한 분들의 덕분이고, 이러한 귀한 희생으로 버텨가는 것이다. 언뜻 보면 전혀 힘들어 보이지 않지만 물위에서 노는 백조의 발이 쉴 틈 없이 움직이고 있는 것처럼 도장경영도 별로 힘들 것

없고, 검도애호가가 그저 좋아해서 운영하는 것처럼 생각할지도 모르지만 도장을 운영한다는 것이 얼마나 힘들고 얼마나 보이지 않는 큰 희생이 따른다는 것을 모른다. 도장교육이라는 것은 나라를 위해 이바지할 사람을 만들기 위해 한없이 돈과 힘과 성의를 제공하는 봉사이다. 봉사정신이야말로 가장 귀한 나라의 보물이며 이 시대에 가르치지 않으면 안 될 나라의 혼이다.

오사카에서는 1954년 처음으로 수도관이 세워졌는데 그 당시에는 일본에서 제일 큰 도장으로서 위용을 자랑했다. 나는 초대관장을 명 받았을 때 검도계의 대선배 요시다 마사히로 선생님이 "이노우에 군! 수도관이라고 하는 기막힌 밥그릇을 만들어 줬으니 그 밥그릇에 말똥을 잔뜩 채워 넣지는 말아야 하네"라고 했다. 참으로 뼈에 사무치는 준엄한 지적이었다. 그것은 단순히 나에게만 하는 말이 아니라 전국에 산재한 도장의 관장이나 사범들에게 하는 귀중한 가르침이라고 생각한다.

요즘에는 관립·공립도장이 어디든지 있고 도장의 위용도 대단하다. 할 수만 있다면 그 기막힌 밥그릇에 훌륭한 금 달걀을 가득 채워 넣고 싶은 심정이다. 이 황폐한 시대에 무도야말로 이상적인 일본정신을 육성시킬 수 있다는 큰 기대 아래 상상도 못할 정도로 대규모의 무도관이 건립되고 있는데 이제부터는 그러한 성의에 대한 보답으로 알차고 충실하게 운영하여 많은 사람들의 기대대로 맑고 올바르고 늠름한 진짜 사나이들을 길러내야만 한다.

세상의 어머니들도 영어학원이다 수학학원이다 해서 공부에만 신경 쓰지 말고 검도도장이라고 하는 훌륭한 정신학원에 다니게 하여 마음의 눈을 뜨게 했으면 한다. 영어 점수가 50점이든 100점이든 그것이 인생에 영향을 주지는 않는다. 그러나 자식의 마음에 조금이라도 그늘이 있고 잘못이 생긴다면 그야말로 큰일이다. 기치세 선생님이나 나카무라 선생님처럼 학문에 충실한 선비들로부터 가르침을 받고 칭찬을 받게 하는 것이다. 그래서 맑고 바르게, 부모에게 효도하는 자식으로 길러야 하는 것이다. 그러면 학교에서는 공부도 잘하고 품행이 방정한 모범생이 되고, 사회에 나가서는 옛날 무사의 품격을 갖춘, 어떤 사람으로부터라도 신뢰받는 훌륭한 엘리트가 될 수 있는 것이다.

옛날 쇼카손(松下村) 학원은 정말로 훅 불면 날아가 버릴 것 같은 변변치 못한 초가집이었지만 거기서 천하를 뒤흔드는 대정신(大精神)을 낳고 회천(回天)의 영걸을 배출했다. 나는 오늘날의 검도도장에서도 그러한 정기(正氣)가 타오르고, 많은 큰 인물이 나올 것이라고 확신한다. 오랜 세월에 걸쳐 자신을 희생시켜 가며 혼을 불어넣어 줬던 많은 도장의 선생님들에게 훌륭한 사람이 되어 보답하지 않으면 안 된다고 생각한다. 그것이 검도정신이며 부모에 대한 효도의 시작이며 나아가서는 개인의 영광이고 나라의 튼튼한 초석이 된다는 굳은 신념을 갖고 있다.

나무절구가 자기 몸이 깎이면서 사람을 위해 바치는
정성이야말로 사람에게는 모범이로다.

●상대방이 되어 보라

상대방이 되어보라는 말은 미야모토 무사시가 싸움에 임할 때 언제나 가슴에 새겼던 말이다. 바야흐로 싸움이 시작되려고 하면 상대가 얼마나 강한지 그것만 생각하지 말고 상대의 입장이 되어 보라는 것이다. 상대방 역시 이쪽의 실력을 두려워하고 불안한 마음을 갖고 있음을 알라는 것이다. 그러므로 일방적으로 걱정하지 말고 상대의 입장에 서서 그 마음을 헤아려 보는 것이 중요하다는 가르침이다.

시합에 나가거나 승단심사에 나가서도 상대가 대단해 보이고 굉장히 센 것처럼 느끼게 되는 것이다. 그러나 상대방 쪽에서 보면 거꾸로 이쪽이 훨씬 세고 대단한 것으로 느껴 두려워하고 있다는 얘기다. 따라서 상대를 공연히 두려워하거나 무서워하지 말고 상대방도 나와 똑같은 입장이라는 것을 알고 싸우라고 가르치고 있다. 그와 더불어 옛날부터 "무사는 상대를 알아본다"는 말도 있다. '무사의 정(情)'이라는 말도 있다. 무사는 상대의 심정을 살펴주고 서로 이해하고, 결코 상대에 대해 예의에 어긋나는 대접은 하지 말아야 한다고 가르치고 있다.

가와나카지마 싸움으로 유명한 에치고의 우에스기 겐신과 가이의 다케다 신겐의 전투는 11년간이나 계속된 세기의 대결전이었다. 지금 남아 있는 교훈은 적군에게 소금을 보내 준 우에스기 겐신의 도량과 '무사의 정'이다. 가이국은 산악지방이어서 소금이 귀했다. 소금이 없으면 사람은 살아갈 수 없다. 오다와라의 호조는 다케다 신겐을 멸망시키기 위해 일체의 소금수송을 막았다. 그러나 우에스기 겐신은 목숨이 달려 있는 식량과 소금수송로는 끊지 못하게 하고 친서를 보냈다. "그대와 싸우는 것은 무기로 하는 것이지 식량과 소금으로 하는 것이 아니라네"라고 말하고 소금은 필요하면 얼마든지 보내 주겠다고 썼다. 싸움은 군사력으로 하는 것이지 결코 식량과 소금의 문제가 아니다. 소금은 필요한 만큼 얼마든지 보내겠다는 우에스기의 도량이야말로 무장 중의 무장이라고 하겠다. 무사의 진면목을 유감없이 보여주는 일이라고 하지 않을 수 없다. 천하를 다투는 중요한 싸움이라고 하는 세키가 하라 전투에서조차 사상자는 1천 명 정도라는데 가와나카지마 전투는 1만 5천 명에 달하는 사상자를 냈다고 전해지고 있다. 그렇게 치열했던 싸움에서 소금수송을 끊으면 그 자리에서 승부가 날 수도 있었을 것이다. 그러나 우에스기는 결코 그런 쉬운 길을 택하지 않았다. 어디까지나 '무사의 도(道)'로 싸움터에서 승부를 가리겠다는 그의 무사혼이야말로 무사의 훌륭한 귀감으로 한없이 맑고 귀한 느낌이 든다. 우에스기의 정신이야말로 일본인의 마음속에 영원히 살아 계승되고 그 드높은 품격이야말로 검도인이 한결같이 배워야 할 정신자세일 것이다.

검도는 "예로 시작해서 예로 끝난다"는 것을 최고의 자랑으로 삼지만 요즘은 그저 허울뿐이고 실제로는 그와 반대로 예를 잃어버리고 예에 어긋나고 도에 벗어나는 행위가 너무나 많다.

예를 들면 선수를 응원하는 것 한 가지만 보더라도 페어플레이에 대한 칭찬의 박수는 없고 우리 편 선수를 위해서는 정확한 유효타가 아닌데도 왜 점수를 주지 않느냐고 반쯤 일어나서 소리소리 질러댄다. 상대방이 잘못해서 반칙이라도 하게 되면 마구 야유를 보낸다. 심판의 손이 올라가지 않으면 모두 함께 야유 박수를 유도한다. 검도에서는 있어선 안 될 행위이며 도를 망각한 응원이다. 검도는 그야말로 무사와 무사의 싸움이다. 아무리 다급한 경우라도 언제나 '무사의 정(情)'이 교류하지 않으면 안 된다. "고양이에겐 천국이요 쥐에게는 지옥"이라는 말이 있는데 바꿔 말하면 "승자에겐 천당이요 패자에겐 지옥"이다. 그 양 극단 속에서도 그래도 역시 따뜻하게 되살려야 하는 것이 '무사의 정(情)'이며 검도정신이다.

요즘 스포츠는 이기는 게 최고라고 해서 이긴 쪽이 주먹을 불끈 쥐고 실력과 승리를 과시하는데 무도에서는 절대로 환영받을 수 없는 행동이다.

축구경기를 보면 기쁜 나머지 뛰어오르기도 하고 서로 포용하기도 하고 경기장 한가운데서 곡예사처럼 재주를 넘기도 하는데 그것은 축구에서만 하는 짓이므로 결코 비난할 생각은 없다. 그러나 무도에서는 그러한 행동은 하지 말아야 한다.

사람에게는 각각의 개성이 있고 스포츠에는 종목마다 독특한 정신이 있다. 영국에서는 "지성은 교실에서 닦고, 덕성은 운동장에서 기르라"는 교훈이 있는데 참으로 스포츠에 대한 그들의 높은 의식과 고상한 정신자세는 경복할 만하다. 럭비에서는 시합이 끝나도 "게임 셋"이라고 하지 않는다. "노 사이드"라고 한다. 참으로 깨끗하고 넉넉한 태도가 아닐 수 없다. 그 속에서도 쉽게 얻을 수 없는 그윽한 향기가 있다.

와세다 대학 럭비부의 오니시 교수가 "스포츠라는 것은 사람이 해서 좋은 것과 해서는 안 될 것을 배우는 것"이라고 어딘가에 쓴 적이 있는데 그야말로 모든 스포츠에 적용되는 명언이며 스포츠의 진수를 짚어낸 천하의 훌륭한 가르침이다. 스포츠는 모두 각각의 독자적 성격이 있고 특성이 있다. 플레이를 하거나 응원을 하거나 그 또한 각각의 성격에 맞는 행동이 있을 테지만 검도는 진검의 칼날이 시퍼런 승부이다. 그저 보고 즐거운 것이 아니라 그 처절한 기(氣)를 배우고 죽음에 직면한 인간심리가 얼마나 귀한 것인가를 직접 눈으로 보고 배우는 것이다. 그러한 진지한 상황에 서면 편파적인 응원이나 허세로 가득 찬 '승리의 자세'를 취할 수는 없을 것이다. 선수나 감독, 응원하는 사람이 모두 하나가 되어 원점에 서서 다시 한번 현실을 직시해야만 할 때이다. 그것이 바로 "상대방이 되어 보라"는 동정과 반성의 무사정신인 것이다.

III

검도와 장수(長壽)

자세는 인간의 기본적 체위를 말하는 것인데 올바른 자세라는 것은 날 때부터 이미 반듯한 몸에 활력 있는 기개와 정신력이 충만하게 갖춰져 있는 것을 말한다.

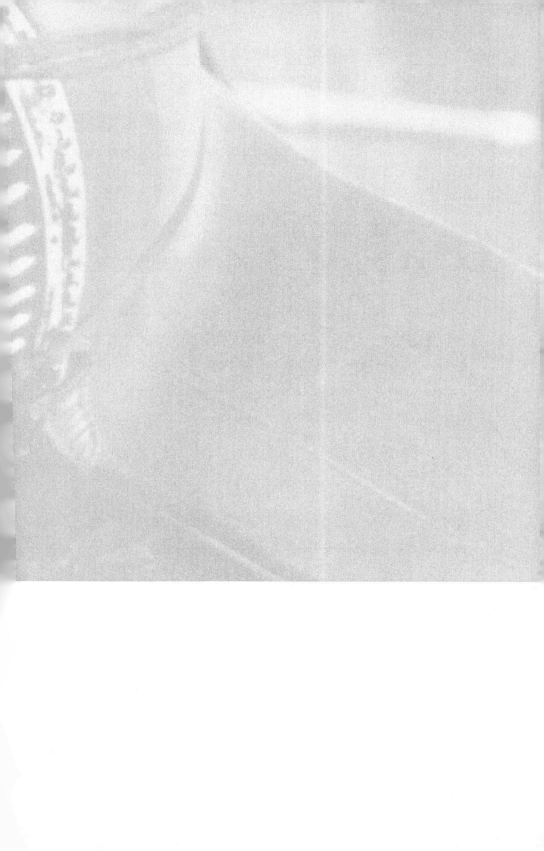

자세와 건강

검도의 기초는 '정좌' '대답' '서 있는 자세' 세 가지이다. '서 있는 자세'는 검도 용어로 '자연세'이다. 자세는 인간의 기본적 체위를 말하는 것인데 일반인에게는 모양새가 좋은가 아닌가를 말하는 것이다. 그러나 검도에서는 그뿐이 아니다. 자세의 '姿'는 '모양·모습'을 나타내는 글자인데 인간이 태어날 때부터 이미 갖게 되는 모습을 말한다. 자세의 '勢'는 '기세·힘'을 나타내는 글자로 인간의 힘, 기세, 기개가 활발해지는 것을 말한다. 그러므로 올바른 자세라는 것은 날 때부터 이미 반듯한 몸에 활력 있는 기개와 정신력이 충만하게 갖춰져 있는 것을 말한다. 단순히 올바른 체위만 말하는 것이 아니다.

●올바른 자세

자세를 똑바로 하라는 것은 자주 하는 이야기이다. 정치가는 정치를 똑바른 자세로 하고, 교육자는 교육의 자세를 똑바로 하라고 열심히 강조한다. 그렇다면 검도에서 올바른 자세라는 것은 과연 어떤 것일까.

올바른 자세의 조건으로는 다음 세 가지를 들 수 있다.

첫째, 등줄기가 반듯하게 펴져 있는가

둘째, 머리가 그 위에 똑바로 얹혀 있는가

셋째, 온몸이 경직되지 않고 편안한가

이 밖에 정신자세, 호흡도 물론 중요한 요소임에 틀림없지만 외면적으로는 이상의 세 가지 조건을 갖추고 있으면 올바른 자세라고 할 수 있다.

선(禪)에서는 "아랫배에 힘을 주고 뒷머리로 천장을 뚫으라"고 하고, 요가에서는 "코와 배꼽을 잇는 선이 수직이 되듯이 하라"고 가르치고 있다. 그 모두 짧게 요점만 말한 명언이다. 가이바라 에키켄은 "귀는 어깨와 수직이 되게 하라"고 했는데 그것은 옆에서 본 표현이다. 선에서는 뒤에서 본 것을 설명한 것이고, 요가는 앞에서 본 모습을 말한 것이다. 모두 서로 다른 표현 같지만 실제로는 똑같은 것이고 지향하는 바 역시 같다.

그렇다면 어째서 올바른 자세가 인간에게 필요한 것일까? 그것은 인간의 몸은 모든 장기의 격납고이다. 따라서 자세가 무너지면 격납고 속의 장기에 압력이 가해지고 어느 한 부분에 무리가 오면 모든 기관의 위치와 기능에 나쁜 영향을 끼치기 때문이다. 사람이 젊어서 죽는 것을 요절(夭折)이라고 하는데 '夭'라고 하는 글자는 인간의 허리가 구부러지고 턱이 나와 자세가 허물어진 모습을 나타내는 글자이다. 자세가 나쁘면 젊어서 죽는 것이라는 경고이다. 건강과 자세의 중요성을 가르쳐 주는 것이다.

옛날부터 검도를 하면 자세가 좋아지고 건강하게 되고 장수한다고 이야기하는 것은 어디에 그 원인이 있는 것일까? 검도에서 말하는 자연세의 겨눔은 인간 자연의 체위이다. 언제 어떤 공격에도 즉각 대응할 수 있는 자세이다. 절대로 그 자세가 허물어져서는 안 된다. 요컨대 언제 어디서나 인간 본래의 자세를 유지하고 한순간도 자세가 흐트러지지 않아야 하는 것이다.

불법(佛法)에 '죽사(竹蛇)의 교훈' 이라는 것이 있다. 뱀이라는 것은 언제나 구불구불 기어가는 습성이 있어서 뱀 굵기와 똑같은 대나무 통 속에 넣으면 움직이지도 구부리지도 못한다. 이와 마찬가지로 사람의 마음은 언제나 쉽게 움직이고 쉽게 바뀌는 것이기 때문에 그 대나무통 속에 마음을 넣는다면 제멋대로 혼자 걸을 수 없을 것이다. 이처럼 마음을 잡고 자세를 똑바로 갖는다는 것이 무엇보다 중요한 것이라는 것을 가르치고 있다. 마음을 교정하고 자세를 똑바로 하는데 옛날 무사들은 언제나 세심한 주의를 기울여 조금이라도 허물어짐 없는 마음가짐을 가졌다.

옛날 무사의 옷매무새는 목덜미와 옷깃이 자기 목에 딱 맞아야 했다. 자세가 흐트러지면 목이 굽게 되고, 턱이 나오면 목덜미와 옷 사이에 공간이 생겨 바보가 옷을 입은 것처럼 위엄도 없고 품격도 없게 된다. 바지의 허리받침은 옛날 무사들의 바지에만 있고 여자들이나 신관(神官), 스모 심판 등의 옷에는 없었다. 그것은 무사가 스스로 자세가 똑바른지 아닌지 확인하기 위한 것이었다. 허리받침이 자기 허리에 딱 밀착돼 있으면 허리가 곧게 펴진 좋은 자세이고 허리와 허리받침 사이에 공간이 생기면 자세가 나쁘다는 증거였다. 무사가 위엄을 갖추는 것은 염치의 정신을 나타내는 것이다. 허리에는 허리받침을 하고 상체에는 풀먹인 예복을 입어, 위에서 아래까지 한 치의 빈틈도 없는 자세를 과시했던 것이다. 오늘날에는 풀먹인 예복을 입지도 않고 허리받침 있는 바지도 별로 입지 않지만 검도에서는 허리받침처럼 만든 옷을 입고 수련하고 있다. 사소한 것에도 무사의 혼이 흐르고 있음을 알아야 한다.

무사시는 "병법은 언제나 내 몸과 같이 있고, 어디에서나 잊지 말아야 한다"고 가르치고 있다. 도장에서의 자세와 태도, 앉을 때나 설 때, 들어갈 때나 나올 때, 수련복을 입을 때, 모든 생활 속에서 살려내고 실천해야만 한다는 의미이다.

일찍이 무사시가 교토에서 에도로 가는 도중에 우연히 오와리의 성 밑에서 야규 효고와 마주쳤다. 두 사람 모두 첫 대면이고, 두 사람 모두 삿갓을 깊이 눌러썼고 거리도 멀었다. 그런데 무사시는 수행원에게 "교토를 떠나 비로소 처음으로 산 사람을 만났다"고 중얼거렸다. 서로 스쳐 지나갈 즈음 "그 쪽은 효고 님이 아니십니까?"라고 말하자 그 소리가 사라지기도 전에 "그렇게 말씀하시는 분은 무사시 님 아니십니까?"하고 대답이 돌아왔다. 어쩌면 그런 날카로운 눈매를 가질 수 있으며 어쩌면 그렇게 민첩한 반응을 보일 수 있을까. 옛날 무사들은 처음 만난 사람에 대해서는 그 사람을 "벨 수 있을까 없을까"하는 마음의 준비를 항상 했다고 한다. 정말로 베는 것은 아니라도 "인간으로서의 그릇은 어느 쪽이 클까?"하는 마음의 승부였다. 무사시도 효고도 그러한 심경이었을 터이고 과연 둘 다 달인이었다. 사람들이 다니는 성 밑에서 삿갓을 눌러쓰고 멀리 떨어져 있는 무사를 보고 상대를 알아차린다는 것은 대단한 형안이며 명인·달인의 경지일 것이다. 어쨌든 그 자세, 태도, 말씨에서 예사롭지 않은 것을 알아차린 것이겠지만 슬쩍 한 번 본 것뿐인데 그러한 통찰력이 있다는 것은 그 무렵의 무사들이 얼마나 대단한 수련을 통해 그러한 경지에 이를 수 있었는지 알 수 있는 것이다. 인간의 자세와 태도가 일상생활에서 얼마나 중요한지를 말해 주는 이야기이다.

현대사회에서도 첫 대면하는 자리에서 잠깐 보고서 그 사람의 모든 인격을 단정하기도 한다. 도장에서 단련하여 체득한 자세와 태도, 여러 가지 매너에 이르기까지 조금도 빗나가지 않도록 행동하기를 특히 바라는 바이다.

●나의 아마추어 건강법

한마디로 몸만 튼튼하다고 건강한 것이라고 말할 수는 없다. 건강의 '健'은 몸이 튼튼한 것이고 '康'은 마음이 편안한 것을 말한다. 쉽게 얘기하자면 건강이라는 것은 '건체강심(健体康心)'이다. 그 두 가지를 겸비한 사람이 비로소 건강하다고 말할 수 있는 것이다. 이러한 관점에서 본다면 나도 그럭저럭 건강한 사람의 부류에 들어간다고 생각한다. 신체적으로 어디가 고장난 곳도 없고 정신적인 불안이나 스트레스도 없다. 말하자면 지극히 건강한 생활을 하고 있는 셈인데 원인을 찾아가 보면 그것은 반드시 검도와 마주친다. 검도에서 마음을 바르게, 몸을 반듯이, 행동을 똑바로 하는 것을 배웠던 것이 가장 큰 원인이다.

통계에 의하면 가장 오래 사는 사람은 성악가와 무용가이다. 단명하는 사람은 스모선수와 잠수부라고 한다. 성악가는 기공(氣功)에서 말하는 조식(調息)이 이상적으로 이루어지고, 무용가는 조체(調体)가 뛰어나기 때문일 것이다. 스모선수는 몸은 튼튼하지만 식사가 불규칙하고 체력단련에 무리가 있고, 더구나 이기고 지는 데 따른 스트레스가 너무 많기 때문에 단명하는 것이라고 한다. 그럼 점에서 검도인은 신체활동에 무리가 없고 조식·조체에도 아주 적합하다. 게다가 도를 얻으려는 수행이므로 정서도 안정되어서 모든 장수 법칙에 들어맞는다.

나는 지금 아흔 살을 눈앞에 둔 사람이다. 옛날 사람의 감각으로 말하자면 허리가 굽어 보행도 뜻대로 되지 않고, 그저 잠이나 자는 노인이 되든가 화로 옆에서 신문이나 읽는 정도가 고작일 테지만 나는 귀가 좀 나쁜 것을 빼고는 아무런 신체적 장애도 없고 속병도 없다. 귀는 젊은 시절 수련하다가 옆머리를 맞았는데 고막이 파열돼 고칠 수 없다고 해서 체념해 버렸다. 그러나 귀가 먼 것은 '오래 살 징조'라고 하는 이야기가 있을 정도이므로 오히려 기뻐해야 할 일인지도 모른다. 사실을 말하자면 연령적으로는 이미 골프나 게이트볼을 하는 것도 무리인 나이이다. 그러나 고단자를 상대로 아직도 30~40분은 수련하고 있고, 검도 수련이 재미있고 즐거운 것은 참으로 고마운 일이다. 검도 때문에 건강하다는 생각에 마음속으로 감사해하고 있다.

누구든지 건강하게 오래 살고 싶어할 테지만 건강은 맞서 싸워서 얻는 것이지 저절로 걸어오는 것이 아니다. 자기가 노력하고 자기가 섭취하고 스스로 쌓아올리지 않으면 안 되는 것이다. 그래서 나에게는 지금도 그렇게 하고 있는 몇 가지 건강법이 있다. 정말로 아마추어 같은 생각이지만 이 나이가 되도록 허리도 굽지 않고 치매 같은 것도 없이 그럭저럭 살아가고 있는 것은 어쩌면 나의 아마추어 건강법 때문인지도 모른다.

1. 잘 씹어먹고, 숙면하고, 자세를 바로 한다

꼭꼭 씹어먹기

꼭꼭 씹어먹는 것은 내 생활신조이다. '씹는다'는 것은 잘 음미하면서 먹는 것이다. 동시에 다른 사람이 말하는 것을 잘 음미해 똑바로 이해하는 것이기도 하다. 혹은 편지나 책의 내용을 잘 새겨 충분히 납득하는 것이다. 나는 멍청해서 편지를 한 번 쭉 훑어보고 말기도 하고, 중요한 회의 날짜를 잘못 알기도 하고, 때늦어서 답장을 보내는 일도 종종 있다. 그래서 그러지 않으려는 것을 생활신조로 삼아 모든 일을 틀림없이 하려고 생각하고 있다.

또 한 가지 중요한 것은 뭐든지 잘 씹는 것이다. 씹는 것은 몸의 영양을 섭취하는 것만이 아니라 뇌세포를 자극시켜 머리가 좋아진다는 것이 최근의 학설이다. 턱이 강해 씹는 힘이 좋으면 공부와도 통한다는 것이어서 잘 씹는 것은 심신 양면에 효과가 있다는 것이다.

내가 고등학생일 때 플레처리즘이라는 것이 유행한 적이 있었다. 그것은 미국의 플레처가 제창한 것인데 쉽게 말하자면 뭐든지 잘 씹으라는 것이다. 플레처는 미국의 대부호였는데 사치와 방탕으로 몸을 망쳐 의사로부터 여생이 얼마 남지 않았다고 선고받았다. 그래서 스위스의 풍광이 아름다운 곳에 별장을 짓고 거기서 여생을 보내게 되었다. 그런데 우연히 희대의 명의를 만나 건강에 가장 좋은 것은 잘 씹어먹은 것이라는 가르침을 받았다. 그때부터 플레처의 천천히 음미하면서 씹어먹는 생활이 시작되었다.

어떠한 것도 완전히 녹아 없어질 때까지 씹고 또 씹고 해서 씹지 않고서는 절대로 삼키지 않았다. 충분히 씹으면 반드시 자연스럽게 녹아내리므로 그때까지 계속해서 씹는 것이다. 심지어 우유도 커피도 씹어 마시고, 씹을 수 있는 것은 입 속의 침이 충분히 섞일 때까지 씹었다고 한다. 철저한 씹어먹기로 차츰 건강을 회복해 아흔 몇 살까지 장수했다고 하는 놀랄 만한 실화였다. 그것을 배우려고 온 세계가 플레처리즘을 따르게 되고, 일본에서도 후타키 박사를 필두로 많은 사람들이 그것을 따라 익혀 큰 붐이 일었다. 플레처리즘은 신흥종교나 특수의료와는 달리 확실한 자연요법이고, 나도 그러한 식습관을 흉내내고 있는데 그렇게 해보니 참으로 좋은 것 같다. 내가 이만큼 건강한 것은 그러한 데서 온 것이라고 믿고 있다. 우리 시골은 주변이 모두 농가여서 모두들 밥을 후닥닥 먹어치웠다. 그야말로 '번갯불에 콩 구워먹듯' 먹어치웠다. 때문에 "빨리 먹으면 그만큼 빨리 죽는다"는 말처럼 모두들 50~60대에 죽어버렸다.

양생(養生)에 대해 가이바라 에키켄은 "과식(過食)하지 말고 과식(寡食)하라"고 말했다. 또한 "입을 조심하면 화가 없고, 먹을 것을 잘 섭취하면 병이 없다"고도 가르쳤다. 칼로리라든가 비타민이라든가 하는 것과 아무런 상관없는 스님들이 국 한 그릇 나물 한 가지의 조악한 식사로 그렇게 장수하고 건강한 것도 음식을 먹을 때 잘 씹어먹은 결과이고, 부자가 산해진미를 차려놓고도 일찍 죽는 것은 다 까닭이 있었던 것이다. "정어리도 오래 씹어먹으면 도미 맛이 난다"고 하는 것처럼 잘 씹는 것이 좋은 맛을 이끌어 내고 침이 흘러나와서 훌륭한 영양이 되는 것이다.

옛날에 "술은 혀로 굴려 마시라"는 말이 있는데 혀로 굴리면 술이 갖고 있는 본래의 향기가 나오고 술도 좋은 영양이 된다는 것이다. 그것을 '후래자(後來者) 3배' 라고 해서 늦게 왔다고 "원샷" "버텀 업"이라고 떠들어대면서 무리하게 강제로 마시게 하니까 다음날까지도 술이 깨지 않고 위장을 상하게 하고 일어나지도 못하는 결과가 된다. 주의해야 할 음주법이다.

내가 매일 사용하는 큰 찻잔에는 '건강 십훈' 이라는 것이 쓰여 있다.

一. 少肉多菜　육류를 적게 먹고 채소를 많이 먹는다.
二. 少鹽多酢　짠 것을 적게 먹고 식초를 많이 먹는다.
三. 少糖多果　단 것을 적게 먹고 과일을 많이 먹는다.
四. 少食多嚼　조금씩 먹고 오래 씹는다.
五. 少衣多浴　옷을 얇게 입고 목욕을 자주 한다.
六. 少言多行　말을 적게 하고 많이 움직인다.
七. 少欲多施　욕심을 적게 갖고 많이 베푼다.
八. 少憂多眠　근심을 적게 하고 잠을 많이 잔다.
九. 少車多步　차를 적게 타고 많이 걷는다.
十. 少憤多笑　화를 적게 내고 많이 웃는다.

어쨌든 건강과 관련된 좋은 말들인데 이것을 제대로 지킨다면 대단한 건강체가 되고, 안정되고 넉넉한 인생을 보낼 수 있을 것이다.

숙면

일본어에서 '잔다'는 것은 '잔다'는 것과 '단련한다'는 두 가지 의미가 있다. 사람이 건강한 근본은 쾌식(快食), 쾌면(快眠), 쾌변(快便)의 세 가지가 있는데 밤에 편안하게 자는 것은 인간의 가장 큰 행복이다. "성인(聖人)은 꿈을 꾸지 않는다"는 말처럼 스트레스가 없으면 잘 잘 수 있고 꿈도 꾸지 않는다.

낮에 열심히 일하고 밤에 잘 자는 사람은 심신이 모두 상쾌하고, 인생의 가장 큰 재산을 갖고 있는 사람이라고 할 수 있다.

다음으로 '단련한다'는 것은 어떤 일에도 필요한 것인데 검도에서도 보통 수련이라면 아무나 할 수 있지만 단련한다든가 연마한다고 하는 경지에까지 가는 것은 좀처럼 쉬운 일이 아니다. 옛날부터 "천련자득

(千鍊自得)" "만단신기(萬鍛神技)"라는 말이 있듯이 어떤 일을 하더라도 쉬지 않고 단련해 나가지 않으면 최고의 경지에 도달할 수 없는 것이다.

강연을 하거나 글을 쓰는 데도 어떻게 해나갈 것인가 여러 번 구상하는 것이 중요하다. 세계 제일의 웅변가라는 데모스테네스는 그의 웅변원고를 쓰는 데 50번 이상이나 손질했다고 한다. 위대해지려면 위대해지는 만큼의 단련과정 또한 엄격한 것이다.

내 고향 후쿠오카에는 옛날부터 유명한 다카도리 도자기가 있다. 거기에 미라쿠라는 명인이 있었는데 그분의 이야기를 듣고 정말로 놀란 적이 있다. 다카도리 도자기는 몇천 도의 고열로 밤낮없이 며칠 동안 계속 불을 때다가 마지막 마무리 때 장작 몇 개로 명기가 되느냐 실패작이 되느냐가 결정된다고 한다. 타오르는 불꽃의 색깔을 보고 어느 쪽에 몇 개의 장작을 더 넣느냐가 예술품이 되고 안 되고 한다는데 그 요령은 도리 없이 직감일 것이다. 직감이라는 것은 몇십년이라는 긴 세월의 단련과 수련의 응집이라고 들었다. 이름을 새길 만한 좋은 검을 만드는 요령도 마지막 마무리 과정에 달려 있다고 들었는데 오랜 단련에서 나온 직감이라고 하는 것은 참으로 무서운 것이라는 생각이 든다. 온 세상에 명품이라고 불리는 모든 명화, 명도, 명기 등은 그 탁월한 빛을 뿜어내기 위해서 몇십년의 단련과 혼의 응집에 의해 비로소 세상에 나올 것이다.

검도의 산뜻한 머리치기 한판은 오랜 세월에 걸쳐 단련하고 연마한 정신력의 표현이다. 그 깨끗한 한판의 머리치기 밑바닥에는 혹독한 단련이 있다는 것을 알아야만 한다.

그저 보면 별로 힘들어 보이지 않는 단칼에

깃들여 있는 옛 사람의 마음을 찾아내야 한다.

바른 자세

'正'은 검도의 정신이다. "마음을 바로하고 몸을 반듯이 하고 행동을 똑바로 하고 세상을 바르게 한다" 이것이 검도수련의 생명이며 목적이다. 검도에서는 바른 자세, 정확한 타격이 기초이다. 정좌나 예법도 모두 '바를 正'이라는 글자로 돌아간다. 검도에서 가장 중요한 것은 자기 수련이나 자기 연마만이 아니라 다른 사람을 감동시키고 세상을 바르게 하는 정신이다.

검성(劍聖) 모치다 선생님은 말년에 '검덕정세(劍德正世)'라는 휘호를 자주 썼는데 역시 궁극적으로는 검덕으로서 세상을 바르게 하라는 의미였을 것이다. 현대검도도 도장에서의 교육은 그런 대로 잘되는 것 같은데 문제는 그러한 교육이 얼마나 가정에서 살아나고 얼마나 사회에서 실천될 수 있는가 하는 것이다.

나는 스스로 자세가 허물어지지 않도록 언제나 미야모토 무사시의 "허리를 나누고 가슴을 펴라" 하는 교훈을 마음속에 새겨 차를 타거나 길을 걸을 때도 잊지 않는다. 허리를 나눈다는 것은 허리를 쭉 펴는 것만이 아니라 허리뼈로 양 허리를 분할해 주는 것이다. 그러면 등줄기가 쭉 펴지고 단전에 힘이 들어가 참으로 기분이 좋아진다. 가슴을 펴면 상체가 안정되고 호흡은 깊어지고 인간의 아름다움과 건강미가 생긴다는 것으로, 무사시의 그 한마디에 집약돼 있다고 생각한다.

요즘 학생들의 모습을 보면 걷는 자세도 형편없고 언어 사용도 제멋대로이고 글씨를 써보라고 하면 오자도 많고 무얼 썼는지 읽기조차 힘들다. 인간 기본의 자세가 허물어져 기본적인 교양도 잃어버리고 있기 때문이다. 며칠 전 아사히 신문에 "최근의 아나운서들은 읽는 법도 모르고 발음도 엉망이다"라고 꼬집었다. 말을 전문으로 하는 아나운서도 그런데 일반인들의 경우를 자세히 살펴보면 오자 약자 등 잘못 알고 읽고 쓰는 것이 부지기수이다. 바르게 읽고 바르게 쓰는 것은 그 사람의 교양이다. 특히 검도지도자는 특히 유의해야 할 것이다.

2. 걷기, 낙상 조심, 감기 조심

걷기

걷는 것도 내 일상의 마음가짐의 하나이다. 나이를 먹으면 다른 사람과 교제도 적어지고 외출할 일도 별로 없어지기 때문에 차츰 발도 약해지고 결국에는 점점 쇠약해지는 것이다. "뒷모습을 보면 나이를 안다" "늙는 것은 발에서부터 온다"고 하듯이 나이를 먹으면 허리가 굽고 턱이 나오고 발을 빨리 디디지 못한다. 길을 걸을 때 젊은 사람에게 뒤떨어지지 않으려고 해도 어느새 젊은 사람은 저만큼 가 있고 나만 뒤떨어져 버린다. 체력이 떨어지고 발이 약해진 것이라는 생각이 든다.

그렇다고 해서 걷지 않을 수는 없다. 택시를 타게 되면 발은 더 빨리 쇠약해져 버린다. 사람은 걸어야 한다. 그래서 걷는 것이 충분하면 '만족(滿足)'스럽고 걷는 것이 모자라면 '부족(不足)'인 것이다. 후생성 통계에 따르면 2차대전 전의 걸음걸이 수가 하루 1만2천 보였는데 전후에는 4천 걸음 정도로 줄었다고 한다. 또한 남성이 여성보다 훨씬 적게 걷는다고 한다. 여성은 부엌에서 쉴새없이 서서 일하는데 남성은 가까운 거리를 가는 데도 승용차를 타고 2층을 올라가는 데도 엘리베이터를 기다리고 있다. 그런 게으른 마음이 발을 약하게 하는 것이다. 미국 문화국 조사에 따르면 담배 한 대 피우는 데 5분 30초씩 수명이 단축되고 계단 한 칸 올라갈 때마다 40초씩 수명이 늘어난다고 한다. 얼마나 걷는 것이 중요한 것인지를 가르쳐 주는 것이다. 수명을 늘리고 싶으면 먼저 걷는 거리를 늘려야 한다는 것이다.

아사쿠사의 관음상에는 커다란 짚신이 매달려 있고 전국 각지의 신사나 절에는 조그만 짚신이 봉납되어 있다. 모두가 발을 중시하여 건강하게 되고 싶은 마음을 토로한 건강기원 의식이다. 시코쿠 88개소 참배도 신앙과 관계 있지만 발을 건강하게 하는 생활의 지혜도 들어 있는 것이다. 맑은 공기를 마시며 맑은 방울소리를 들으며 시코쿠의 시골길을 걷는다면 누구라도 건강하게 되고 부적을 받지 않더라도 어떤 병이고 반드시 나을 것이다. 유유히 걷는 것은 스트레스를 해소하고, 걸어가면서 보지 못한 지방의 풍물을 접하면서 기쁨을 느끼는 것이 건강을 증진시키는 것이다.

골프도 원래 걷는 것부터 시작된 것이다. 단지 산과 들을 걷는 것만으로는 특별한 맛이 나지 않기 때문에 돌멩이 등을 막대기로 때려 날려버리는 중에 그것이 재미있어 볼이 생기고 클럽이 만들어져 오늘날과 같은 골프가 됐다는 것이다.

요는 어떻든 걸어야 한다는 것이다. 인간세계에서 가장 쉬운 건강법은 걷는 것이라고 하는데 결국은 그것을 실천하고 실행해야 하는 것이다. 나도 '만보기'라고 하는 것을 사서 걸어보았는데 많이 걸을 작정이었는데도 고작 하루 약 7천~8천 보였다. 검도를 1시간쯤 했는데도 만

보기의 눈금이 별로 올라가지 않는 것은 어쩌면 끌어 걷기를 하기 때문이 아닐까 생각된다.

요즘에는 '걷기모임' 이라든지 '만보회' 라든지 해서 함께 걷는 모임이 여기저기서 생기고 있다. 나 같은 늙은이는 그런 모임에도 들어갈 수 없을 정도로 몸도 다리도 약하기 때문에 혼자서 내 페이스대로 걸으려고 노력하고 있다. 나는 요즈음 TV를 볼 때도 가능하면 서서 끌어 걷기를 하면서 보려고 마음먹고 있다. 의자에 앉아서 보고 있으면 금방 잠들어 버리기 때문에 TV도 못 보고 다리운동도 되지 않기 때문이다. "자꾸 걷는 것이 바로 도장"이다. TV를 보면서도 검도수련은 할 수 있고 더욱이 그렇게 드러나지 않게 힘을 축적하는 것이 중요하다고 생각한다.

어떤 유명한 검도 선생님이 "일흔까지는 아무렇지도 않았는데 일흔이 넘고 나서는 몸이 매년 달라져 온다"고 했는데 나는 85세까지는 특별히 느낄 수 없었다. 86세에 눈 수술을 해 반년쯤 전혀 죽도를 잡지 못했는데 그때를 고비로 체력이 떨어지고 다리와 허리의 쇠약을 강하게 느끼게 되었다. 그후 조금씩 다시 수련을 하게 되었다. 모치다 선생님은 84세까지 수련을 하였다는데 다른 사람의 이야기만으로는 알 수 없기 때문에 나는 나 자신의 몸을 시험대에 놓고서 과연 몇 살까지 검도수련을 할 수 있을까 시험해 보고 싶다. 다른 사람들처럼 충분한 수련은 할 수 없고 정식 시합은 할 수 없지만 걷는 것이나 끌어 걷기 정도는 마음가짐으로 얼마든지 할 수 있다.

"발은 제2의 심장"이라고 한다는데 이러한 발을 단련시키고 몸을 단련시켜 언제까지나 건강을 유지하고 싶다.

낙상 조심

나이를 먹어 넘어지는 것은 목숨과 관계가 있다. 내가 알고 있는 많은 사람이 넘어진 것이 원인이 돼 죽을 때를 앞당겼다. 검도계에서는 검호(劍豪) 미야자키 선생님이 그랬다. 선생님은 술도 마시지 않고 섭생을 잘못하지도 않았다. 외곬으로 검만을 알고 생활했는데 미끄러져 넘어지는 바람에 애석하게도 77세를 일기로 세상을 떠났다.

가장 가깝게는 우리 어머님의 죽음이었다. 어머니는 지극히 건강하셔서 늙어서도 목욕을 하고 나면 반드시 경대에 앉아 화장을 하고 엷은 립스틱을 칠할 정도로 몸가짐이 좋았다. 눈과 귀도 밝아서 작은 목소리로 얘기해서 내가 알아듣지 못하면 어머니가 통역해 줄 정도였다. 그토록 건강했는데 복도에서 넘어져 발을 삔 게 원인이 돼 그때부터 갑자기 약해져 92세로 돌아가셨다. 몸 어디에도 아무런 이상이 없었고 그런 건강이라면 백살 정도까지는 문제없으리라고 생각했는데 넘어지는 바람에 수명을 단축시켜 버렸던 것이다.

참으로 "돌아가시고 난 후에야 아는 게 부모님 은혜이고 잃어버리고 난 뒤에야 알게 되는 것이 건강의 고마움"이다. 부모와 건강의 고마움을 절실히 느끼게 되는 게 요즘이다. 그래서 나는 넘어지는 것만은 겁쟁이처럼 조심하고 조심을 해 실수하지 않으려고 노력한다.

요즈음 계단이나 돌층계를 잘못 디뎌 크게 다쳤다는 것을 자주 들어 나는 지하철을 타거나 내릴 때도 손잡이를 꼭 잡고 오르내리고 차 안에서는 손잡이를 꽉 잡는다. 너무 조심이 지나치다고 할지 모르지만 넘어지지 않는 것이 우선이지 넘어지고 나서 후회해 봐야 소용없는 일이다.

길을 걸을 때는 자동차를 먼저 지나가게 하고, 안전한 곳을 걷고, 달리는 차나 폭주족과의 거리를 잘 생각하면서 걷는다. 그것은 현대인의 교통질서에 대한 매너이자 무사의 몸가짐이기도 하다. 검도에서 말하는 '먼 산 보기'이며 천지자연을 한눈에 넣는 것이며 발 밑에서부터 마주 오는 자동차에 이르기까지 전체의 움직임과 거리를 한눈에 넣어 뜻하지 않게 다치는 일이 없도록 해야 한다.

하리가야 세키운류로 말하자면 사람이나 자동차나 모든 것들이 상대이다. 거기에 기민하게 대응할 수 있는 마음가짐만 있으면 넘어지지도 않고 차에 치일 염려도 없다. "천지가 모두 도장"이다. 이토 잇토사이의 말처럼 "방심하지 말고 자제할 줄 알아야 한다"는 교훈을 명심하고 천지자연과 마주 싸워 티끌 만한 방심도 하지 않는다면 절대로 뜻하지 않은 큰 실수를 저지르지 않을 것이고 예상치 못한 불행과 맞닥뜨리지도 않는다. 교통전쟁이라고까지 하는 복잡한 거리를 뚫고 자신의 안전과 사회의 질서를 지키는 것도 또한 검도의 수련 가운데 하나라고 할 수 있을 것이다.

감기 조심

요즘 신문에서 부고란 등을 보면 폐렴으로 죽는 사람이 많은데 그것은 대개 감기가 악화돼 폐렴이 된 것이다. 옛날부터 "감기는 만병의 근원"이라고 했다. 감기 때문에 다른 병을 유발시키는 케이스가 많다.

검도인이 감기에 걸린다는 것은 대개 땀에 젖은 수련복을 입은 채 이야기를 오래 하거나, 약간 미열이 있는데도 "이쯤이야 뭘!"하면서 무리를 했기 때문이다. 그러나 무리는 파탄의 원인이다. 무리하면 감기에 걸리는 것이다. 감기가 폐렴이 되고 늑막염이 되고 질질 끌게 되면 입원을 하고 죽게 되는 것이다. 요즘엔 감기에 잘 듣는 약도 많이 나오고 있다지만 약보다는 잘먹고 쉬는 것이 좋다. 감기쯤이야 하고 방심하지 말고 감기에 걸리지 않도록 조심하는 것이 제일 중요하다. 감기 기운이 있으면 가이바라 에키켄의 말처럼 처음에 조치하는 것이 중요하다. 심각해지기 전에 철저히 치료하는 끈기가 필요하다.

이처럼 나는 나의 건강을 위해 내면적으로는 '잘 씹어먹기, 잘 자기, 바른 생활' 이라는 세 가지 규칙을 지키고 외적으로는 '걷고, 넘어지지 않도록 조심하고, 감기에 걸리지 않는다' 는 세 가지를 생활신조로 삼고 있다. 좀 유치한 것 같기도 하지만 자기 건강관리에는 가장 적절한 것이고 세 가지를 지키는 것이 중요하다고 생각한다. 사람에 따라 검풍이 다르듯이 건강관리나 심신단련도 사람마다 각각 취향이 있고 주의 주장이나 사고방식이 다르겠지만 자기 건강은 자기 스스로 지키지 않으면 안 되는 것이고 오래 살 수 있는가 없는가는 자기 자신에게 달려 있는 것이다. 평생 검도를 하고 싶다면 검도를 함으로써 삶을 즐겁게 넉넉하게 할 수 있도록 해야 한다. 그러기 위해서는 그 근본을 이루는 건강이 첫 번째이고 건강을 길러줄 수 있는 마음가짐이 중요한 것이다.

3. 목욕

나는 목욕을 즐겨 오랫동안 목욕을 한다. 대개 1시간 가까이하는데 별로 씻을 것은 없고 목욕 중에 마음을 세탁하고 유연체조를 한다. 검도인은 자세가 좋다고 하지만 의외로 몸이 경직되어 있고 실제로 유연성이 없다. 그것은 오랫동안 코르셋처럼 생긴 딱딱한 보호대를 입고 무거운 호면을 쓰고 몸의 움직임이 제한된 갑옷 같은 틀 속에서 움직여야 하기 때문이다.

그래서 검도인은 준비운동을 하는 것인데 수련을 마친 후 마무리 운동을 잘하지 않는 사람이 많다. 준비운동도 충분히 해야 하지만 격렬한 수련을 하는 것이기 때문에 준비운동보다 오히려 마무리 운동 쪽이 더 필요하다. 호구를 모두 벗고 수련복 하나만 입은 채 간단한 운동으로 몸을 풀어주고 몸의 유연성을 다시 찾도록 하는 것이 중요하다. 마무리 운동으로 몸을 풀어주지 않으면 마흔이 넘으면 허리가 아프고 쉰 살이 넘으면 어깨가 뻐근하게 결리게 된다.

그래서 나는 목욕을 하면서 나름대로 유연체조를 한다. 특별히 어떤 순서 같은 것을 갖고 하는 것은 아니다. 단지 발을 구부려 주고 뻗어주고 몸을 좌우로 틀어주고 목을 돌리고 하는 내 멋대로 하는 것이지만 그것도 하지 않는 것보다는 낫다. 이따금씩 좌선하는 것처럼 앉기도 하고 기공흉내를 내기도 하고 여러 가지를 한다. 기공이라고 해 봐야 특별히 어려운 것을 하는 것은 아니고 그저 큰소리로 노래하는 정도이다. 그것은 크게 숨을 들이마셨다가 한꺼번에 숨을 토해내는 기공의 조식법과 비슷한 것이기 때문에 나름대로 그렇게 부르는 것이다.

가수가 오래 사는 것은 큰소리로 노래하는 것이 중요한 이유라고 하는데 다야 리키조 등 90세 가까운 나이까지 그 성량을 갖고 있고, 소프라노든 민요를 부르는 가수든 장수하는 사람이 많다. 그것은 언제나 깊은 호흡을 하기 때문이다. 그래서 나는 목욕 중에 시를 읊기도 하고 민요를 부르기도 하고 내가 부르고 싶은 것이면 아무거나 부르곤 한다. 요즘의 랩송 같은 것은 알지도 못하고 좋아하지도 않기 때문에 부르지 않는다. 혼자서 흥얼거리며 노래하면 목구멍이 매끄러워지고 기분도 좋다. 스스로 내 노래가 은근히 마음에 들어 기분이 좋다. 하카타에 가서 기생의 샤미센 켜는 소리에 맞춰 노래를 하려면 어디서부터 노래를 불러야 할지 전혀 감을 잡을 수 없다. 검도도 마찬가지로 기본을 모르는 '자기流'는 공개석상에서는 전혀 통할 수 없다는 것을 알아야 한다. 어쨌든 다른 사람에게 폐를 끼치지 않으려고 창문을 닫으면 이웃집에서도 들리지 않는다. 쓰루마키 온천의 안방에 앉아 있는 듯이 천하에 나 혼자뿐인 것 같은 기분이다. 나는 그러한 해방감을 느끼고 아무런 거칠 것 없는 자유로운 인생 또한 장수하는 데 필요한 것이라고 생각한다. 아무에게도 폐가 되지 않는 자유분방하게 노래하는 목욕탕은 나의 민요교실이고 레크리에이션의 광장이며 나에게는 둘도 없는 건강의 온실이다.

이처럼 나는 매일 목욕탕에서 마음을 씻고 몸을 청결히 하고 노래의 기공으로 좋은 기를 기른다. 늙은이의 해외여행은 위험하고 골프나 게이트볼도 다른 사람들로부터 자유롭지 못하다. 나에게는 그저 혼자서 생각나는 대로 행동하고 마음내키는 대로 노래하고 그래서 불로(不老)의 검을 즐기는 생활이 가장 잘 어울리는 것 같다. 그야말로 불로장생의 낙원이고 인생의 극락이라고 생각한다. 마음으로부터 감사하고 있다.

4. 나의 건강상태

나는 고등학교 때 검도와 육상선수를 했다. 육상경기는 8백 미터 경주부터 1만 미터 경주까지 했는데 규슈 대회에서는 진 적이 없다. 도쿄

고등 사범 학교 때는 하코네 역전 마라톤 선수로서 가장 힘든 오르막 코스를 뛰기도 했다. 죽을 것 같은 지옥의 코스였지만 그 오르막 코스가 나를 인간적으로 한층 단련시켜 준 것 같다. 인간은 "한 번쯤은 지옥의 밑바닥을 봐야 한다"는 말이 있는데 나에게는 하코네 역전 마라톤과 태평양전쟁 중 이등병 생활이 참으로 지옥 같았다. 거기서 정말 인간이 얼마나 악착같을 수 있는가를 배웠다. 도장에서는 검도를 하고 거합도를 익혔다. 여름에는 수영, 겨울에는 스키를 즐겼다. 흥이 나면 노래를 하고 춤을 췄다. 그것은 오직 검만을 알아야 하는 검도인의 신념으로 보면 어쩌면 사도(邪道)일지도 모른다. 그러나 편식을 하면 영양이 한쪽으로 치우쳐 완전한 발육이 될 수 없듯이 인간형성에도 한 가지에 너무 기울면 원만한 발달을 바랄 수 없다. 올바른 검도수련과 더불어 예능 방면에 관심을 갖는 것도 필요하고 교양을 몸에 익히는 것 또한 중요하다. 이러한 정서가 건강을 가져오고 장수의 비결이라고 생각한다.

궁극의 검도

검도는 유형의 기(技)로써 무형의 마음을 닦고 닦은 마음을 유형의 사회로 환원시키고 자기 자신의 생활 속에서 전개해 가는 것이다.

바꾸어 말하면 정의, 염치, 예절의 마음을 닦고 그것을 생활 속에서 살리고 사회에서 실천하는 것이다. 나는 검도 궁극의 목적은 바로 거기에 있다고 믿으며 검리와 인생의 접점을 구하여 그것을 사회에 전개하는 순서를 생각하고 그것을 어떻게 실행할 수 있을까를 써왔다. 현대검도가 그러한 정신에 투철하여 잘 교육시켰다면 이 정도까지 비판받고 이 정도까지 허우적거리지는 않았을 것이다. 옛날부터 검도는 나라의 전통문화로서 귀하게 여겨졌는데 현대검도에 와서는 전통의 아름다움을 잃어버리고 문화의 향기는 풍화되어 버렸다. 그래서 일본 검도가 형편없어지고 오랫동안 방향을 잃고 헤매고 있는 것이다. 검도를 단순한 기술의 연마라고 생각하고 죽도를 갖고 노는 승패의 도구로 여긴다면 현대검도는 일고의 가치도 없고 오늘날 존재해야 할 의의도 없는 것이다. 사람은 각각 자기가 가는 길에서 그 자원의 발굴을 서두르지 않으면 안 된다. 그러나 나를 비롯한 검도인은 검도라고 하는 전래의 무예를 통해 농축시킨 자원을 발굴하고 사회에 공헌해야 할 의무가 있다고 생각한다.

우리 시대에 손상된 것은 우리 시대에 고쳐놓지 않으면 안 된다. 우리 시대에 잃어버린 것은 우리 시대에 되찾아 놓지 않으면 안 된다. 선조들로부터 계승해 온 것은 더욱 갈고 닦아 다음 세대에 넘겨주어야 하는 것이 우리 세대의 책임일 것이다.

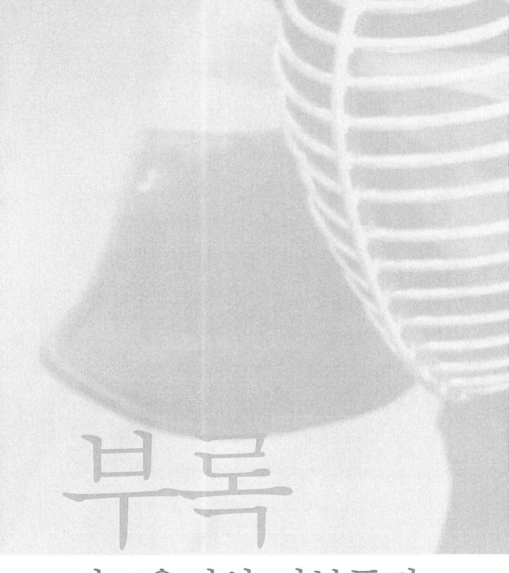

부록

검도용어와 기본동작

모든 상념이 머리를 떠난 정신통일의 상태인 모념무상은 고도의 검도 수련 후에야 터득
하는 정신 수양의 최고 경지이다. **자료제공 : 대한검도회**

기위(氣位)

기위란 검도 수련의 효과가 쌓여 기술이 원숙해지고 정신 수양이 되어 결과적으로 자연히 생성되는 기품과 위엄위풍이다. 굽히지 않고 꺾이지 않고 의심하지 않고 유혹되지 않는 태도가 생기게 되는 것이다. 마침내 저절로 상대를 위압하는 기품을 말한다.

공방 일치(攻防一致)

공격과 수비가 끊임없이 밀접한 관계를 가지고 진행되는 것을 말한다. 거는(懸)것 속에 방어기(防禦技)가 포함되고, 기다리는(待) 속에 거는(懸) 기가 포함되어있다는 것을 말한다.

무념무상(無念無想)

모든 상념이 머리를 떠난 정신통일의 상태이며, 소위 명경지수와 같은 마음상태이다. 이는 고도의 검도 수련 후에야 터득되는 정신 수양의 최고 경지로 이 때는 소위 검도의 4계도 전혀 없는 건강하고 평온한 상태이다.

명경지수(明鏡止水)

흔히 명경지수의 지(止)를 지(之)로 오해하는 사람들이 있다. 이 지(止)의 의미는 미동도 없이 고요한 수평면에 환한 달 모양이 그대로 투영되어 있는 상태의 일컬음이다. 자신의 마음이 경미한 파문조차도 없이 고요한 마음일 때 상대의 심리나 공격내용이 그대로 자신에 투영되어 온다. 이때 사심(邪心)이 생기면 물에 파문이 이는 것과 같이 내가 이긴다는 막연한 생각은, 즉 마음의 고장이다. 파문이 없는 조용한 수면같은 마음을 일컫는 의미이다.

삼살법(三殺法)

이는 상대의 검(劍)을 죽이고, 기술을 죽이고 기(氣)를 죽인다는 것으로 상대의 칼을 좌·우로 치고 혹은 누르기도 해서 상대방 기능을 마비시키고 계속적 공격으로 상대의 공격이 일어나지 못하게 하며, 충만한 기세로써 적의 기세를 압도하는 방법으로 적을 제압하는 원리의 제일보이다.

선(先)

선(先)의 선(先)이란 죽도를 가지고 상대와 마주봤을 때 서로가 상대를 공격하려는 의미를 가지고 있다. 이 공격하려고 하는 상대의 의지, 즉 죽도의 움직임을 빨리 기미(機微) 사이에 확인하고 상대보다 먼저 선제하는 것을 말한다. '대(對)의 선' 이란 상대가 틈을 보고 공격해오는 것을 상대가 실효를 거두기 전에 빨리 선제하여 이기는 것이며, 스쳐올리기를 하고 치거나 몸을 피하여 치는 것이다. '후(後)의 선' 이란 상대가 틈을 보고 공격해 왔을 때 간격을 이용하여 상대에게 허공을 치게 하거나 또는 몸을 피하여 그 후에 공격하는 것으로서 상대의 동작이 형태로 나타나서 공격하는 기를 말한다.

손의 조임

첫째, 자루를 잡은 양손의 잡는 방법

둘째, 힘을 넣는 방법

셋째, 격할 때의 양손의 긴장 상태와 균형

넷째, 공격 후 양손의 긴장이 풀린 상태

등 네 가지를 총합적으로 말하며 손의 조임이라고 한다.

수파리(守破離)

불교 용어에서 건너와 무도 수행의 단계를 표현하는 말로 정착되었다. '수(守)'란 '가르침을 지킨다'라는 의미이다. '파(破)'는 원칙과 기본을 바탕으로 하면서도 그 틀을 깨고 자신의 개성과 능력에 의존하여 독창적인 세계를 창조해 가는 단계이다. 그렇지만 이 시기의 수련은 다분히 의식적이고 계획적이고 작위적인 수준에 행해지는 것이 특징이다. 다음 단계인 '리(離)'는 파의 연속선상에 있지만, 그 수행이 무의식적이면서도 자연스러운 단계로 질적 비약을 이룬 상태이다. 자신도 모르게 '파(破)'를 행하되, 모든 면에서 법을 잃지 않고, 규칙을 벗어나지 않는 경지에 이름을 뜻한다. 수련의 최후단계이다.

심기력 일치(心氣力一致)

심(心)이란 지각·판단·사고 분별을 하는 것으로서 심(心)의 정적인 면이다. 기(氣)란 의지이며 마음의 판단에 의해서 활동하는 것으로서 마음의 동적인 면이다. 역(力)이란 5체의 힘이며 죽도를 가지고 공격하고 내딛는 힘이다. 이 세 가지가 동시에 순간적으로 작용함으로써 유효

한 공격을 할 수가 있다.

색(色)

색(色)이라는 것은 허(虛)와 실(實)에 있어서 허에 해당된다. 그 조짐이나 낌새가 강하거나 엄격하지 않고 유연한 방식으로 나타난다. 예를 들면 상대에게 틈이 없는 경우 자기 쪽에서 기술과 틈을 보여서 유혹해 들어가는 경우가 있다 이것도 색이라고 한다.

일안 이족 삼담 사력(一眼 二足 三膽 四力)

검도를 수행하는 과정에서 중요한 요소를 그 중요도에 따라서 표시한 것이다. 첫째가 눈의 역할(특히 관의 눈). 두 번째가 발다루기(특히 왼발), 세 번째는 어떤 위협에도 흔들리지 않는 강한 마음가짐, 그리고 네 번째는 온몸을 바쳐서 과감하게 기술을 내는 것이다.

유구무구(有構無構)

겨눔법(構)이 있으면서 겨눔법이 없는 것이 검도의 원리이다. 정확히 말하면 마음으로 하는 검도가 필승의 요결이며, 서로가 겨누어 자세를 취해 있으면 유구(有構)라 할 수 있고, 겨눔법도 없이 대처할 준비를 갖춘 경우를 무구(無構)라고 할 수 있다.

장단일미(長短一味)

칼에는 길고 짧은 것이 있고, 무겁고 가벼운 것이 있다. 그리고 상황에는 불리한 상황과 유리한 상황이 있다. 주어진 조건과 상황에 따라 효과적으로 대처하는 임기응변의 능력이 고도의 검도 수련 후에는 생기게 된다. 즉 검의 장단(長短)에 구애 받지 말아야 한다. 명필은 붓이 다소 나빠도 실력이 나오듯 검도도 마찬가지로 이런 경지가 더 발전해 가면 칼이 없어도 대처하게 되는 것이다.

존심(存心)

어느 순간에도 방심하지 않는 것을 말한다. 공격하기 전에는 긴장하고 있다가 공격 후에 이겼다고 방심한다면 존심이 없는 것이다. 본래 마음이란 넘치지도 모자라지도 않는 것이다. 말하자면 마음은 우물의 물과 같아서 쓸 만큼은 늘 퍼내도 줄지 않으며, 그대로 두어도 넘치는 법이 없다. 그러나 좋은 우물도 오래 쓰지 않으면 물이 변해 먹을 수 없으며 때도 없이 함부로 퍼내면 마르게 된다. 존심이란 바로 이러한 자연의 조화처럼 한결같이 대처하려는 마음가짐이다. 검도하는 사람은 평시에도 예의를 지키고 존심을 잃지 않아야 한다. 존심은 그 자체가 바로 공부이기 때문이다.

지심(止心)

마음을 하나로 그치는 것으로서 상대의 전체를 보지 말고 일점(一點)에만 마음을 집중시키고 마는 것을 말한다. 상대가 공격해 오는 죽도를 받는다. 파한다. 그것에 마음을 빼앗겨 자신의 동작이 둔화되는 것을 말한다.

틈(隙)

공격당할 수 있는 허술한 상태. 이것은 동작이 일어나거나, 체력과 기력이 다했을 때, 기(技)를 실패했을 때에 흔히 나타난다. 그 밖에 호흡, 시선, 마음 상태 등과 관련하여 나타나기도 한다. 틈은 공격하여 만들어내거나 상대 스스로 드러내는 경우도 있다. 마음의 틈, 자세의 틈, 동작의 틈 등이 있다.

평상심(平常心)

평시의 마음, 즉 인간 본래의 마음 상태를 말한다. 검도 일정한 간격을 두고 싸우는 것이 중요하지만 서로가 공격할 때는 마음이 동요한다. 그 순간에 틈이 생겨 공격을 당하게 된다. 마음이 동요하면 적절한 공방이 불가능해진다. 이것을 배척하여 평상심을 수양하여 사회활동에 적응시키는 것이 검도의 하나의 목적이다.

품격(品格)

마음과 기가 숙달되면 자연히 갖추어지는 것으로서 무리하게 갖추려고 해도 갖추어지지 않는다. 훌륭한 자세를 모방해도 혼이 들어있지 않으면 아무것도 되지 않는다. 검도를 꽃으로 비유한다면 향기와 같은 것이다.

허(虛)와 실(實)

정신이 충실(充實)하여 방심없는 상태를 실이라고 하고 허(虛)는 그 반대 상태로 심신에 대비가 없을 때를 말한다. 실이 있으면 꼭 허가 있고, 강한 데가 있으면 꼭 약한 데가 있다. 시합에서는 이 허를 겨누는 것이 중요하다.

몸 던지기(捨身)

몸 던지기는 상대의 행동을 잘 관찰하고, 잘 판단하여 틈을 발견하는 순간 즉시 몸을 던져 타격하는 것을 말한다. 일단 마음을 먹으면 되받아치기를 당하거나, 빼어치기를 당하거나 하는 것을 생각지 말고 몸을 버리는 마음으로 뛰어들어야 비로소 훌륭한 타격이 가능하기 때문에 검도에서 대단히 중요한 부분이다. 그러나 상대에게 틈이 없는데도 전후의 사려분별 없이 몸을 던져 쳐들어가는 것은 무모한 짓이며 참된 몸던지기가 아니다. 나가야 할 때 나가고, 물러설 때 물러서고, 틈을 발견하면 즉시 과감하게 치고 들어가는 것, 그것이 진정한 사신(捨身)인 것이다.

사리일치(事理一致)

사(事)는 실제적인 기술, 혹은 동작을 말하며, 리(理)는 이론·이치를 가리킨다. 이치는 모르면서 기술만 행하거나, 거꾸로 이론으로는 설명할 수 있으나 실제로는 행할 수 없으면 사리일치가 되지 않는 경우이다. 검도는 사리일치의 수행이라고 할 만큼 기술과 이론이 일치하는 것을 중요하게 여긴다. 사리를 병행하여 수련하는 것이 숙달의 지름길이다.

후발선지(後發先至)

칼을 늦게 움직여서 먼저 닿게 한다는 뜻이다. 《장자》의 〈설검편〉에 [夫孝劍者示之以虛開之以利 後之以發 先之以至]란 내용에서 따온 말이다. 《기효신서(紀效新書)》에도 후발선지야말로 무예의 극치를 설명한 요체라 했다. 나중에 떠나서도 먼저 이르는 것, 즉 나중에 빼어 먼저 치는

것이야말로 검술의 백미인 셈이다. 그러나 나중에 뺀다는(동작을 일으킨다
는 뜻) 것은 외형적인 움직임일 뿐 실은 상대로 하여금 심리적인 압박을
받아 어쩔 수 없이 먼저 덤비게 하는 것이 우선이다. 그렇게 되어야 여
유를 갖고 나중에 움직이고도 먼저 이르게 되는 것이다. 이는 오랜 수
련을 쌓아 몸이 마음을 따를 수 있는 경지에 이르러야 가능한 것으로
기의 싸움에서 상대에게 눌리면 오히려 선발후지(先發後至)가 될 수도
있으니 특히 유의해야 할 것이다.

자연체

　검도의 겨눔세에서 근본이 되는 몸의 자세로서 언제나 무리가 없는 자연스럽고 안정감이 있는 몸의 상태를 말한다. 이 자세는 어떠한 신체상의 이동에도 또는 상대의 동작에 대해서도 민첩하고 정확하면서 자유자재로 대처할 수 있는 좋은 자세라고 할 수 있다. 이 자세는 일반적인 생활에서도 좋은 자세와도 같은 것이라고 말할 수 있다.

방법과 유의점
· 목덜미를 세우고 턱을 당긴다.
· 양어깨를 내리고, 등줄기를 편다.
· 허리를 세우고 하복부에 약간 힘을 준다.
· 양무릎을 가볍게 펴고 중심이 약간 앞으로 가도록 하여 선다.
· 눈은 전체를 바라본다.

죽도착용법
차렷칼
　자연체에서 죽도를 왼손의 엄지와 검지를 이용하여 부드럽게 잡고 등줄을 아래로 해서 자연스럽게 내린다.

허리에칼

엄지를 코등이에 올려놓고(호완을 착용할 경우 올려 놓을 필요가 없음) 허리에 끌어당긴다. 칼자루 끝이 배꼽과 일직선 상에 오도록 한다.

뽑아칼

허리의 칼에서 오른손을 코등이 밑에 잡고 오른 발이 나가면서 죽도를 비스듬이 위로 올려 중단세를 취하면서 왼손으로 칼자루 끝을 잡는다.

꽂아칼

중단세에서 왼손을 떼어 허리에 가져오는 것과 동시에 왼발을 오른 발에 붙이면서 뽑아 칼 반대 동작으로 허리칼을 취한다.

쉬어칼

뽑아칼에서 왼발을 오른발에 나란히 붙이면서 죽도 끝을 완전히 우측 하단으로 내려 놓은 자연체 상태이다.

풀어칼

풀어칼은 검도본 진행시 사용하는 경우가 많으며 긴장을 완전히 푼 쉬어칼과는 달리 긴장이 충만한 쉬어칼의 형국이라고 생각하면 되겠다. 하단세에서 칼끝은 상대의 좌측 무릎 아래 1~2cm쯤 내린 자세이면 된다.

죽도잡는 법

· 왼손의 새끼손가락이 칼자루 끝에 오도록 하고 약지, 중지 순으로
  조여 잡고 엄지, 검지를 가볍게 붙인다.
· 오른손은 죽도를 세워서 칼자루 끝이 팔꿈치 안쪽 길이 만큼에서
  죽도를 부드럽게 잡는다(오른손과 왼손의 간격은 한 주먹에서 한 주먹 반 쯤이
  적당하다).
· 양손 다 같이 엄지 검지 갈라진 점에 죽도의 연장선 상에 오도록
  한다.
· 왼주먹의 위치는 배꼽 앞에 한 주먹 나와 있으며 왼손 엄지손가락
  에 제일중지 골 관절이 배꼽의 높이, 왼주먹은 배꼽 보다 조금 낮
  은 위치가 되도록 한다.
· 양팔꿈치는 굽혀져 있어야 하며 자연스럽게 늘어뜨려 양팔꿈치가
  옆으로 튀어 나오지 않게 해야한다.

호흡법

호흡법에는 크게 세 가지가 있다.

첫째가 평상시의 호흡이다.
본인도 모르게 이루어지는 생명의 호흡이다.
둘째가 호화 흡의 시간을 길게 하는 것이다.
서서히 깊이 들이마시고 역시 서서히 길게 내쉬는 것이다.
셋째가 호화 흡의 사이에 시간을 두는 것이다.

충분히 들이쉰 후 단전에 힘을 넣고 한참 숨을 멈추었다가 다시 내쉬는 것이다.

연격을 할 때나 연공연습을 할때는 100M 육상선수와 같이 어느 정도 숨을 멈추고 혼신의 힘을 다하여 강도 높은 타격이 이루어지도록 해야한다. 이렇게 하면 자기도 모르게 호흡의 조절이 이루어지고 기력도 따라서 강화되는 것이다.

拝啓 お手紙拝見仕りました。実は京都大会を見学して
その後箱根に帰っていた為申遅れる事が遅れて申訳ありません。
経済事情の厳しい中に、私如き者のお著を翻訳頂き君心より
感謝申し上げます。今後は立つ内容ではありませんが、これが
韓国の剣道愛好家に何等かの参考になれば洵に有難いと
思います。私は商売の事は全く分りませんが、翻訳には著者
の署名が必要だとの事でありますから署名として内容を申し
上げます。剝弱の中に大変な犠牲を払って頂き誠心より感謝
申し上げます。一層御自愛の上益々のご活躍を祈り致します。
先は乱筆を以て御礼旁々要用まで申述べ　敬白

辛承模様
　公机下

井上正孝

보내주신 편지 잘 받아 보았습니다.

경도(京都) 대회를 참관하고 후쿠오카(福岡)에 돌아와 답변이 늦어져서 대단히 죄송합니다.

경제사정이 어려운 중에도 나 같은 사람의 책을 번역 출판하신다니 진심으로 감사의 말씀을 올리는 바입니다.

검도를 사랑하시는 분들에게 도움이 될런지 모르겠지만 이것이 한국의 검도애호가님들에게 참고가 된다면 대단히 고맙게 생각합니다.

저는 출판에 대한일은 자세히 모르지만 번역출판에는 저자의 서명이 필요하다기에 서명을 해서 보내 드리겠습니다.

어렵고 바쁘신 중에도 대단한 마음을 갖으신데 대하여 진심으로 감사의 말씀을 올립니다.

한층더 자신을 사랑 하시고 더욱 활약 하시길 빌겠습니다.

우선 간략한 글로써 인사와 답변을 전합니다.

마치면서

　노자에 '不要의 要' 라는 말이 있다. 언뜻 보면 필요없는 것처럼 보여도 실제로는 필요한 것이라고 하는 의미지만 이 책에도 본질과 동떨어진 참으로 쓸데없고 해당 없다고 생각되는 것이 많다고 생각한다. 그러나 그것은 반드시 검도와 연결 지을 수 있고 어딘가에 인생에 도움이 되는 것이 있다고 생각한다. 내가 이 나이에 원고지 한 칸 한 칸을 메워 가고 있는 것은 쉬운 일이 아니다. 그러나 나는 그저 어린이들을 훌륭하게 키우고 싶고 우리 나라를 똑바로 세워 놓지 않을 수 없다는 단지 그 일념만으로 늙은 힘을 다 짜내서 계속 써왔다. 일본의 어린이를 가르치고 나라를 일으키는 데 지금이야말로 검도가 중요한 역할을 맡아 세상에 이바지하지 않으면 안 된다고 늙은이의 옹고집으로 가까스로 여기까지 간신히 더듬어 왔다. 이 책은 검도관계자만이 아니라 아버지, 어머니, 그 밖의 모든 분들이 읽어주었으면 한다. 그래서 가정교육이나 학교교육, 나아가 사회인의 교양으로도 검도의 옛날 가르침이 뭔가 도움이 된다면 참으로 고마울 것 같다. 일본 검도개혁을 위해 추진력이 되고, 나와 같은 사람에게 정신적 지주로서 지도해 주신 사카모토 미소지 선생님께 충심으로 감사를 드리고 출판에 즈음하여 많은 고생을 해준 다마가와 대학 출판부 여러분께 감사의 뜻을 표한다.

이노우에 마사타카

옮기고 나서

단순히 건강만을 위해서라면 좋은 공기를 마시며 걷는 것만으로도 가능하다. 단단한 체력을 갖기 위해서라면 헬스 클럽에서 땀을 흘리는 것이 나을지도 모른다. 호신을 위해서라면 격투기나 다른 무술을 배우는 것이 훨씬 쓸모 있을지도 모른다. 검도가 단지 건강을 위하고 자기 방어만을 위한 것이라면 현대사회에서 더 이상 존재 가치가 없을지도 모른다. 검도가 치열한 정신세계를 추구하는 '그 무엇'이 없다면 현대사회의 다양한 레저스포츠 속에서 살아남을 수 없을 것이다.

검도 속에서 찾을 수 있는 '그 무엇'을 위해 우리 나라의 검도지도자를 비롯한 스포츠 지도자, 그리고 학부모, 특히 '요즘 젊은이들'이 같이 읽고 느꼈으면 하는 마음에서 이 책을 옮겼다.

이 책은 첫 장부터 마지막 장까지 일본이라는 나라의 정신적 황폐화를 개탄하고 미래를 걱정하는 우국충정으로 가득 차 있다. 일본의 노검사(老劍士)가 평생검도를 통한 진지하고 걱정스러운 눈길로 나라를 사랑하는 마음이 다소 지나친 국수주의로 보여 어떤 부분은 옮기기가 주저되기도 했다. 그러나 누구나 나라 사랑하는 마음은 비슷할 것이라는 생각에서, 이웃나라 할아버지의 얘기 속에서 무엇인가를 배워야 한다는 마음에서 그대로 싣기로 했다.

2005년 12월

신승모

노老검사劍士가 말하는
검도와 인간의 道

1998년 6월 20일 초판 1쇄 펴냄
2006년 2월 10일 개정증보판 초판 1쇄

지은이 이노우에 마사타카
엮은이 신승모
펴낸이 윤여득
펴낸곳 도서출판 다문
펴낸곳 서울특별시 성북구 보문동 4가 90-4호
등록 1989년 5월 10일 · 등록번호 제6-85호
전화 02-924-1140, 1145
팩스 02-924-1147
홈페이지 http://choun.co.kr
이메일 choun@choun.co.kr

책값은 표지의 뒷면에 있습니다.

ISBN 89-7146-023-7 03190